L'ANNÉE PROCHAINE À JÉRUSALEM

André KAMINSKI

L'ANNÉE PROCHAINE À JÉRUSALEM

Roman

TRADUIT DE L'ALLEMAND PAR
JEAN-CLAUDE CAPÈLE

JULLIARD
8, rue Garancière
PARIS

Titre original :

NÄCHSTES JAHR IN JERUSALEM

ISBN 3-458-14506-0

ISBN 2-260-00492-X

I

Mon oncle Henner Rosenbach était d'une part un psychopathe, et d'autre part le plus fieffé menteur de l'Empire austro-hongrois. Théoriquement, il était mon grand-oncle, mais j'en doute fort, car il me ressemblait infiniment plus que son frère dont on dit qu'il était mon grand-père. En tout cas, l'oncle Henner descendait en droite ligne du célèbre rabbin Chloïme Rosenbach qui, il y a trois cents ans, écrivait ses traités dans le quartier de la Bukovina, et sur la tombe duquel est inscrite l'épitaphe suivante : *La vérité étant le plus précieux de tous les biens, il faut en user avec modération et retenue.* Ma famille s'est toujours efforcée de vivre selon cette devise. Depuis des générations, à l'occasion du Yom Kippour, nous nous rendons chaque année en pèlerinage à Tchernovitz, afin de prier pour l'âme de notre grand aïeul. Cette coutume fut entravée le jour où Tchernovitz se retrouva derrière le rideau de fer, mais ma famille se consola à la pensée que la maxime du vénérable penseur était devenue la devise de l'ensemble du système communiste, depuis les bords de l'Elbe jusqu'aux rivages de la mer du Japon.

On me demande toujours quel métier exerçait mon oncle Henner. En général, cette question me plonge dans l'embarras. « Vous comprenez, c'était... comment dire... un rêveur. » Je sais que cette réponse n'est pas très satisfaisante. Rêveur, ce n'est pas un métier, et on ne peut pas en vivre, mais, de toute façon, l'oncle Henner n'est plus en vie. Il est mort voilà soixante ans, dans la misère la plus noire, renié par sa famille et même par ses parents les plus proches qui n'avaient pourtant rien à lui envier. Il faut cependant que j'explique comment il gagnait sa vie. Il était mendiant, ce qui, chez nous autres juifs, revient à peu près au même que tenir un commerce et représente en tout cas une source de revenus. Il se disait inventeur, ce qui n'était pas tout à fait inexact. En effet, il vivait de ses inventions, mais tout au long de sa vie, il n'en fit en réalité qu'une seule, et les avis divergent même sur celle-là. Il faut dire qu'il inventait la photographie en couleurs. En permanence, sans interruption.

Mon oncle Henner, tout comme son frère Leo, mon grand-père supposé, consacra son existence à la reproduction de la réalité sur un support sensible à la lumière. Et je suppose que ce ne fut pas l'effet du hasard. A l'époque, il s'agissait de plaques de verre photosensibles. Depuis, les membres de ma famille éprouvent certaines difficultés dans leurs rapports avec les faits concrets. Nous nous accommodons beaucoup mieux de la reproduction des objets que des objets eux-mêmes. Rien ne nous fascine autant qu'une illusion réussie. Mais si mon grand-père se contentait de reproduire les formes créées par l'Éternel, mon oncle Henner, pour sa part, s'efforçait aussi d'en imiter les couleurs, et ce de façon si parfaite que personne ne devait être capable de distinguer la réalité de la copie. Son but était la reproduction du monde, la schizophrénie totale par la création d'une réalité de seconde main que l'on pouvait, à loisir, conserver, retoucher ou même, le cas échéant, détruire.

Les frères Rosenbach vécurent et moururent donc pour la photographie, cette magie noire qui est un mélange bizarre d'optique, de chimie et de peinture et qui fut inventée par Louis Daguerre dans les années trente du siècle dernier. C'étaient des magiciens au sens premier du terme. L'oncle Henner, cependant, cherchait à enrichir la composante noire de cet art des mille et une nuances du spectre lumineux. Mais je ne voudrais pas anticiper sur les événements, et je commence mon récit...

Leo Rosenbach, celui dont on prétend qu'il fut mon grand-père, se rendit à Stanislau dans le but de prendre femme. Il avait en effet déjà plus de quarante ans et était toujours célibataire, bien qu'il eût pu se vanter d'avoir derrière lui une carrière prestigieuse. Il avait passé vingt ans de sa vie à Munich où il avait été le photographe officiel de la cour de Louis II de Bavière. Il connaissait, ne serait-ce que de loin, les délices de la vie des rois qu'il avait eu l'occasion d'admirer tant de fois à travers son objectif. Et pourtant, bizarrement, il continua de mener une existence solitaire. On dit que les raisons qui ont poussé celui qui allait devenir mon grand-père à quitter la vie tumultueuse de Munich pour aller chercher son bonheur au fin fond d'une province alanguie, s'expliquent par son caractère. En effet, malgré une timidité exacerbée, il était d'un naturel assez bourru et avait coutume d'appeler un chat un chat. On raconte qu'un jour, la princesse de Fürstenberg s'était plainte de ce que le portrait que Leo Rosenbach avait fait d'elle n'était pas à son avantage. Le roi fit appeler le photographe de la Cour et lui demanda ce qu'il avait à répondre à l'accusation de cette noble personne. Mon grand-père exécuta une profonde révérence et déclara sans ambages que cette photographie était le portrait fidèle de la dame et que si elle ne lui plaisait pas, elle devait accuser ses géniteurs et non lui. Sa Majesté ne put réprimer un léger sourire, mais cet incident n'en signifia pas moins la fin de la carrière de Leo Rosenbach à la cour de Bavière. Il dut faire ses valises et partir. Il se mit donc en chemin et retourna au pays de ses ancêtres.

Le destin de mon grand-père — et par conséquent le mien — fut scellé à la gare de Stanislau. La Providence voulut qu'un porteur nommé Simche Pilnik prît en charge les bagages de Leo Rosenbach pour les transporter à l'hôtel *Bristol,* dans le quartier d'Uilica Jagiellonska, considéré comme le quartier le plus chic de la ville. Chemin faisant, il s'avéra que Simche Pilnik n'était pas seulement porteur, mais qu'il était également agent matrimonial. Il était ce que nous appelons un « marieur », et son métier de porteur lui permettait de dénicher des clients pour ses activités annexes.

C'était un jour d'avril froid et pluvieux, la ville était envahie par la neige qui fondait. Dans les immeubles aux façades délabrées et aux fenêtres austères, des gens se réveillaient péniblement, s'étiraient et bâillaient. Dans les rues, on sentait l'odeur de l'urine et du tord-boyaux bon marché que les Polonais appellent le *bimber.* Des voitures à cheval passaient dans un bruit d'enfer en éclaboussant tout sur leur passage. Les piétons proféraient des jurons, relevaient le col de leur manteau et disparaissaient sous de sombres portes cochères. A peine arrivé, mon grand-père sentit que ce quartier ne lui porterait pas bonheur. Il demanda donc à Simche

Pilnik de rebrousser chemin et de rapporter ses bagages à la gare. Le porteur s'arrêta un instant, puis il s'approcha de l'étranger et lui glissa quelques mots à l'oreille. Dix minutes plus tard, mon grand-père s'inscrivait sur le registre de l'hôtel : Leo Rosenbach, photographe de la cour royale de Bavière. On lui donna la chambre la plus prestigieuse, réservée d'ordinaire aux personnalités. Le soir du même jour, tout le monde savait déjà à Stanislau qu'une célébrité était arrivée.

Dès le jeudi suivant, Leo Rosenbach rendit visite à son porteur et marieur et eut avec lui une conversation qui devait se révéler d'une importance décisive. Simche Pilnik lui présenta une douzaine de portraits de dames tout à fait avenantes en évoquant le montant de la dot que chacune d'elles apporterait en se mariant. Il jetait les portraits sur la table avec le geste théâtral d'un joueur de cartes qui montre ses atouts. Mon grand-père semblait s'ennuyer. Chaque fois que Simche Pilnik sortait un nouveau portrait, il émettait des grognements qui signifiaient probablement qu'il avait déjà vu mieux — dans le grand monde. Mais lorsqu'il vit le douzième, il se leva d'un bond en s'exclamant :

« Qui est-ce ? »

Le marieur fit la moue et dit d'un ton méprisant :

« C'est la fille d'un tanneur. Elle est assez jolie, mais elle ne possède vraiment rien. »

Leo Rosenbach se leva alors et dit sèchement :

« Ce sera celle-ci ou aucune autre. »

Le dimanche suivant, par un soleil presque printanier, le photographe de la Cour partit présenter ses civilités au maître tanneur. Il faut expliquer que Leo était un homme de très petite taille, c'était pour ainsi dire un nain. C'est pourquoi il portait des souliers à bride munis de très hauts talons, des pantalons de flanelle à rayures jaunes et marron, une veste de velours très cintrée et un haut-de-forme qui le faisaient paraître plus grand. Tout cela ne changeait pas grand-chose au ridicule du personnage, et c'est donc sans grand espoir que Leo Rosenbach traversa les ruelles de la banlieue ouvrière où se trouvait le taudis des Wertheimer. La belle Jana, dont Simche Pilnik avait affirmé qu'elle était assez jolie, guettait impatiemment son arrivée, cachée derrière un rideau de tulle, et surveillait le coin de la rue où devait apparaître d'un instant à l'autre son mystérieux prétendant. Elle n'en savait pas plus à son sujet que ses parents. Elle savait simplement qu'il s'agissait d'une célébrité, qu'il était le photographe de la cour de Bavière, qu'il logeait dans la suite la plus élégante de l'hôtel *Bristol*, et qu'il avait l'intention de l'épouser. Il devait demander sa main le jour même, ce prince de contes de fées qui, lorsqu'il avait vu son portrait, avait pâli et s'était écrié : « Ce sera celle-ci ou aucune autre ! » Elle s'imaginait un Tamino sorti tout droit de *la Flûte enchantée*, et comme elle n'était pas seulement belle, mais aussi passablement excessive, elle s'attendait à voir apparaître un demi-dieu, un authentique David de Michel-Ange.

Chez les juifs, on affirme que les déceptions sont le prix de l'aveuglement. Quand je dis que Jana Wertheimer fut déçue, je reste largement en deçà de la vérité. Elle ne fut pas déçue, elle fut outrée au-delà de toute mesure. Ce personnage lui inspira immédiatement une profonde répulsion — le mot est faible — et elle fut hors d'elle d'indignation lorsqu'elle vit ce lilliputien s'approcher à pas lents de sa maison et tirer délicatement le cordon de la sonnette, comme s'il voulait s'excuser d'être venu et d'avoir l'impudence de se présenter chez Son Excellence le maître tanneur. La jeune fille en avait des haut-le-cœur. Elle en voulait à ses parents d'avoir fait venir ce « micro-organisme ». Où était le prince de contes de fées, où étaient le Tamino et le David marmoréen qu'elle s'était imaginés ? Ses rêves venaient de s'évanouir, et Jana prit la fuite. Elle ne savait pas où se réfugier. Elle voulait simplement échapper coûte que coûte à ce nain. Elle cria qu'elle allait mourir s'il lui baisait la main ou, pis encore, la bouche. Jana perdait la tête, et personne ne voudra croire ce qui se produisit ensuite, bien que ce soit l'exacte vérité. Elle se précipita dans l'arrière-cour, qui était entourée d'une palissade. Elle était prise au piège et ne pouvait plus échapper à son destin. Alentour, il n'y avait qu'un vieux prunier au tronc rabougri et aux branches dénudées. La jeune fille grimpa dans l'arbre, et lorsqu'elle fut montée aussi haut que possible, elle s'agrippa à une branche comme à une planche de salut. Soudain, quelqu'un ouvrit la porte qui donnait sur la cour. Le vieux Wertheimer accourut, suant et soufflant, vert de rage et incapable de prononcer une seule phrase sensée :

« Jana, tu me fends le cœur ! Quelle honte tu me fais subir ! Je sens que ma bile va s'échauffer si tu ne descends pas immédiatement !

— Eh bien, qu'elle s'échauffe, je ne veux plus vivre. »

Aaron Wertheimer s'arrachait les rares cheveux qui lui restaient et criait :

« Monsieur le photographe de la Cour est venu de Munich. Cela fait trois fois la distance d'ici à Berditchev, et il a été au service du roi de Bavière. Mais toi, tu grimpes sur ton arbre, nu-pieds, en plein hiver. Tes pieds vont geler sur place.

— Qu'ils gèlent, je m'en fiche. »

Le maître tanneur en perdait son latin.

« Il vient de Munich, tout exprès pour toi, mais toi, tu te préoccupes de ton père comme d'une guigne, car ce n'est qu'un ouvrier et il a les mains rouges parce qu'il n'est pas avocat, il n'est qu'un déchet qui doit trimer du matin au soir pour que mademoiselle puisse prendre des cours de piano et lire des livres en latin. La foudre s'abat sur moi !

— Qu'elle s'abatte sur toi, je reste où je suis ! »

C'en était trop. Il se précipita dans la maison et revint quelques instants plus tard armé d'une hache. Il s'attaqua au tronc en proférant des jurons et en râlant. Il espérait que l'arbre et sa fille s'abattraient sur lui. C'est alors que le nain accourut, décidé, semblait-il, à changer la tournure des événements. Mais c'était le photographe de la Cour qui se précipitait vers le père en colère, en lui intimant l'ordre de s'arrêter sur-le-champ.

« La folie ne saurait en aucun cas être un argument valable, monsieur Wertheimer. Vous n'obtiendrez rien de cette façon. »

Le maître tanneur ne s'attendait pas à pareille réaction. Il en fut tellement ébahi qu'il posa sa hache et essuya la sueur qui perlait sur son front. Leo Rosenbach sortit trois tubes d'argent de sa poche et les assembla soigneusement. Puis, après avoir appliqué ses lèvres sur l'embouchure, il improvisa une mélodie mélancolique. Elle était si tendre et si étrange que Jana, du haut de son arbre, ne put s'empêcher de s'exclamer :

« Mon Dieu, que c'est beau ! De qui est-ce ? »

Le nain leva les yeux, aperçut pour la première fois la princesse de ses rêves et, dans un souffle, murmura, comme le premier soir chez Simche Pilnik :

« Ce sera celle-ci ou aucune autre ! »

En fait, et malgré les éclairs de colère que lançaient encore ses yeux, elle était cent fois plus jolie que sur la photographie montrée par Simche Pilnik. Ses boucles noires descendaient sur son cou et ses épaules, tel un nœud de vipères en furie. Un sourire, cependant, passa imperceptiblement sur ses lèvres. Leo Rosenbach répondit avec toute la douceur dont il était capable :

« Cette mélodie n'est de personne. C'est une goutte de rosée qui est tombée du ciel. Par ailleurs, je suis votre fiancé et je vous ai apporté votre cadeau de fiançailles.

— Quel est ce cadeau de fiançailles ?

— Descendez, mademoiselle Wertheimer ! Si vous restez là-haut, je ne peux pas vous le remettre. »

Le miracle, le seul qui se fût jamais produit dans la vie de mon grand-père, eut lieu. Jana descendit de son arbre et se planta majestueusement devant le « micro-organisme » :

« Vous affirmez être mon fiancé. C'est curieux. Je ne savais pas que j'étais fiancée. »

Leo Rosenbach sortit un étui noir de la poche de sa veste et l'ouvrit. Il contenait un collier de perles étincelantes. Jana n'en crut pas ses yeux. Elle palpa le collier du bout des doigts, le saisit ensuite délicatement et le mit autour de son cou. Le vieux Wertheimer, qui observait la scène en silence, ne comprenait plus rien du tout et se mit à crier :

« Jana, es-tu devenue complètement cinglée ?

— Oui.

— Que comptes-tu faire ?

— Je vais l'épouser.

— Il te plaît ?

— Non, mais je l'épouserai quand même. »

Les noces furent ennuyeuses comme presque toutes les noces. Mais celles-ci le furent encore plus parce que les Wertheimer se voulaient libéraux : ils n'avaient prévu ni le cierge pour le Bon Dieu, ni la fourche pour le diable. On avait voulu se situer quelque part entre les deux, c'est-à-dire nulle part. On se croyait évolué, mais on n'était pas heureux. Leo Rosenbach était de la même engeance. A l'entendre, il ne savait ni l'hébreu ni le yiddish, il parlait l'allemand avec un accent bavarois prononcé, utilisait du parfum français et portait des costumes anglais. Dans les milieux qu'il fréquentait, on ne jurait que par les sciences exactes. On pratiquait la physique et la chimie en dilettante. On croyait comprendre le monde parce qu'on connaissait par cœur quelques formules. Les miracles, évidemment, n'existaient pas, ils faisaient sourire. Et quand survenait un phénomène incompréhensible, on se contentait de hocher la tête, l'air amusé. Et pourtant, on avait des réactions rien moins que scientifiques : pour la moindre bêtise, on était hors de soi, on se démenait comme un beau diable, on se déchirait la chemise. On ne cessait cependant jamais d'être juif, mais moins par respect des traditions que par peur de la mort. On se moquait gentiment du rabbin, mais on n'en reconnaissait pas moins son autorité dans les choses spirituelles. Un passeport pour l'au-delà pouvait bien sûr avoir son utilité, tôt ou tard. C'est pourquoi le mariage fut célébré selon le rite juif.

M. Kobryner, le grand rabbin de Stanislau, devait prononcer le discours de fête. Simche Pilnik s'occupa des détails pratiques, en particulier et surtout de la place des convives à table. *Lui seul* savait quelle était la richesse de chacun et par conséquent où il devait s'asseoir. Le problème essentiel, cependant, restait un problème d'optique : comment devait-on placer le couple de jeunes mariés de façon à masquer le fait que la si gracile Jana était plus grande que Leo Rosenbach, son célèbre photographe de la cour de Bavière ? On devait les photographier, après tout, les rendre éternels pour les générations à venir... Simche Pilnik trouva une solution. Il fit réaliser par le menuisier une sorte de trône du haut duquel le jeune marié pourrait dominer toute la tablée. Un orchestre chassidique joua des airs endiablés, et tout le monde attendait le discours du grand rabbin qui prenait part aux festivités bien que Aaron Wertheimer ne fût qu'un vulgaire maître tanneur. Mais il avait une fille, l'incomparable Jana, et pas un juif de Galicie n'aurait laissé passer l'occasion de contempler de près cette rayonnante jeune fille. En outre, on avait l'occasion d'admirer un homme qui connaissait le roi de Bavière, le célèbre Louis II, l'illustre mécène et l'ami personnel de Richard Wagner. D'une certaine manière, Leo Rosenbach avait été son ami intime pendant des années.

Bref, le grand rabbin avait accepté l'invitation et il fit un discours sur le mystère de la photographie, symbole de la vie éternelle : « Tu n'auras pas d'idole, dit la Bible. C'est pourquoi il existe des gens qui considèrent la photographie comme un péché. Ils se trompent. La signification de ce commandement est en effet plus profonde. Il signifie : tu n'auras pas de mauvaise idole, je dis bien, de mauvaise idole. Tu ne te mêleras pas de l'œuvre de Dieu ! Voilà ce qu'il veut dire. Dieu sait en effet ce qu'il fait, et il le fait bien. Ce commandement concerne la peinture et en particulier la mauvaise peinture telle qu'on la pratique de nos jours à Paris et à Vienne. Le Tout-Puissant voulait nous mettre en garde contre tous les barbouilleurs et autres peintres du dimanche qui, dans leur témérité, cherchent à améliorer la Création. C'est d'eux qu'il est question dans la Bible, et non pas de ceux qui se consacrent à la reproduction fidèle de l'œuvre divine. Maimonide nous a enseigné que le miroir est sans tache, et il n'y a sacrilège que lorsqu'on déforme la réalité, car il est dit : " Tu ne feras pas de faux témoignage. Tu ne mentiras point ! " Le miroir ne ment pas. Il se contente de reproduire ce qu'il voit. Il en va de même pour la photographie. Ce qui est beau reste beau. Ce qui est laid reste laid. La photographie fait l'éloge de la perfection de Dieu. Elle rend éternel ce qui mérite de durer. Elle retient ce qui doit subsister par-delà la mort. Qui voudrait empêcher le marié du jour, notre cher monsieur Rosenbach, de fixer à jamais sur une plaque de verre l'incomparable régularité et la splendeur unique du visage de sa jeune femme ? L'homme n'a-t-il pas l'obligation, je dirais même le devoir de glorifier l'œuvre de Dieu ? Reproduire l'être aimé dans toute sa beauté, n'est-ce pas là l'expression d'un amour authentique ? Y a-t-il quelqu'un dans la salle qui connaît un meilleur moyen que l'appareil photographique pour rendre hommage à la jeunesse de cette jeune fille juive ?

— Oui, moi, monsieur le grand rabbin. Je connais un moyen bien meilleur... »

Quelqu'un dans la salle était pris d'un coup de folie. Personne n'avait jamais osé interrompre le grand rabbin de Stanislau. Il est vrai qu'il avait posé une question, mais il ne l'avait pas fait dans l'attente d'une réponse. Pourtant, quelqu'un s'était levé, un étranger, manifestement, un type que l'on n'avait pas invité et dont Simche Pilnik ne savait même pas qu'il était là. Et ce rustre avait l'impudence de prendre la parole :

« Absolument, monsieur le grand rabbin. Dans quelques semaines, je fabriquerai une machine, le prismatographe, qui fixera la beauté resplendissante de cette jeune femme d'une façon mille fois plus parfaite que Leo Rosenbach n'en est capable. Pour Leo Rosenbach, les lèvres de cette jeune fille sont noires. Pour moi, elles sont rouges. Pour Leo Rosenbach, les perles de son collier sont grises, pour moi elles sont roses comme l'aurore. Leo Rosenbach fait lui aussi partie de ceux qui se mêlent de l'œuvre de Dieu, car il gâche — absolument, mesdames et messieurs —, il gâche la Création de Dieu en réduisant les mille et une couleurs de la réalité à du noir, du gris et du blanc... »

Un murmure indigné traversa la salle. Le vieux Wertheimer se dirigea vers le trouble-fête avec l'intention manifeste de le jeter dehors sans autre forme de procès. Mais le photographe de la Cour fit un geste apaisant de la main et dit d'un ton conciliant :

« Laissez cet homme en paix, monsieur Wertheimer ! C'est mon frère, et il ne sait pas ce qu'il fait. »

Ce fut le clou de cette fête que les convives auraient probablement oubliée si ce fou de Henner n'avait pas fait son petit numéro. Après les nobles paroles de Leo Rosenbach, il se leva et se rendit à la table d'honneur où se trouvaient les deux jeunes mariés. C'est là qu'il fit son deuxième numéro : il se mit à genoux devant Jana, saisit sa main et baisa longuement et avec fougue le bout de ses doigts. Jana se laissa faire, car son beau-frère lui plaisait beaucoup. Il correspondait tout à fait à son idéal de Tamino, de *la Flûte enchantée,* et était tout le contraire de l'homme qu'elle venait d'épouser. Lorsque Henner se releva, elle le regarda droit dans les yeux et lui demanda en rougissant :

« Vous avez l'intention d'inventer la photographie en couleurs, monsieur Rosenbach ? Je trouve que c'est une excellente idée et je m'en réjouis à l'avance. Quand y serez-vous parvenu ?

— Tu peux me tutoyer, belle enfant. Dorénavant, nous sommes parents et nous ferons beaucoup de choses ensemble, n'est-ce pas ? »

C'était typique de Henner. Il avait éludé la question de la date de son invention avec une réponse qui devait susciter en Jana un trouble qui ne la quitterait plus sa vie durant.

Depuis le jour des noces, l'oncle Henner habitait chez son frère qui avait aménagé une maison et un petit atelier dans le quartier de Mitzkievitcha. Cette maison était assez grande, et pourtant ses trois habitants s'y sentaient à l'étroit. Tout y était conçu de telle sorte que les personnes qui y habitaient semblaient gigantesques et majestueuses. Les pièces contenaient des meubles miniature, des tables minuscules et des fauteuils fragiles, recouverts de soie jaune et bleu ciel. Les murs étaient ornés de petits tableaux exécutés par des maîtres autrichiens de la miniature. Le salon était dominé par une pendule aux ornements dorés qui, toutes les heures, faisait retentir un menuet. Sur le lit à baldaquin, dans la chambre à coucher du premier étage, il y avait des coussins de la forme et de la taille d'un cœur de pain d'épice. C'était la maison de poupée que Leo avait construite pour sa princesse et que Henner avait choisie temporairement comme refuge. Il avait certes juré ses grands dieux qu'il quitterait les lieux au plus tard au bout d'un mois, mais avait expliqué qu'il lui était impossible d'ici là de loger chez lui :

« Ma femme est une cocotte, Leo, ni plus ni moins.

— Sarah est une artiste, mais elle n'a pas la patience de supporter tes extravagances, remarqua Leo.

— Quand je dis que c'est une cocotte, je sais ce que je dis, répliqua Henner.

— Sarah est une âme sensible. Elle a consacré sa vie à la musique. C'est la raison pour laquelle elle est incapable de vivre avec toi.

— C'est exactement l'inverse, Leo. C'est *moi* qui ne peux pas vivre avec *elle*. Elle fait la coquette avec ses élèves, elle flirte avec les peintres de la Galicie entière et, en mon absence, elle reçoit des visites masculines.

— Tu te fais des idées, Henner. Tout cela n'est que le fruit de ton imagination maladive.

— De plus, elle n'arrête pas de taper sur le piano : Wagner du petit déjeuner jusqu'au dîner, et pourtant elle sait que je ne supporte pas Wagner. Et puis, il y a aussi mon fils Nathan. C'est un enfant prodige, je te l'accorde, mais il étudie pendant des heures au violon les études de Paganini, que c'en est insupportable. Je suis incapable de mener à bien mon invention dans de telles conditions. Je suis presque au terme de mes recherches. Dans quelques semaines, dans quelques jours peut-être, le prismatographe fonctionnera et nous nagerons dans l'opulence. Crois-moi, Jana ! Mon idée éclipsera toutes les autres inventions de la science. Je suis allé voir Lumière à Lyon, c'est la plus grande entreprise de ce type jamais conçue en France, et je lui ai montré mes plans. Cet homme m'a pris dans ses bras et m'a embrassé sur les deux joues. Il en avait les larmes aux yeux et voulait me payer dix millions de francs or, en liquide, de la main à la main. Mais il est fou. Je ne vais tout de même pas vendre la plus grande invention du siècle pour une aumône de dix millions. C'est pour cette raison que je suis allé dans le New Jersey voir Thomas Edison, le roi de l'ampoule électrique en Amérique. Sais-tu ce qu'il m'a dit ? Que j'étais un géant en comparaison avec lui et qu'il était prêt à participer à mon prismatographe à hauteur de quinze millions de dollars or. Mais j'ai refusé aussi cette proposition, je n'ai nul besoin d'un associé. Je veux être seul au firmament de la science, comme Napoléon à celui de l'Histoire. Dans quelques semaines, je vous quitterai et je vous paierai rétroactivement un loyer qui sera tellement élevé que vous ne pourrez même pas compter l'argent ! Dix mille couronnes par jour ! Trois cent mille couronnes par mois ! Non pas parce que vous le méritez, mais parce que je vous aime bien tous les deux, et toi tout particulièrement, mon oiseau de paradis. Dans trente jours, je quitterai cette maison pour toujours, et vous serez débarrassés de moi.

— Mais Henner, répondit Jana qui avait écouté son beau-frère bouche bée d'admiration, je ne tiens pas du tout à me débarrasser de toi. Au contraire. Je veux que tu restes. Pour toujours. Tu as de si grands yeux, et l'ardeur que j'y vois briller me réchauffe le cœur. »

Je ne sais pas jusqu'où allèrent effectivement les rapports de Henner Rosenbach et de l'incomparable Jana. Je sais simplement que l'inventeur ne quitta pas sa chambre et qu'il l'occupait toujours neuf mois plus tard. Le mariage de Leo et de sa jeune femme en souffrit considérablement. En contrepartie, Jana prenait de l'ampleur : elle était enceinte de huit mois et ressemblait à une goutte de résine luisante accrochée au tronc d'un arbre et près d'éclater. Elle attendait l'enfant qui, bien des années plus tard, allait devenir ma mère. Personne n'a jamais su si son époux officiel fut effectivement mon grand-père. Une chose est sûre : le jour de la Toussaint de l'année 1891, la photographie en couleurs n'avait toujours pas été inventée, ce qui amena le photographe de la cour de Bavière à faire une remarque acerbe :

« L'humanité attend toujours le prismatographe, mais mon frère vit chez moi, se gratte le derrière et fait la cour à ma femme. »

Henner répliqua que la photographie en couleurs existait déjà — dans sa tête —, mais qu'il lui fallait encore trouver un élément insignifiant entrant dans la composition du révélateur : de l'eau de source puisée dans la Bistchitsa. Mais comme le fleuve était pris dans une épaisse couche de glace, il fallait attendre le printemps. A ces mots, Jana dit en lançant un regard de travers à son mari :

« L'humanité n'aura pas besoin d'attendre plus longtemps. Je vais me procurer cette eau. »

Le lendemain matin, un givre cristallin recouvrait la ville. Les gens marchaient dans les rues, emmitouflés dans leurs manteaux de fourrure ou bien, quand ils le pouvaient, ils restaient chez eux. Jana se rendit chez Bojtchuk, le commissionnaire qui tenait une boutique derrière l'église Notre-Dame, et lui demanda s'il pouvait l'emmener dans son traîneau jusqu'à la Bistchitsa.

« Sûr que je peux, mais je ne sais pas si je veux, répondit Bojtchuk.

— Et que dois-je faire pour que vous vouliez ?

— Jusqu'au fleuve, il y a quinze milles, et autant pour revenir. Il fait un froid de canard, et cela coûte de l'argent.

— Combien ?

— Vingt kreuzer par mille, et trente pour les juifs.

— Pourquoi cette différence ? demanda Jana, indignée.

— A cause de Notre-Seigneur Jésus-Christ. Et puis, de toute façon, vous êtes enceinte.

— Avez-vous bu, monsieur Bojtchuk ?

— Si cela ne vous convient pas, vous pouvez toujours y aller à pied. »

Peu après, il attela deux chevaux à son traîneau, posa une pioche sur le siège du cocher, fit claquer son fouet, et le traîneau démarra. Ils traversèrent la banlieue jusqu'à la plaine. Jana était assise derrière. Son visage disparaissait sous le bonnet de zibeline qu'elle s'était enfoncé jusqu'aux yeux. Un vent glacial et cinglant soufflait sur les champs, la croûte de neige craquait sous les patins du traîneau. Ils traversèrent une contrée où l'on ne voyait que quelques bois de bouleaux, figés dans la glace et dénudés, et quelques fermes isolées. Le soleil était à son zénith, pâle et mélancolique, lorsqu'ils arrivèrent enfin sur les rives du fleuve. Jana descendit et demanda à Bojtchuk de creuser un trou dans la glace. Mais l'homme ne bougea pas d'un pouce. Il se contenta de jeter la pioche dans la neige en grommelant :

« J'attendrai ici. Vous savez mieux que moi ce qu'il vous faut.

— Mais vous voyez bien que je ne peux pas, monsieur Bojtchuk !

— Dans ce cas, il faut rebrousser chemin et aller chercher des gens. Cela fera vingt kreuzer par mille. »

Jana se mordit les lèvres. Elle saisit la pioche et s'avança sur le fleuve gelé. Elle se mit à l'œuvre, avec acharnement, en serrant les dents de rage. Le vieux fumait tranquillement sa pipe, devant lui brûlait un petit feu près duquel il se réchauffait les mains. Jana donnait de grands coups dans la couche de glace. Le trou s'agrandissait, et finalement — le soleil se trouvait déjà au-dessus de l'horizon — l'eau jaillit. Elle prit alors un seau dans le traîneau, puis un second, et dit au commissionnaire d'un ton suppliant :

« Je vous en prie, monsieur Bojtchuk, aidez-moi !

— Je peux aller dans le village le plus proche et ramener deux valets. Cela fera deux couronnes en plus. »

Les yeux de Jana se remplirent de larmes. Courageusement, elle puisa l'eau du fleuve et rapporta les seaux dans le traîneau. Personne ne sait ce qui se passa ensuite. Une seule chose est sûre : deux jours plus tard, Jana était alitée avec, à son côté, un bébé qui braillait et qui était tout bleu. Le Dr Lichtenbaum prédit qu'il ne survivrait pas trois jours, mais il survécut, contredisant en cela toutes les lois de la médecine, et on l'appela Malwa. Ce nom n'est ni juif ni catholique. Personne ne comprit pourquoi on avait donné un nom pareil à ce pauvre nourrisson. Quoi qu'il en soit, l'enfant passa la phase critique et se transforma bientôt en une ravissante créature. Mais en fait, je voulais terminer l'histoire de l'eau que l'extravagante Jana était allée puiser dans la Bistchitsa pour prouver à son mari si pusillanime que son frère était un génie et qu'elle n'hésitait pas, elle, à risquer le tout pour le tout afin de permettre la réalisation d'une idée qui allait faire date. Il s'en était fallu de peu qu'elle n'en meure, de même que la pauvre petite Malwa, mais cela n'empêcha pas la photographie en couleurs de se faire attendre.

Henner Rosenbach se trouvait au chevet de la mère et lui expliquait la raison de cet échec :

« Je t'avais parlé d'*eau de source,* folle enfant. Des sources de la Bistchitsa jusqu'à Lipa, il y a bien deux cents milles, et après pareille distance, l'eau charrie de la boue et toutes sortes de saletés. On ne peut plus appeler cela de l'eau. Je ne peux tout de même pas réaliser l'invention du siècle avec des excréments ! Je connais ton dévouement et je sais que tu es prête à m'aider, mais ce que tu as fait là n'a servi strictement à rien, pour ne pas dire que c'était pure folie, pardonne-moi ma franchise. Ou bien on se rend jusqu'aux sources du fleuve, ou bien on reste au chaud. De tels exploits sont touchants, mais ne sont d'aucun secours pour la science. »

Leo Rosenbach venait d'entrer dans la pièce et il entendit son frère traiter Jana d'extravagante. Cela lui échauffa la bile et il se mit à crier de sa voix grêle que depuis neuf mois son frère se faisait entretenir chez lui, et qu'il ne lui restait plus qu'à disparaître, sinon, il appellerait la police pour lui faire évacuer les lieux. Jana pâlit et rétorqua :

« Si ton frère quitte cette maison, je la quitterai aussi. Tu peux faire ce que tu veux. Trouve-toi une autre femme, si tu peux. Mais je ne permettrai pas que l'on mette à la porte un inventeur béni de Dieu, simplement parce qu'on est jaloux de lui.

— Qu'est-ce qui te fait dire qu'il est béni de Dieu ? Jusqu'à présent, il n'a été rien d'autre qu'un escroc. Il n'a pas encore inventé la moindre chose. C'est un fanfaron, un vantard impénitent, rien de plus.

— Retire immédiatement ce que tu viens de dire, Leo, et présente-lui tes excuses !

— Il n'en est pas question !

— Retire ce que tu as dit, sinon je pars sur-le-champ.

— Je ne retirerai rien du tout. Henner, disparais ! »

En entendant ces propos, Jana se leva. Elle n'était vêtue que d'une légère chemise de nuit qui laissait voir son corps de marbre. Elle était plus belle que jamais. C'était un matin de décembre, et Jana dévala les escaliers, nu-pieds. Il ne faisait aucun doute qu'elle allait se précipiter dehors dans cette tenue. Elle allait attraper la mort, et Leo savait qu'il n'était pas à même de la retenir. Il se lança à sa poursuite et se jeta à ses pieds. Il pleurait, se tordait les mains de désespoir. Il la supplia de rester. Il retirait tout ce qu'il avait dit. Henner pouvait rester s'il voulait. Après tout, c'était son frère.

« Et toi, Jana, ne fais pas de bêtises ! Je t'en conjure. »

Leo Rosenbach jouait de l'argent et, ce faisant, il s'attendait à un miracle, mais il n'était pas un joueur dans l'âme. Les joueurs ont de l'envergure. Leo n'en avait pas. Les joueurs risquent tout ce qu'ils possèdent et gagnent quelque chose de temps à autre. Leo risquait de petites sommes et perdait toujours, à une exception près, le jour où pour la première fois de sa vie il joua à la roulette. Son frère se trouvait derrière lui et lui glissa à l'oreille de ne miser que sur des nombres premiers. C'est ce qu'il fit et il gagna une fortune. A partir de ce jour-là, il lui fut impossible de mettre son frère à la porte, car il était son obligé. Henner lui avait permis de gagner quatre-vingt-dix-huit mille couronnes. Ce fut son premier et unique succès. Par la suite, il ne connut plus que des déboires. Au cours des douze premières années de son mariage, Leo joua tout ce qu'il possédait. Les quatre-vingt-dix-huit mille couronnes, ses revenus et les économies datant de son époque munichoise. Il ne lui resta plus que Henner, qui vivait à ses crochets. Cet homme devait avoir un truc secret, un stratagème, une philosophie ou quelque chose de surnaturel qui lui ouvrait toutes les portes. Leo ne connaissait aucun stratagème, il n'avait pas de philosophie, et pourtant, il aurait tant voulu en avoir une ! Il aurait aimé pouvoir se raccrocher à un ordre des choses, mais n'en trouvait pas. Il ne croyait pas en Dieu, il se moquait du rabbin et de la synagogue, mais les choses devaient bien avoir un sens, une signification profonde et cachée. S'il n'en existait pas, il ne restait plus qu'à se pendre. Tous les chemins menaient peut-être à ce qu'il appelait l'esprit universel. Ou à autre chose. Le quotidien était si désolant qu'on avait besoin d'un système, d'un ordre des choses, ne serait-ce que pour que l'on puisse respirer.

La relation de Leo avec Jana se réduisait pour lui à une humiliation continuelle. Il la possédait, comme on dit. Il disait qu'elle était sienne. Il dormait avec elle et lui fit même probablement un enfant, mais il n'y avait pas dans tout cela la moindre trace d'amour. Jana était à son endroit d'une sincérité cruelle. Quand il lui demandait parfois s'il représentait quelque chose à ses yeux, elle était capable de répondre :

« Non, Leo. Tu n'es rien pour moi. Donne-moi les ciseaux qui sont sur la commode. »

Comment pouvait-on supporter de telles choses sans avoir une philosophie ? C'était impossible. Derrière ces tortures que vous infligeait la vie il devait bien y avoir la promesse d'un monde meilleur, mais laquelle ? Leo devait la trouver. Tout serait différent, ensuite. Le bonheur ferait son entrée dans sa maison et peut-être même l'amour. S'il était riche, il spéculerait, et s'il pouvait couvrir sa femme d'or et de pierres précieuses, il représenterait certainement quelque chose à ses yeux. Peut-être. Mais peut-être pas. Son frère était un pauvre diable, il n'avait jamais rien offert à Jana, si ce n'est l'attention qu'il lui accordait. C'était un escroc, un aigrefin, un raté. Il vivait au jour le jour aux dépens de sa famille, il demandait des cigarettes à des inconnus dans la rue, mais Jana le portait aux nues, et ce, même en public, sans la moindre réserve. Henner était son grand amour, celui qui donnait un sens à sa vie, affirmait-elle. Même Malwa commençait déjà à l'admirer. Entre-temps, elle était devenue une jeune dame et était persuadée que Henner l'épouserait un jour. Tout cela était insupportable pour Leo, il restait un étranger dans sa propre maison. Il passait le plus clair de son temps dans son atelier où l'élite de Stanislau défilait pour se faire tirer le portrait. Les femmes lui faisaient des compliments afin qu'il les rendît éternelles de la façon la plus avantageuse qui fût. Leo était le maître incontesté de l'art photographique, mais son succès le laissait indifférent. Il ne voyait pas les autres femmes, il ne voyait que la créature capricieuse qui s'était réfugiée sous ses yeux dans le prunier, cette Aphrodite cruelle à laquelle il avait dit : « Ce sera celle-ci ou aucune autre » et qui avait déclaré dès le début qu'elle ne l'aimait pas. C'est ainsi qu'au lieu de passer ses soirées à la maison, il prit l'habitude d'aller de plus en plus souvent chez Glovatsky, où les juifs riches allaient jouer, installés à des tables en marbre, en buvant du café et en mangeant des pâtisseries. Les conversations tournaient presque toujours autour du même sujet :

« La vie devient trop risquée, ici, Löwenthal. Je fiche le camp en Amérique.

— Et moi, j'augmente ma mise de deux cents couronnes, Dr Lichtenbaum. Qu'est-ce que cela signifie, “ trop risqué ” ?

— Cela veut dire que j'aime bien danser, mais pas sur un volcan.

— En Autriche, il n'y a pas de volcan, messieurs. Ici, nous sommes aussi protégés que dans le coffre d'une banque.

— Mais Kichinev n'est qu'à quelques pas d'ici. Juste derrière la frontière. Ceux d'entre nous qui y ont survécu ont fui à l'autre bout du monde.

— Jouez-vous, Wassermann, ou ne jouez-vous pas ?

— On n'est vraiment à l'abri qu'en Australie, mon cher Magierkovitch. Ici, on nous tuera comme des mouches.

— Je rajoute trois cents couronnes, Löwenthal. On nous rend responsables de toutes les catastrophes qui surviennent dans le monde, de la défaite de Port-Arthur et de la grève de Saint-Pétersbourg.

— Vous n'êtes qu'un pessimiste, Wassermann. Nous sommes ici en Autriche, pas en Russie.

— J'ajoute cinq cents couronnes, Dr Lichtenbaum, et je parie que le tsar et le Kaiser vont s'arranger entre eux. Et nous, messieurs, nous en ferons les frais.

— Je mets sept cents couronnes sur la table, Löwenthal, et je demande à voir votre jeu. Pour l'instant, le Kaiser dit que nous sommes ses juifs bien-aimés.

— Pour l'instant, Wassermann, mais que dira-t-il ensuite ? Voilà la grande... Mais qui vois-je arriver ? C'est notre photographe de la cour de Bavière.

— J'ai bien l'honneur, messieurs. Puis-je jouer ?

— Théoriquement, vous le pouvez, mais en pratique, vous ne le pouvez pas, car vous avez onze mille couronnes de dettes.

— Mais...

— Il n'y a pas de mais, monsieur Rosenbach. Nous vous avons expliqué hier que vous devez payer. Par les temps qui courent, on rembourse ses dettes ou on disparaît.

— De quels temps parlez-vous, docteur ? Est-il arrivé quelque chose ?

— Il me demande s'il est arrivé quelque chose ! Les Russes sont sur le point de perdre leur guerre contre le Japon. Le peuple se révolte contre le tsar et c'est nous qui allons servir de boucs émissaires.

— En Autriche ?

— Dans l'Europe entière. Il va nous falloir émigrer si nous tenons à la vie.

— Je n'y crois pas, docteur.

— Mais moi, monsieur Rosenbach, j'y crois, et c'est pourquoi nous exigeons que vous payiez vos dettes.

— Dans ce cas, donnez-moi au moins une chance, répondit Leo d'une voix suppliante. Laissez-moi gagner. Une fois, une seule fois, et je vous paierai immédiatement.

— Voilà quatorze ans que nous vous donnons votre chance. Autrefois, vous étiez un homme d'honneur, mais depuis, vous perdez continuellement. Quel genre d'homme êtes-vous donc pour perdre avec une telle constance ?

— Je me pose aussi la question », répliqua Leo avant de quitter l'endroit sans demander son reste.

« C'est vrai, dit-il en rentrant chez lui. Quel genre d'homme suis-je pour perdre constamment ? Ma femme me méprise. Ma fille me connaît à peine. Mon atelier va m'être saisi d'un jour à l'autre. Les gens de bien me montrent du doigt. Je suis nul au jeu et couvert de dettes. A quel arbre dois-je aller me pendre ?

— A aucun, Leo. Dans quelques jours, nous serons riches. Dans quelques jours, la photographie en couleurs sera devenue une réalité. Je le jure sur la tête de nos parents.

— Ne fais pas de serments, Henner ! Voilà quatorze ans que ton invention est une réalité. Voilà quatorze ans que tu nous promets la richesse, mais que possédons-nous ? Un sac plein de puces !

— C'est l'entière vérité, Leo. Il me faut simplement une pierre précieuse. Pas de quartz, pas de sel gemme, pas de verre, mais une pierre précieuse à vingt-quatre facettes qui soit capable de décomposer la lumière en ses couleurs fondamentales : rouge, vert, bleu et tous les autres tons du spectre lumineux. Donnez-moi un diamant, et nous serons riches.

— On assassine les juifs, Henner. A Kichinev, à Lodz et à Berditchev. Ils nous brûlent vifs. Notre peuple court à sa perte, mais toi, tu as besoin d'un diamant. Ô Henner, mon frère ! Tu perds vraiment la boule. Sais-tu seulement ce qui se passe dans le monde ? »

II

On dit que les révolutions ont lieu souvent par mauvais temps, quand il fait froid et que l'air est humide, quand la morosité s'empare des gens. Le dimanche sanglant de Saint-Pétersbourg, par exemple, a eu lieu fin janvier, au cours de l'hiver le plus froid du siècle, en 1905, alors que le climat était si rude que certains en eurent la langue gelée. Une immense délégation composée d'environ trente mille déshérités, avec à leur tête le faux pope Gapon, se dirigea vers le palais impérial pour remettre une pétition au tsar de toutes les Russies. Celui-ci fit tirer sur la foule parce qu'il ne voulait entendre parler ni de délégation ni de pétition. Ce jour-là, plus de mille personnes ont mordu la poussière, ou plus exactement, la neige. La conséquence de ces événements fut une série de séismes historiques qui continuent aujourd'hui encore d'ébranler la planète. La colère embrasa le peuple tandis que la température descendait jusqu'à trente-neuf degrés au-dessous de zéro et que la révolution se répandait comme la peste. Quelques jours après le massacre de Saint-Pétersbourg, Varsovie brûlait, puis ce fut le tour de Lodz et finalement de la Pologne russe tout entière.

Parmi les insurgés de Varsovie se trouvaient les fils d'un certain Jankl Kaminski, qui avait su des années durant se tenir à l'écart des troubles du temps. Il s'adonnait au schnaps et aux femmes, bien qu'il fût marié et père de seize enfants. Ses affaires florissaient comme jamais auparavant, et si les rideaux de sa salle à manger n'avaient pas disparu en ce mémorable 3 février 1905, il n'aurait probablement pas remarqué que Varsovie était à feu et à sang. Peu avant le petit déjeuner, on entendit Fela, la cuisinière hystérique, courir à travers toute la maison en poussant des cris abominables :

« Sainte Marie, mère de Dieu ! C'est la fin du monde, et le Jugement Dernier... »

Quelqu'un ouvrit brusquement une porte à l'étage supérieur. Jankl Kaminski apparut dans la pénombre. Il était coiffé d'un bonnet de laine et se frottait les yeux en bâillant :

« Que se passe-t-il, pourquoi cries-tu ainsi ?

— Je crois que le monde est en train d'exploser, monsieur Kaminski !... »

Le patriarche jeta un regard sur la pendule puis sur la cuisinière qui se tordait les mains de désespoir.

« Il est sept heures et demie, Fela, et tu as déjà bu. Vas-tu enfin me dire ce qui se passe ?

— Les rideaux ont disparu !

— Quels rideaux ? Je ne comprends pas un mot de ce que tu racontes et tu sens le *bimber*.

— Les rideaux rouges de la salle à manger, avec les franges jaunes, ont disparu.

— Pourquoi diable ont-ils disparu ?

— C'est à cause de la fin du monde, monsieur Kaminski. Les Russes arrivent...

— Qu'est-ce que cela veut dire " les Russes arrivent " ? Ils sont déjà là. Depuis cent ans.

— Oui, mais maintenant, nous allons les battre, disent les gens... »

Il faisait un froid de canard, ce matin-là. Les rues étaient gelées, un brouillard blanchâtre avait envahi la ville. Une compagnie de cosaques descendit au grand galop de la citadelle vers les rives de la Vistule, puis traversa la Mostova et remonta vers la cathédrale. Jankl Kaminski regarda par la fenêtre désormais privée de ses rideaux et hocha la tête d'un air désapprobateur. Que veulent donc ces gens ? A quoi bon tout ce tapage ? Tout est en ordre. Ou bien... « Peut-être suis-je trop vieux pour comprendre ces choses », pensa-t-il. Des coups de feu retentirent dans le lointain. Jankl ne savait pas à qui ils étaient destinés.

Dans la vieille ville, on érigea des barricades avec des pierres, des lits en fer et des poussettes cabossées. Sur la Pivna, onze jeunes gens plantèrent un drapeau sur la muraille qu'ils venaient à peine de construire. Le plus âgé avait vingt-quatre ans, le plus jeune en avait quatorze et s'appelait Hersch ou Herschele, comme le surnommaient ses frères. Des balles sifflaient de toutes parts. Des tuiles volaient en éclats et tombaient des toits, mais Herschele ne cessait de ricaner :

« Nos rideaux en soie sur les barricades de la révolution prolétarienne ! Le vieux en perdra la raison quand il saura ça ! »

Les rues étaient désertes. On entendit alors un bruit de sabots : les cosaques apparurent sur la place du château. Ils se trouvaient à peine à cinquante pas des onze compères. Un coup fut tiré, la balle traversa le rideau, et Herschele entonna le *czerwony sztandar,* le chant du drapeau rouge. Il chantait à gorge déployée, mais le cœur y était, et ses frères chantaient avec lui, comme s'ils voulaient couvrir de leurs voix l'angoisse qui leur nouait la gorge. Ils avaient toutes les raisons d'avoir peur, pourrait-on dire, car le jour même, ils se retrouvèrent à la citadelle de Varsovie devant l'officier de police, pieds nus et le crâne tondu. Ils étaient enchaînés les uns aux autres et le capitaine de la police russe leur posait les questions habituelles tout en arrachant les poils gris de sa moustache et en vérifiant de temps à autre le résultat dans un petit miroir. A l'autre coin de la pièce se trouvaient quelques douzaines d'ouvriers, ligotés eux aussi, de même qu'un groupe de lycéens. L'officier de police évitait de s'adresser directement aux détenus. Il posait ses questions à son adjoint qui contemplait d'un regard mièvre le portrait du tsar qui ornait le mur.

« Comment s'appellent ces messieurs ?

— Je vous informe, mon capitaine, que ces messieurs portent tous le même nom. »

L'officier rangea le miroir et s'occupa alors de ses ongles.

« Ils portent le même nom, ils font la même merde. Mais en Sibérie, ils finiront bien par entendre raison, je m'en porte garant.

— A vos ordres, mon capitaine. En Sibérie, ils finiront par entendre raison. Leurs noms sont : Kaminski Ber, né en 1881 ; Kaminski Chloïme, né en 1882 ; Kaminski Isaak, né en 1883 ; Kaminski Mordechaï, né en 1884 ; Kaminski Moïche, né en 1885 ; Kaminski Adam, né en 1886 ; Kaminski Lasik, né en 1887 ; Kaminski Benzion, né en 1888 ; Kaminski Menachem, né en 1889 ; Kaminski Aaron, né en 1890 ; Kaminski Hersch, né en 1891. »

L'officier de police promena son regard sur les onze gaillards juifs. Ils étaient tous vigoureux et en excellente santé. Il arracha un autre poil blanc de sa moustache et grogna d'une voix méchante :

« Nous avons besoin de gens dans nos mines de plomb. Il nous en faut beaucoup, surtout s'ils n'ont pas toute leur tête. »

Il se leva, se dirigea vers le plus âgé des frères Kaminski et demanda à son adjoint :

« Et qui est le père de ce youpin ?

— C'est un youpin, lui aussi, mon capitaine.

— Évidemment, mais qu'est-ce qu'il fait ?

— Des affaires.

— Ils font tous des affaires, ces larves. A-t-il de l'argent ?

— A la pelle, mon capitaine.

— Et ses fils ?

— Il faut que je le leur demande, mon capitaine. »

Il se tourna vers l'aîné des frères et lui demanda :

« Que faites-vous, tous ?

— La révolution, pour le moment. En temps de paix, nous sommes étudiants et ne désirons pas nous faire traiter de youpins. Nous sommes Polonais...

— Ah bon ! Vous êtes Polonais, dit l'officier en frappant Ber de sa cravache. Les Polonais, ça n'existe pas, sale youpin. Nous vous avons rayés de la carte. Vous êtes Russes, même si vous ne méritez pas de vivre en Russie.

— Non, mon capitaine, répondit Chloïme, le second frère.

— Qu'est-ce que cela veut dire, non ?

— Nous ne méritons vraiment pas de vivre en Russie, car Varsovie se trouve en Pologne. »

A ces mots, un murmure approbateur traversa la salle. Le capitaine sentit qu'il devait entreprendre quelque chose. Il se mit à brandir sa cravache en hurlant :

« Varsovie se trouve en Pologne, dis-tu ? Je ne le savais pas. Mais je sais en revanche où se trouve la Sibérie. Elle est située en Russie, elle, et maintenant, tu vas baisser ton pantalon, sinon, nous te castrerons.

— Je ne peux pas, mon capitaine, mes mains sont ligotées.

— En Sibérie, vous apprendrez si Varsovie se trouve en Russie ou ailleurs, dit l'officier en abattant sa cravache sur le dos de

Chloïme. Est-ce que vous savez maintenant où se trouve Varsovie ?

— Non, mon capitaine », dit le plus jeune, Herschele, quatorze ans à peine, qui avait vu le capitaine frapper son frère.

L'officier n'en crut pas ses oreilles. Pour la première fois de sa vie, il commença à douter de ses méthodes et se mit à vociférer :

« Qu'est-ce que tu te permets, espèce de porc circoncis ! Ne sais-tu pas ce qu'est le respect ?

— Non, mon capitaine.

— Ne sais-tu pas dire oui ?

— Non, mon capitaine.

— Et que sais-tu faire, alors ?

— Je sais chanter, mon capitaine. »

Les mains de Herschele étaient entravées. Il ne put donc pas se défendre lorsque les coups de cravache s'abattirent sur sa nuque, mais sa voix, qui entonna le chant du drapeau rouge, retentit, aussi claire que du cristal. Le capitaine perdit ce qui lui restait de sang-froid. Il se mit à frapper les onze frères à l'aveuglette en hurlant :

« A Verchojansk, vous allez chanter jusqu'à ce que vos cordes vocales soient complètement gelées et que vos couilles tintent entre vos jambes, jusqu'à ce que vous creviez, et le plus tôt sera le mieux. Vous m'avez compris ? » Pas de réponse. « Est-ce que vous m'avez compris ? » Un silence de mort se fit dans la pièce. « Répondez, sinon je vous étripe ! »

C'est alors qu'à l'autre bout de la salle, les gens se mirent à chanter :

> « Car notre drapeau est rougi
> Par le sang du prolétariat. »

Le capitaine avait voulu les séparer : d'un côté les Polonais, de l'autre, les juifs. Mais sa manœuvre avait échoué, car ils chantaient tous la même chanson, à présent.

La Vistule était gelée, un épais brouillard avait envahi les rues de la ville. Jankl Kaminski emprunta l'escalier de granit qui menait à la grille de la citadelle, gardée par douze soldats armés jusqu'aux dents. A côté de l'entrée se trouvait une baraque en bois pour les visiteurs. Jankl se présenta au guichet, y déposa son passeport et déclara que le général Kalugine, commandant de la garnison, l'attendait. Cela fit de l'effet, et la grille s'ouvrit. Un commandant de cosaques apparut. Il salua Jankl et lui fit signe de le suivre. Il lui fit traverser le terrain d'exercices pour accéder à l'intérieur de la forteresse. Ils empruntèrent des couloirs interminables et des escaliers abrupts, virent défiler des centaines de portes. De temps à autre, le commandant s'arrêtait pour donner quelques explications :

« Ici, il y a les anarchistes. La plupart ont été condamnés à perpétuité. »

Jankl ne se laissait pas impressionner, il faisait semblant de ne pas entendre. Une herse se leva devant lui. Ils traversèrent alors une passerelle métallique.

« Ici commence l'aile nord. Elle est réservée aux rouges. Ils doivent être envoyés en Sibérie, au-delà du cercle polaire, d'où l'on ne revient que rarement... »

Jankl comprit à quoi il faisait allusion. Mais il ne répondit pas et suivit l'officier jusqu'à une grille qui donnait accès à une sombre cour intérieure. A travers les barreaux, on apercevait une potence en bois de pin.

« Ici, c'est le terminus. Ce département ne fonctionne qu'une fois par jour, à 6 heures du matin, au chant du coq. Il est placé sous les ordres de notre général de garnison.

— Ah bon ? », dit Jankl, comme si cette information ne l'intéressait pas plus que cela.

« Absolument. C'est le général Kalugine. Un homme charmant avec qui on peut discuter. Autant que je sache, un prisonnier sur dix seulement finit au bout de la corde. Combien de fils avez-vous ? »

Jankl ne répondit pas. Le commandant lui fit traverser un couloir éclairé et se réjouit une fois de plus en constatant que le patriarche tremblait. Lorsqu'ils arrivèrent enfin devant la porte du Tout-Puissant, le commandant répéta sa question :

« Je vous ai demandé combien de fils vous aviez ?

— Onze, mon commandant », répondit Jankl en enlevant son bonnet.

Le général commandant en chef la garnison humecta son doigt et tourna la page d'un dossier posé devant lui. Mais il ne regardait pas ces documents, il regardait les deux hommes qui venaient d'entrer, puis il fixa une araignée qui descendait le long de son fil. « Araignée du matin... », pensa-t-il, et il pâlit. Puis il dit à voix basse, en chuchotant presque, pour ne pas défier le destin :

« Comment s'appelle ce juif ?

— Kaminski. Prénom Jankl.

— Domicile ?

— Ulica Mostova, numéro trois. A Varsovie.

— Il a onze fils, selon le dossier.

— Et cinq filles, sauf votre respect.

— Ses fils sont en visite chez nous, m'a-t-on dit. » Et se tournant vers le commandant de cosaques, il lui demanda, l'air ennuyé : « C'est bien cela, n'est-ce pas ?

— C'est exact, mon général. Ils sont tous les onze en pension complète chez nous. »

Kalugine sourit et dit :

« Chez nous, personne ne peut se plaindre. Qu'en dit le juif ?

— Il me semble que votre hospitalité est un grand honneur pour nous, dit Jankl prudemment. Pourtant, je serais heureux de pouvoir les ramener à la maison.

— Comme je vous comprends. Commandant, vous pouvez disposer.

— A vos ordres, mon général. »

A ces mots, l'officier disparut. Kalugine posa un pistolet devant lui, sur la table, et fit signe à Jankl Kaminski de s'approcher.

« Donc, mon hospitalité est un honneur pour vous. Parfait, mais il reste à payer la facture de l'hôtel. »

Jankl comprit où le général voulait en venir. Il sortit un carnet de sa poche et demanda calmement :

« Combien nous devons-vous, mon général ?

— Actuellement, la température en Sibérie est de cinquante degrés en dessous de zéro. »

Cette remarque ne dit rien qui vaille à Jankl. Il sourit de façon aussi neutre que possible :

« La Russie est un pays aux ressources illimitées. La Sibérie est l'avenir de la Russie. »

Le général comprit l'allusion et répondit d'un ton cinglant :

« Deux tiers de ceux qui survivent sont atteints de scorbut. »

Jankl offrit un cigare au général, sortit une boîte d'allumettes de la poche de son manteau et donna du feu au Tout-Puissant.

« Combien, mon général ?

— Dix mille par tête, monsieur Kaminski. Cela fait cent mille roubles pour toute la cargaison. »

La voix de Jankl se cassa :

« Je crois que je n'ai pas bien entendu, mon général.

— Pas un kopek de moins, monsieur Kaminski. » Le commandant de la garnison humecta son doigt pour la seconde fois. Il tourna à nouveau une page du dossier et poursuivit en fermant les yeux : « Ils n'ont pas encore été jugés. Ce qui se trouve dans ce dossier sent la condamnation à perpétuité. Si tout va bien...

— Et si les choses vont mal, mon commandant ?

— J'ose espérer que le juif me comprend.

— Cinquante mille, donc, avez-vous dit ?

— La révolution arrive. C'est pourquoi nous réprimons plus sévèrement.

— Soixante mille roubles, c'est une somme colossale.

— Nous devons prendre des mesures dissuasives, sinon ce mouvement se répandra.

— Où voulez-vous que je prenne soixante-dix mille roubles, pour l'amour du ciel ?

— Si l'avocat général réclame la peine de mort, je ne pourrai rien y changer.

— Et s'il ne la réclame pas ? »

Kalugine referma le dossier et se leva.

« Cent mille roubles, monsieur Kaminski, et vous pouvez les ramener chez vous.

— Tous les onze ? »

Le général bâilla.

« J'ai dit : toute la cargaison. »

Lentement, la rage au cœur, Jankl Kaminski signa une lettre de change de cent mille roubles, puis il poussa un soupir et la tendit au général.

« J'aurais mieux fait d'avoir onze filles ! »

Trois calèches attendaient devant le mur est de la citadelle. Trois cochers étaient assis sur leur siège. Emmitouflés dans leurs manteaux de fourrure, des glaçons dans la barbe, ils fumaient la pipe et ne bougèrent pas lorsque douze hommes descendirent en file indienne l'escalier de la citadelle, Jankl Kaminski en tête, suivi de ses fils. Herschele, le plus jeune, fermait la marche. Il avait l'air réjoui de quelqu'un qui revient tout droit de Paris. Le brouillard s'était levé. La Vistule scintillait, les branches des bouleaux, sur les rives, étaient recouvertes d'une poudre dorée, et l'on sentait que la ville avait retrouvé l'espoir. Seul le vieux Kaminski fulminait. Sans un mot, il fit monter ses garçons dans les voitures et donna l'ordre aux cochers de partir. Le convoi s'ébranla. Personne n'osait parler. Un orage terrible se préparait. Les calèches longèrent les rives du fleuve jusqu'au pont du château, puis elles descendirent en direction de la vieille ville. Ils arrivèrent enfin au numéro trois de Ulica Mostova. Mais les onze jeunes gens savaient que la catastrophe ne faisait que commencer. Jankl descendit le premier et paya le prix de la course. Puis il ouvrit la porte de la maison. Il gravit l'escalier et appela sa femme.

« Noémie, descends à la salle à manger. Je vais commencer. »

La scène sur laquelle les événements se déroulèrent avait dix mètres de long sur six de large. Le décor était constitué par la longue table en chêne et dix-huit chaises. La mère pleurait près de la fenêtre dépourvue de ses rideaux. Devant la table se tenaient les onze héros du jour, chacun derrière sa chaise. Le maître des lieux était devant la glace, telle une hydre à deux têtes. L'air sombre, il défit sa ceinture et commença le monologue qu'il destinait non à ses fils, mais à sa femme :

« Et tu voudrais que cette racaille, que ces garnements soient mes enfants, Noémie ? Ce sont les tiens. Ils n'ont rien à voir avec moi.

— Ce sont *tes* enfants, Jankl. Ils sont tous aussi cinglés, excessifs et irréfléchis que leur père.

— S'ils étaient *mes* enfants, ils ne m'auraient pas ruiné.

— Ce monde ne leur plaît pas, Jankl. Ils veulent l'améliorer. Est-ce un crime ?

— C'est pire qu'un crime, Noémie. C'est une mauvaise affaire, et c'est Jankl Kaminski qui en fait les frais. Ils arrachent les rideaux de mes fenêtres. Je paye cent mille roubles à ce coquin de général — que la foudre s'abatte sur lui — pour éviter qu'il ne les fasse monter à la guillotine. Ber, descends ton pantalon et couche-toi sur la table.

— J'ai vingt-quatre ans, père !

— Et moi, j'en ai soixante, et je sais ce que je fais. Descends ton pantalon et couche-toi à plat ventre sur la table. »

Ber se soumit à son destin et obéit. Les onze fils savaient qu'on pouvait marchander avec le général de la garnison, mais pas avec le patriarche. Jankl donna dix coups de ceinture à chacun de ses fils. Et à chaque coup, il exprimait sa rage avec des mots toujours renouvelés :

« Cent mille roubles pour un idéal de merde ! Pour le socialisme, pour Karl Marx, pour la classe ouvrière, pour l'émancipation des femmes, pour la libération des Noirs. Chloïme, sors tes mains de tes poches... Et pour tout cela il faut que je paye avec l'argent que j'ai gagné à la sueur de mon front. Un vieux juif se décarcasse... Ne bouge pas, Moïche... Il se décarcasse sa vie durant, du matin au soir, pour que ses fils fassent des études, qu'ils aient une meilleure éducation que leur père, et le résultat ? Au lieu d'aller à l'école, ils traînent dans la rue... J'ai dit sur le ventre, Menachem... Ils font du tapage et ennuient les gens comme il faut... » Jankl souffla un instant. Puis il se dirigea vers sa femme et lui dit, haletant : « Voilà les avortons que tu as mis au monde, Noémie ! Onze bandits qui s'amusent et jouent les héros aux frais de leurs parents. Il faut qu'ils payent leurs idioties. Finie, la révolution à Varsovie. Je ne peux plus me payer ce luxe. »

Il essuya la sueur qui coulait sur son front et poursuivit la correction.

L'histoire manque d'imagination. Elle se répète. Certes, il y a de temps en temps quelques petites variantes, mais au fond, c'est toujours la même chose. En octobre 1905, il se reproduisit ce qui s'était déjà passé en janvier de la même année. Fela, la cuisinière nerveuse, montait en haletant le petit déjeuner à la salle à manger, comme tous les matins, mais quand elle pénétra dans la pièce, elle pâlit et laissa tomber son plateau. Bruit de vaisselle qui se brise, cris affolés... Noémie accourut, suivie de Jankl et de leurs cinq filles. Fela avait une fois de plus une de ses crises d'hystérie.

« Sainte Mère de Tchentochau ! Viens à notre secours, le ciel est en train d'exploser ! »

Noémie alla chercher un balai et le tendit à la cuisinière.

« Ce n'est pas le ciel qui explose, Fela, c'est ma porcelaine. Qu'est-ce qui se passe encore ?

— En janvier, nous avons achevé une nouvelle nappe...

— Acheté, rectifia Jankl. Tu ferais mieux de parler polonais, cela t'éviterait de faire des fautes.

— ... Nous avons acheté une nouvelle nappe, quand le fleuve

était gelé, au magasin de Vokulski, je m'en souviens parfaitement, c'était dans la rue Targova, de l'autre côté du fleuve, et nous l'avons traversé en traîneau.

— Elle a bu une fois de plus, cette garce. Qu'est-il encore arrivé ? », demanda Jankl, qui craignait le pire.

« Il est arrivé que nous sommes maintenant en automne, piailla la cuisinière, et les feuilles tombent déjà des arbres. Je regarde la table, mais que vois-je ?

— Au fait, au fait, Fela, sinon je te jette par la fenêtre. Eh bien, que vois-tu ?

— La nappe neuve, en soie rouge, celle qui vient de Vokulski, dans la rue Targova... Disparue. Envolée !

— Et où sont mes fils ?

— Disparus et envolés, monsieur Kaminski ! Ils ont pris le large. Leurs chambres sont vides et les portes sont grandes ouvertes. »

On tirait à nouveau sur la place du château. Des cosaques refoulèrent la foule dans la rue Pivni. Le sang coulait sur les pavés. Des gens embusqués sur les toits jetaient des tuiles et toutes sortes d'ustensiles ménagers sur les *Ruski.* Il pleuvait des pots de chambre, des casseroles et des roues de voiture. Sur le toit d'une maison bourgeoise, quelqu'un hissa un drapeau en soie rouge : la garde Kaminski était à nouveau à l'œuvre. Cet étendard flottait dans le vent d'automne. Celui qui l'avait hissé avait à peine quinze ans. Il avait le crâne tondu et portait une casquette d'ouvrier. De sa voix grêle, il hurlait avec enthousiasme :

« Prolétaires de tous les pays, unissez-vous ! »

Mais ils ne s'unirent pas ce matin d'octobre-là. L'élan des journées de février avait disparu. La foule était moins importante, plus hésitante, la peur s'était emparée de la ville. Hersch et ses dix frères furent arrêtés et emmenés pour la seconde fois à la citadelle. On les mit dans la cellule numéro 13, juste à côté du « terminus », derrière la grille. Depuis le soupirail, on apercevait la potence. Il est difficile, après coup, de savoir si c'était uniquement le fait du hasard. Il s'agissait probablement d'un truc pour faire céder Jankl Kaminski, afin qu'il soit mûr pour un deuxième paiement de cent mille roubles.

Kalugine avait pris ses renseignements. L'entreprise de Jankl était prospère. Dans les jours sombres de la guerre contre le Japon, les affaires marchaient plus que jamais. En 1905, lorsque la première révolution s'abattit sur le pays, Jankl avait triplé son chiffre d'affaires, car il fabriquait l'étoffe des uniformes. Plus la vague déferlante des Japonais était virulente, plus le peuple exigeait que l'on reconnût ses droits, plus l'armée devenait indispensable, et plus les affaires marchaient. Si le vieux Kaminski avait été capable de voir plus loin que le bout de son nez d'ivrogne, il aurait soutenu ses fils dans leurs activités révolutionnaires, car elles servaient les intérêts de son entreprise. Mais c'eût été trop demander à un patriarche de soixante ans. C'était un homme rusé, et un grand homme d'affaires... de petite envergure. Il était parvenu à fabriquer du tissu pratiquement sans disposer de matière première. C'est avec des chiffons, des sacs, des restes d'étoffe et des vêtements usagers qu'il fit fortune. Mais surtout, il rachetait à bas prix les tenues des soldats tombés et les réutilisait pour en faire des uniformes flambant neufs. Il retirait cependant ses plus grands profits de son amour pour les femmes, dont il soutenait fermement l'émancipation. Par principe, il n'embauchait que du personnel féminin et disait ouvertement que les femmes abattaient plus de travail, qu'elles le faisaient plus sérieusement et pour moins d'argent que les hommes. En outre, tant qu'elles étaient jeunes, elles étaient prêtes à augmenter leurs revenus en lui accordant quelques faveurs, et c'était là un aspect qui méritait qu'on s'y arrêtât.

L'après-midi de ce jour d'octobre, le patriarche se trouvait dans son comptoir et surveillait derrière une vitre les métiers à tisser mécaniques où quelques centaines de jeunes femmes accomplissaient leur travail. Il observait, fasciné, les volants et les canettes, les courroies, les bobines et les ensouples qui faisaient retentir la halle de leurs syncopes sauvages. Il ne remarqua pas, ou ne voulut pas remarquer, que deux hommes étaient entrés pour une affaire visiblement urgente. Il s'agissait de Chaïm Levin, bras droit et fondé de pouvoir de Jankl, et de Sokolov, qui portait les épaulettes d'un officier de police de haut rang. Il resta dans l'embrasure de la porte et attendit que le patron veuille bien le recevoir comme il convenait à son rang. Levin toussa plusieurs fois sans parvenir à attirer l'attention de Jankl. D'une voix suppliante, il dit enfin :

« Nous avons le plaisir, je veux dire l'insigne honneur d'accueillir l'officier de gendarmerie Timofei Sokolov... »

Mais il ne poursuivit pas, car Jankl fixait la halle, d'où montait le brouhaha régulier des machines. Il ne bougea pas non plus lorsque Levin lui cria à l'oreille :

« C'est Son Excellence le général Kalugine, commandant en chef la garnison, qui l'envoie. M'entendez-vous, monsieur Kaminski ? C'est l'homme fort de Varsovie qui lui a ordonné de venir... »

Le patriarche prit une bouteille sur la table. Puis il remplit un petit verre et en avala le contenu d'un trait, sans en offrir au Russe. En Pologne, cela revient à une insulte, en Russie, à une provocation, et c'est la raison pour laquelle l'officier de police saisit Jankl au collet et lui dit d'un ton cinglant :

« Je suppose que vous êtes le juif Kaminski, n'est-ce pas ?

— Lâchez-moi !

— Je vous ai demandé si vous étiez le juif Kaminski. Je suis venu sur l'ordre du général Kalugine, et je n'apprécie pas la plaisanterie.

— Moi non plus. Lâchez-moi ou vous cesserez d'être un officier de gendarmerie. »

C'était une menace bien mystérieuse qui pouvait réserver toutes sortes de surprises. Comme Sokolov ne savait pas ce qu'elle cachait, il lâcha sa victime et constata ce faisant que Jankl observait toujours, impassible, ce qui se passait derrière la vitre. Il changea donc de tactique et se mit à parler sur un ton plus conciliant :

« Je suis désolé de devoir vous informer que vos fils Ber, Chloïme, Isaak, Mordechaï, Moïche, Lasik, Aaron, Adam, Menachem, Benzion et Hersch sont sous les verrous à la citadelle de Varsovie... »

Jankl saisit à nouveau la bouteille et se versa un verre sans en offrir à ses deux visiteurs.

Levin trouva que Jankl n'avait encore jamais été aussi insupportable que ce jour-là et tenta de détendre l'atmosphère :

« Ne voulez-vous pas prendre place, mon lieutenant ? »

Sokolov resta debout et continua d'intimider Jankl d'une voix sèche :

« Vos fils se sont rendus coupables premièrement d'activités menaçant la sécurité de l'État, deuxièmement de résistance armée contre les forces russes, troisièmement de propagande révolutionnaire dans des établissements d'enseignement secondaire du premier et du second degré, et quatrièmement de désobéissance caractérisée... »

Levin était hors de lui et voulut intervenir pour sauver la situation. Il sortit un étui à cigares de sa poche et invita l'officier à se servir, mais celui-ci fit mine de ne pas le voir. Il continuait imperturbablement à proférer ses menaces d'une voix traînante :

« Les individus cités sur ce document, Ber, Chloïme, Mordechaï, Isaak, Moïche, Lasik, Adam, Benzion, Menachem, Aaron et Hersch Kaminski ont été condamnés à dix-huit ans de travaux forcés dans les mines de plomb du Grand Nord... »

Jankl avala un troisième verre et commença à faire les cent pas dans son bureau, les lèvres pincées, tandis que l'officier poursuivait :

« ... Il est cependant laissé la possibilité au père de ces délinquants d'introduire un recours en grâce auprès de Son Excellence, le général Kalugine, commandant en chef la garnison. »

Jankl s'arrêta et dit d'une voix à peine audible :

« Saluez Kalugine de la part du juif Kaminski et informez-le qu'il ne sait pas ce qu'il dit.

— Modérez vos propos ! Nous avons déjà envoyé en Sibérie des gens plus âgés que vous !

— Si l'un de nous deux doit aller en Sibérie, ce ne sera certainement pas moi ! Informez donc votre supérieur qu'il ne sait pas ce qu'il dit, tout simplement parce que je n'ai pas de fils. Je n'en ai jamais eu et je n'en aurai jamais.

— Je vous mets en garde pour la dernière fois, monsieur Kaminski. Selon le registre de l'état civil, vous avez onze fils.

— Et selon Jankl Kaminski, je n'en ai aucun. Bonjour, mon lieutenant. »

A ces mots, le patriarche se tourna à nouveau vers la fenêtre et considéra que la conversation était terminée. Le policier en resta bouche bée. Pareille chose ne lui était encore jamais arrivée. Il se dirigea vers la porte, l'air effaré, suivi de Chaïm Levin qui, une fois de plus, était bien perplexe.

III

Ma famille a un secret, une page blanche, un vide dans sa chronique, une blessure dont personne ne parle. Il s'agit d'un événement assez curieux. Les onze révolutionnaires que l'on fit monter dans un wagon à bestiaux, à la gare de Varsovie, en décembre 1905, ne sont jamais arrivés à destination. Enchaînés les uns aux autres, vêtus de la tenue à rayures des bagnards, ils traversèrent toute la Russie d'ouest en est. Ils auraient dû normalement arriver au début de l'été 1906 dans les mines de plomb de Verchojansk, mais il n'en fut rien, car sinon, je n'aurais jamais eu de père, et mon père n'aurait pas eu de fils, et cette histoire n'aurait jamais été écrite. Le wagon à bestiaux dans lequel se trouvaient les onze frères s'est perdu, tout simplement, comme une aiguille dans une botte de foin, aussi invraisemblable que cela puisse paraître.

A neuf cents kilomètres à l'est de Novossibirsk se trouve le nœud ferroviaire d'Atchimsk, où une partie du train fut décrochée pour continuer sa route en direction d'Abalakova. Le décrochage s'est parfaitement bien passé, mais après cette opération, il manquait un wagon à bestiaux. En contrepartie, on vit une troupe de cheminots frais émoulus débarquer d'un wagon à Irkoutsk. Ils étaient tous beaucoup plus jeunes que la moyenne habituelle, et portaient tous des lunettes, ce qui était plutôt rare dans les chemins de fer russes. Au cours de ce voyage de presque dix mille kilomètres à travers la steppe, la toundra et la taïga, s'était produit un événement qu'aucun membre de la famille de mon père ne mentionna jamais. On ne saura donc pas comment les choses se sont déroulées. Il est impossible aujourd'hui de dire si c'est arrivé avec ou sans la complicité de compagnons d'infortune, ou bien en utilisant la violence ou la corruption. Je suppose que cela ne s'est pas fait sans l'emploi de certains moyens de pression, car il ne faut pas oublier que deux sentinelles et neuf cheminots des chemins de fer transsibériens avaient été débarrassés de leurs uniformes et s'étaient évanouis ensuite dans la nature. A leur place, on vit onze bolcheviks en uniforme de fonctionnaires russes se rendre à Vladivostok, ce qui sembla n'étonner personne. Certains diront que tout cela ressemble fort à un roman noir. C'est vrai, et pourtant, ce roman noir est la stricte vérité. La preuve en est que les onze fils de Jankl Kaminski arrivèrent sains et saufs et heureux de vivre sur la côte de la mer du Japon pour y commencer un nouveau chapitre de leur existence.

IV

Le 12 juillet 1906, la jeune Malwa Rosenbach, qui avait alors à peine quinze ans, se trouvait dans sa chambre et se contemplait dans un miroir. La fenêtre était ouverte. Une brise légère entrait dans la pièce, et les parfums du jardin troublaient les sens de la jeune fille. Cette journée n'avait rien de particulier, et pourtant, Malwa ressentait une agitation bizarre, une sensation curieuse, il lui semblait que son destin se décidait au même moment quelque part dans le monde. C'était comme si une barque se dirigeait vers elle. Elle ouvrit son journal intime pour y consigner ses réflexions :

« Je sais qu'il existe, mais je me demande où il peut bien se trouver en ce moment. Il n'est pas à Stanislau, j'en suis absolument certaine. Il n'a rien à faire ici, et si c'était le cas, il ne serait pas l'oiseau de paradis de mes rêves. Pour moi, il est Héraclès, un demi-dieu en albâtre blanc. Il chevauche les vagues de l'histoire, mais je ne sais même pas de quoi il a l'air. Il ressemble peut-être un peu à l'oncle Henner : des yeux bleus qui pétillent constamment comme des coquillages au bord de la mer. J'aimerais qu'il ressemble à cet inventeur un peu fou. Et pourquoi ce ne serait pas l'oncle Henner ? C'est à pleurer. Il a le triple de mon âge et il est trois fois plus beau que moi. Mais il ne me voit même pas. Il ne voit que lui-même et peut-être, à la rigueur, ma mère. A ses yeux, je ne suis qu'une enfant. Il ne se doute pas un seul instant que cela fait belle lurette que je suis une femme, une fleur épanouie au calice débordant de miel sucré. Mais je suis sûre qu'il en existe un autre, et que lui me verra. Tout de suite. Au premier regard. Il aura plein de rêves dans la tête. Il devra rechercher l'impossible. Je n'aimerai jamais un homme qui a les pieds sur terre, comme on dit. Liebermann, lui, se vante d'avoir les pieds sur terre, mais c'est un bon à rien. Il veut me convaincre que la vie, c'est l'art du possible. Quel idiot ! Rien que ces mots, " l'art du possible ", me rendent folle. L'art, c'est précisément ce qui n'est pas possible. Et ce qui est possible, ce n'est pas de l'art. L'art, c'est justement la fuite dans l'impossible. Il n'y a qu'un professeur de latin grincheux pour affirmer de telles sottises. Ce vieux machin veut m'apprendre ce qu'est l'art. Je ne le supporte pas. Ce n'est pas un homme, c'est une chose neutre. Et il colle à la terre. Mon Napoléon, lui, vole à travers les airs. Il me cherche sur les flèches de la rose des vents. Il attend la comète qui montera au levant. Je ne le connais pas, je ne sais pas comment il s'appelle, mais je ne doute pas un seul instant qu'il a horreur des lois de la nature, car il s'y sent trop à l'étroit. Les mathématiques sont un supplice pour lui, comme pour moi, d'ailleurs. C'est une camisole de force pour l'imagination, une cage qui contient des nombres entiers. Où y a-t-il des nombres entiers dans le monde ? Dès le début, tout repose sur un mensonge : deux fois deux font quatre. Pourquoi pas 3,9 ou 4,1 ? Deux fois deux hommes : ils sont tous différents les uns des autres. Que sont quatre hommes ? Trois bourreaux et un philosophe. Est-ce que ce sont quatre hommes ? Ou quatre îles peut-être ? Quatre énigmes. J'ai horreur des nombres. Seul l'innombrable est vrai. L'incommensurable. J'aime l'oncle Henner parce qu'il se place au-delà des nombres, parce qu'il échoue toujours. C'est un bûcher, une flamme ardente qui cherche à atteindre son but et n'y parviendra jamais. Incomparable Henner ! Pourquoi n'es-tu pas mon amant au lieu d'être mon parent ? »

En ce 12 juillet 1906 tout à fait anodin se produisirent trois événements curieux qui devaient avoir d'importantes conséquences pour l'avenir de la jeune Malwa. A dix mille kilomètres à l'est de Stanislau, onze frères déguisés en cheminots quittèrent l'express transsibérien et tentèrent le coup de leur vie. A quinze mille kilomètres à l'ouest de Stanislau, en Guyane française, un gardien de prison entrait dans la cellule d'Alfred Dreyfus pour l'informer que la Cour de cassation à Paris avait cassé le jugement du tribunal militaire de Rennes, et que le capitaine condamné comme espion au profit de l'Allemagne avait été réhabilité et promu au grade de colonel de l'armée française. A Stanislau même, Leo Rosenbach ramena à la maison un homme qui s'appelait Baltyr, qui n'était pas juif, mais dont il émanait un tel charme que l'on ne pouvait lui résister — pas même le photographe de la cour de Bavière qui s'était toujours juré de ne jamais se laisser aller à la moindre fascination. Baltyr était un réfugié russe qui avait pris part aux mouvements révolutionnaires et qui avait été condamné à mort au mois de décembre de l'année précédente. A la veille de son exécution, une mystérieuse femme était parvenue à le faire sortir secrètement de la funeste forteresse de Petropavlovsk et à le faire passer en Autriche en traversant les marécages d'Ukraine.

En ce jour de juillet 1906, Baltyr se rendit à l'atelier de mon grand-père. Il lui avoua sans ambages qu'il était anarchiste, qu'il était recherché par l'Ochrana du tsar et qu'il devait se cacher quelque part. Étant photographe de métier, il pouvait s'installer chez lui pour quelque temps, si Leo était d'accord, et se rendre utile. Mon grand-père avait beaucoup de défauts, mais il n'aimait pas la violence. C'était le juif le plus loyal de l'Empire austro-hongrois. Quand il entendit parler d'anarchiste, il en eut des sueurs froides dans le dos, mais il suffit que Baltyr lui expliquât qu'il avait été condamné à la potence par les barbares russes pour gagner Leo à sa cause. En outre, Baltyr avait un charme hors du commun : il était blond, avait des pommettes saillantes, des yeux enfoncés qui semblaient danser constamment et un sourire mélancolique. Il ne plaisait pas seulement à Leo. Il avait séduit tout le monde et fut donc adopté par la famille. Le soir de ce jour-là, Malwa nota dans son journal intime :

« Il a une voix grave. Pour moi, il appartient à la famille des instruments à vent. Je dirais que c'est un alto. Il nous a chanté une chanson russe qui m'a donné la chair de poule. J'ai senti que ce qu'il chantait était authentique. Je ne comprenais presque rien, mais tout le monde avait saisi qu'il croyait en quelque chose. Chez nous, on ne croit en rien. Seul l'oncle Henner croit, mais en lui-même, et on se moque de lui. Ce Baltyr, en revanche, nous le prenons au sérieux. Probablement parce qu'il est condamné à mort et que nous savons que ses bourreaux sont des bêtes fauves. Je me demande en quoi il croit. Il dit qu'il est anarchiste, qu'il veut supprimer l'État. Est-ce que cela a un sens ? S'il risque sa vie pour cela, je suppose qu'il y en a un. Quand on est prêt à mourir pour une cause, cette cause doit être juste. On dit qu'une mystérieuse femme est venue le libérer. On dit aussi qu'elle a été d'une témérité folle. Évidemment. Est-ce que j'aurais le courage de risquer ainsi ma vie ? Je n'en sais rien, mais je suppose que pour Baltyr, j'en serais capable. Il est si doux, si fragile qu'on aimerait le caresser constamment. Il est aussi tendre qu'un violon. Pour lui, je me sacrifierais. Pas vraiment pour lui, mais pour sa cause. Pour les chansons qu'il chante et dont je sais qu'elles sont authentiques. C'est curieux. Pour moi, Baltyr n'est pas un homme. Plutôt un frère. Et l'oncle Henner n'est pas un oncle, à mes yeux, mais un homme. »

Ce fut Baltyr qui annonça la nouvelle de la réhabilitation de Dreyfus. Il était ému comme si l'événement le concernait personnellement, comme s'il était le propre frère de Dreyfus.

« Comment se fait-il que vous vous sentiez concerné à ce point ? lui demanda l'oncle Henner. Vous ne le connaissez même pas.

— Vous ne le connaissez pas non plus, répliqua Baltyr, mais vous avez pleuré lorsque vous avez appris la nouvelle.

— Ce n'est pas la même chose, Dreyfus est juif. Moi aussi. Son honneur est le mien.

— Le mien aussi, bien que je ne sois pas juif. Les bandits qui l'ont envoyé dans l'île du Diable sont les mêmes que ceux qui m'ont interné à Petropavolovsk. »

Leo intervint dans la conversation :

« Il y a cependant une différence : Dreyfus, lui, était innocent.

— C'est précisément ce que je lui reproche, cher monsieur Rosenbach. On n'a pas le droit d'être innocent. Le monde périra par notre innocence.

— Je n'apprécie guère la plaisanterie dans ce domaine, monsieur Baltyr. Chez moi, on est pour l'ordre et la paix civile. Moi aussi, je condamnerais Dreyfus s'il avait effectivement livré des renseignements militaires.

— Pas moi. Je dirais même au contraire que le fait de livrer des renseignements militaires sert la paix. Les secrets d'État mènent tout droit à la guerre. S'ils n'existaient plus, il n'y aurait plus de génocides. Croyez-moi...

— Là, vous allez trop loin, cher monsieur, s'écria Leo. Vous faites l'apologie de la haute trahison. Je ne saurais tolérer cela.

— Je ne fais l'apologie de rien du tout. Je refuse simplement toute forme d'obéissance. L'obéissance va à l'encontre de la liberté de l'individu. Dreyfus est un bourgeois, un officier qui appartient à la caste dominante, une marionnette entre les mains des banques et de la grande industrie. Si on lui donne l'ordre d'attaquer l'Allemagne, l'Angleterre ou l'Italie, il obéira et massacrera des milliers de gens qui ne lui ont rien fait. Il est innocent. Ce n'est pas un traître à sa patrie, et c'est là son crime.

— Et vous, Baltyr ? », demanda soudain Jana qui avait écouté jusque-là la conversation sans intervenir. « Êtes-vous un traître à votre patrie ?

— Oui, répondit le Russe en souriant. Aux termes de la loi russe, je suis un traître, et j'en suis fier. Je suis toujours prêt à m'insurger contre la hiérarchie, contre le tsar, le gouvernement, les autorités. Je suis même prêt à combattre mon propre peuple s'il se laisse abuser par ces charlatans. Je suis un traître à ma patrie quand le peuple descend dans la rue, à Kichinev ou à Bialystol, et qu'il assassine les juifs. Je m'insurge alors contre les gens qui parlent ma langue et qui appartiennent à ma race. Dreyfus, malheureusement, ne l'a pas fait, et c'est pourquoi il est innocent.

— Pourquoi vous réjouissez-vous de sa réhabilitation, dans ce cas ? », lui demanda Henner d'une voix moqueuse.

« Ce n'est pas pour lui que je me réjouis, monsieur Henner, c'est pour ces messieurs, en France, qui viennent d'essuyer un échec. Ils voulaient se servir de l'antisémitisme pour souder le peuple. Ils avaient l'intention de provoquer une flambée de nationalisme pour pouvoir attaquer l'Allemagne et l'Autriche à la première occasion. Leur manœuvre a échoué. C'est un message pour le monde entier qui signifie qu'on ne doit pas croire ce que disent les classes dirigeantes, et le monde a compris le sens de ce message. C'est de cela que je me réjouis. »

Une animosité incompréhensible couvait entre Henner et Baltyr. Leurs conceptions de l'existence étaient trop proches. L'un était anarchiste, l'autre inventeur. Tous deux cherchaient à surmonter la pesanteur, aspiraient à l'impossible, comme disait Malwa. Tous deux se doutaient également qu'ils ne verraient jamais l'accomplissement de leurs rêves. Ils étaient peut-être jaloux l'un de l'autre, car Jana et sa fille Malwa commençaient à les comparer. Et de fait, les deux hommes cherchaient, consciemment ou non, à conquérir le cœur des deux femmes.

Le 24 novembre 1906, Malwa nota dans son journal :

« Je fête aujourd'hui mes quinze ans. Jusqu'à maintenant, j'étais une enfant, ou du moins on me traitait ainsi. Mais quelque chose semble avoir changé. Vers 5 heures de l'après-midi, il faisait déjà sombre dans la maison, Henner m'a entraînée dans un coin. Il m'a contemplée longuement, comme s'il regardait à travers mes habits, et à mon grand étonnement, j'ai trouvé cela tout à fait agréable. C'était une sensation excitante et enivrante comme lorsqu'on boit du champagne. Il prit ma main et la baisa. Il se produisit alors quelque chose que j'ai de la peine à décrire, quelque chose de totalement nouveau que je ne pourrais comparer qu'à un feu d'artifice. Mon sang se mit à bouillir, il semblait venir de mon cou et de mes hanches, de ma poitrine et de mes cuisses, je le sentais affluer vers le centre de mon corps qui était comme secoué par un séisme, une fièvre galopante qui n'en finissait pas de monter. Ma gorge se noua, mes hanches se crispèrent, je serrai les dents, mon cœur sembla s'arrêter de battre et enfin, j'explosai. Une cascade de volupté déferla dans ma chair. Henner se trouvait toujours devant moi et baisait ma main. De la pointe de la langue, il me chatouillait entre le pouce et l'index. Mes genoux se mirent à trembler et je sentis que j'allais tomber d'un instant à l'autre dans ses bras, comme je le souhaite ardemment depuis si longtemps. C'était probablement ce qu'il recherchait. J'entendis alors Maman crier : " Où es-tu encore fourrée, Malwa ? " Je hais le manque de discrétion de Maman. Ce qu'elle avait dit signifiait en fait : " Quelle bêtise es-tu encore en train de faire ? " Elle est tout simplement jalouse parce que je suis jeune et qu'elle est vieille. Elle ne supporte pas de voir que Henner commence à me remarquer. Non. Là, je vais trop loin. Elle n'est pas si vieille que cela. Elle est belle comme un paon. Tous les hommes se retournent dans la rue pour la regarder. Et cela fait belle lurette que Henner n'a plus toutes ses faveurs... C'est Baltyr qui l'a remplacé. Elle est amoureuse de Baltyr, j'en suis sûre, mais c'est une chose que je n'arrive pas à comprendre. Bon, Baltyr est un être très doux, c'est vrai. Mais Henner... Comment dire ? C'est un homme, un chevalier, un prince de conte de fées. Bien sûr, je sais que Baltyr est mieux que lui. Papa dirait qu'il a plus de valeur. Il a risqué sa vie pour la liberté, pour son idéal de la liberté de l'homme. Il n'est pas juif, et pourtant il serait prêt, le cas échéant, à mourir pour nous parce que nous sommes persécutés, méprisés. C'est un être totalement dévoué aux autres. Henner, lui, ne l'est pas. Il s'occupe de moi pour rendre Maman jalouse, alors qu'elle lui est complètement indifférente. Simplement, il ne supporte pas qu'elle soit éprise de Baltyr. Henner est un parfait égoïste. Son but n'est pas la photographie en couleurs, mais la gloire, et pourtant, je suis sûre qu'il fera son invention. Papa n'y croit pas. Papa le considère comme un vaurien et comme un escroc. Mais je suis convaincue que Henner triomphera un jour. Henner voudrait que l'humanité tout entière l'acclame, il veut être aimé, idolâtré. Il est égoïste et dépourvu de scrupules. Des gens comme lui atteignent le but qu'ils se sont fixé. Ô Henner ! Je me demande vraiment pourquoi je t'aime autant... »

L'affrontement entre Henner et Baltyr était devenu inévitable. Il eut lieu le 1er mai 1907 et se termina par un match nul. Jana, Malwa et les deux rivaux prenaient leur petit déjeuner et parlaient de la manifestation qui devait avoir lieu à 11 heures sur la place de la Gare. Henner était en train de mettre du miel sur sa tartine. Il lança un regard méprisant au jeune Russe et lui dit :

« Je suppose que vous y serez aussi !

— Bien sûr. Pourquoi cette question ?

— Parce que vous vous sentez à l'aise au milieu du troupeau, n'est-ce pas ?

— Je voulais savoir pourquoi vous m'avez posé cette question.

— Je m'étonne simplement de votre entêtement. Voilà vingt ans que vous luttez contre les moulins à vent capitalistes, mais cela ne donne aucun résultat.

— Et vous, monsieur Henner, voilà seize ans que vous inventez la photographie en couleurs, à ce qu'on dit. Mais vous ne semblez pas avoir plus de succès que moi.

— Moi, je suis à deux doigts du triomphe, monsieur Baltyr. Vous ne pouvez pas en dire autant.

— Ne sois pas si vaniteux, dit Jana. M. Baltyr a risqué sa tête pour ses idées. Il a été condamné à mort. Et pourtant, il poursuit son combat, sans s'occuper de savoir s'il gagnera ou s'il perdra.

— Je ne critique pas le fait que vous n'atteigniez pas votre but, monsieur Henner, simplement, j'ai du mal à comprendre pourquoi vous restez là, sans rien faire, sans entreprendre quoi que ce soit. A mon avis, l'inaction c'est le début de la fin.

— Retirez immédiatement ce que vous venez de dire, monsieur Baltyr.

— Voilà bientôt un an que je vous connais. Vous n'allez tout de même pas me dire que depuis, vous avez bougé ne serait-ce que le petit doigt pour faire avancer votre idée fixe ?

— Retirez ces sornettes », cria Henner en saisissant le couteau à pain et en faisant mine de se précipiter sur son rival. « Vous allez voir que je vais bouger le petit doigt pour ce que vous appelez mon idée fixe. Je vais vous éliminer sur-le-champ, espèce de barbare russe !

— Tu es en train d'insulter mon hôte, Henner, cria Jana, hors d'elle d'indignation. C'est peut-être un barbare russe, mais il nous défend, nous les juifs, chose que tu ne sais manifestement pas apprécier à sa juste valeur. Tu devrais avoir honte !

— Je vais le tuer !

— Parce qu'il te dit la vérité », remarqua Jana en lui subtilisant le couteau à pain.

« Il ne dit pas la vérité », dit Henner, et il se mit à sangloter. Il se fit tout petit et commença à trembler de tous ses membres. « Cet été, avant les moissons, je vous offrirai un carrosse d'or tiré par quatre pur-sang arabes.

— Nous n'avons que faire d'un carrosse, Henner, sans parler des chevaux.

— Si, Jana. Ton mari est ruiné, au cas où tu ne le saurais pas. Il est criblé de dettes. A l'heure qu'il est, il est déjà au café et joue les derniers boutons de sa veste. Bientôt, nous aurons la visite de l'huissier, et il nous chassera de cette maison, mais Henner Rosenbach vous sauvera. Mon invention n'est pas une idée fixe. Elle est pratiquement au point.

— Qu'est-ce que tu entends par “ pratiquement au point ”,

Henner ? Il y a quinze ans, je suis allée puiser l'eau dans la Bistchitsa gelée. A quoi cela nous a-t-il servi ?

— Nous mangerons du faisan, et je ferai venir du vin de Paris.

— Tu jures tes grands dieux que ton invention est pratiquement au point, que tu es à deux doigts du triomphe. Que te manque-t-il, cette fois ?

— Il me manque un tout petit rien, Jana, le point sur le " i ". »

Henner avait encore les larmes aux yeux, mais soudain son visage s'éclaira d'un sourire rayonnant et sa voix se fit tendre et douce : « Il me manque une bricole, une bagatelle, car la lumière blanche est une illusion. La lumière blanche n'existe pas. Elle est composée de rouge, de bleu et de jaune. Regardez un peu la lumière qui entre par la fenêtre. Elle ment.

— Voulez-vous dire par là que nous sommes tous daltoniens, monsieur Henner ?

— Bien sûr que nous le sommes tous. Pour vous, le monde n'est que noir ou blanc, bon ou mauvais, beau ou laid. Vous avez des filtres gris devant les yeux, monsieur Baltyr, mais moi, je vais vous donner la vue. Je vais décomposer la lumière en ses différents éléments, mais pour cela... » Il fixa Jana du regard, comme pour l'hypnotiser. « ... Mais pour cela, il me faut...

— Eh bien, Henner ? Que te faut-il ? Un prisme ?

— Il faut que je décompose cette lumière blanche mensongère pour faire apparaître les merveilleuses couleurs de la nature, et toi, tu voudrais me donner un prisme, un misérable bout de verre ? C'est un diamant qu'il nous faut, Jana ! Un véritable diamant.

— Et avec quel argent vas-tu l'acheter, imbécile ?

— Ce n'est pas un imbécile, maman ! », s'écria Malwa, indignée, qui avait suivi la conversation en jetant à Henner des regards éperdus d'admiration. « C'est un génie. Il est resté jeune, contrairement à toi et à tous les autres.

— Je te remercie pour le compliment, Malwa, mais je me demande simplement où mon beau-frère a l'intention de trouver l'argent nécessaire à l'achat d'un diamant.

— Je ne le sais pas, mais je jure sur tout ce qui m'est le plus cher, sur ma famille, sur la tête de mon fils...

— Tu les as complètement ruinés. Ils n'ont rien à manger.

— Seriez-vous incrédules au point de douter toujours de tout ? Ne voyez-vous pas que ma cause va triompher ?

— La mienne aussi, monsieur Rosenbach », répliqua Baltyr avec un sourire las. « Ma cause doit triompher. Ce sont les lois de l'histoire qui le veulent. Je n'y pense pas d'ailleurs, car je n'ai pas l'intention de manger des faisans et de faire venir des vins précieux de Paris. Pour l'instant, je vais prendre congé de vous, car la manifestation commence dans une heure... »

Il se leva et se dirigea vers la porte. C'est alors que Malwa s'écria :

« Attendez-moi ! Je vous accompagne. »

« 1er mai 1907

C'est impossible ! C'est incroyable ! Ils ont arrêté Baltyr. En pleine rue, sur la place de la Gare. Je n'arrive pas à m'expliquer pourquoi. C'est probablement lui qui a posé la bombe qui devait tuer Stolypine, le terrible boucher de Saint-Pétersbourg, le ministre de toutes les expéditions punitives, de tous les pogromes. Il devait expier ses crimes, mais l'attentat a échoué. Et ce n'est pas Stolypine qui en supportera les conséquences, mais Baltyr. Quand ils l'ont arrêté, il m'a chuchoté à l'oreille : “ La bête fauve crèvera tout de même. Je compte sur toi. ”

Ensuite, ils l'ont emmené. Que pouvais-je faire ? Aujourd'hui, je ne peux encore rien entreprendre, mais demain j'agirai. J'ai juré de suivre sa voie, car il compte sur moi. Que se passera-t-il s'ils le livrent aux Russes ? On le pendra, c'est évident. Et s'ils le pendent, il faudra que je le venge. Il compte sur moi. Évidemment, je ne sais pas comment on s'y prend pour se venger, mais je trouverai bien un moyen. “ La bête fauve crèvera tout de même ”, m'a-t-il dit. Il a prononcé ces mots avec une grande ferveur, c'était comme s'il me chargeait d'une mission. Dorénavant, ma vie a un but. Je n'aime pas Henner. C'est Baltyr que j'aime. Henner est une épave. Il est beau et séduisant, mais c'est une épave tout de même. Comme Papa, qui passe ses journées au café et joue sa vie aux cartes. Tous jouent les jours de leur vie et vieillissent. Ce soir, il est rentré à la maison en pleurant. Je lui ai demandé ce qui était arrivé, s'il pleurait à cause de Baltyr. Il m'a répondu en sanglotant — et c'est très caractéristique de ma famille : “ Je pleure sur mon propre sort, car je suis ruiné. Que Baltyr pleure pour lui-même. ”

Henner le prit alors dans ses bras et jura devant le dieu des juifs

— lui qui ne croit en rien si ce n'est en lui-même —, il jura que dimanche prochain, il présenterait son invention, le prismatographe, devenu enfin une réalité. Papa l'a cru. Par désespoir. Mais *moi*, je ne l'ai pas cru. Ce matin, il a répété une fois de plus qu'il lui manquait *seulement* un diamant, mais où veut-il le trouver ? Il veut nous offrir un carrosse et des pur-sang arabes. C'est un bouffon. Je crois vraiment que mon cœur ne battra plus désormais que pour Baltyr. Il compte sur moi. C'est un engagement que j'ai pris. »

C'était une chaude journée de mai. Jana se frayait un chemin dans la foule du centre-ville. Élégante, comme toujours, elle portait ce jour-là un chapeau particulièrement chic. Elle se retournait constamment, l'air méfiante, comme si elle avait peur qu'on l'observe. Quand elle fut sûre que personne ne la suivait, elle disparut dans un sombre passage et entra dans la boutique du bijoutier Leonidas Kornetzky, connu pour être un homme du monde et un amateur de belles femmes. Kornetzky était assis derrière son comptoir et lisait un journal polonais. Quand il vit entrer Jana, il se leva, s'inclina avec respect et dit :

« En quoi puis-je vous être utile, madame ?

— J'ai un service à vous demander, mais c'est strictement confidentiel.

— Plus les choses sont confidentielles, chère madame, plus elles sont désirables », murmura Kornetzki en baisant la main de Jana.

« Pouvez-vous, sous le sceau du secret...

— *Je suis la discrétion même*[1], chère madame.

— Il s'agit de l'expertise d'un collier de perles, monsieur Kornetzky. » Elle sortit un écrin noir de son sac à main, l'ouvrit et dit d'un ton hésitant : « Vous semble-t-il avoir une valeur...

— Cela dépend de quelques petits détails, chère madame.

— Dans ce cas, je vais m'adresser à quelqu'un d'autre, répliqua Jana sèchement en faisant mine de ranger le collier. Vous ne semblez pas particulièrement intéressé.

— Pas du tout », dit Kornetzky en prenant le collier dans sa

1. En français dans le texte (N.d.T.)

main et en le faisant glisser délicatement entre ses doigts. « Il faudrait simplement que je sache à qui appartient ce bijou...

— Il est à moi, répondit Jana en rougissant. C'est le cadeau de fiançailles de mon mari, mais certaines circonstances font que je songe éventuellement à le vendre, mais pas à n'importe quel prix, bien entendu. A combien estimez-vous...

— Je dirais, parce que c'est vous, chère madame, plus ou moins trois mille couronnes.

— Et le diamant qui se trouve dans votre vitrine, est-il à vendre ?

— C'est un exemplaire superbe qui vient d'Afrique centrale. C'est un pur youkonnkour. Trois mille cinq cents couronnes, et c'est un prix spécial pour dames charmantes. C'est une pierre unique, pure comme l'eau. A votre cou, ou entre vos seins, chère madame, il serait tout simplement royal. »

Jana reprit le collier des mains de Kornetzky et le replaça dans son écrin.

« Nous ne ferons pas affaire ensemble, monsieur Kornetzky. Soit vous échangez votre diamant contre mon collier de perles et nous sommes quittes, soit nous en restons là.

— Si vous pouviez repasser dans la soirée, nous pourrions reparler de cette affaire en toute tranquillité, en prenant une petite liqueur, *vous comprenez*[1], à la lueur des chandelles, si cela ne vous incommode pas. Vous savez, un homme riche et une dame aussi charmante que vous parviennent toujours à s'entendre.

— Que voulez-vous dire par là, monsieur Kornetzky ?

— Vous n'êtes plus une enfant, madame...

— A quelle heure ?

— Après la fermeture », dit Kornetzki en souriant, l'air ravi.

Les événements se précipitèrent. Le 1er juin arriva. Le jour de la Saint-Érasme, c'est-à-dire le lendemain, les huissiers allaient venir pour saisir Leo Rosenbach. Il ne devait pas seulement perdre ses meubles, mais également sa maison. Le désespoir le plus noir s'était emparé de toute la famille. Malwa resta toute la matinée dans sa chambre et nota ses réflexions dans son journal :

1. En français dans le texte (N.d.T.)

« Le jour est arrivé : je n'ai plus le choix. Voilà un mois que je n'ai plus de nouvelles de Baltyr. Peut-être est-il mort. Mais cela n'a pas d'importance. Pour moi, il est plus vivant que jamais. Je l'aime, et il compte sur moi. Il m'a chargée d'une mission, et je dois l'accomplir. “ La bête fauve crèvera tout de même ”, a-t-il dit. Il faut que je m'en charge. Je vais apprendre à manipuler des explosifs et à ne pas avoir peur. La peur, c'est ce qu'il y a de pire. Pourquoi apprend-on toujours aux filles à avoir peur, au lieu de leur inculquer le courage ? Je veux être aussi intraitable et dure que le granit. Demain, on nous expulsera et c'est bien ainsi. Maintenant, il faut que j'agisse, que cela me plaise ou non. La propriété rend faible, dit Baltyr, et il a raison. Henner jure qu'il va nous aider. C'est à pleurer. C'est lui qui veut nous aider alors qu'il n'est pas capable de s'en sortir lui-même. Il jure sur la tête de son fils qu'il est arrivé au terme de ses recherches, alors que tout le monde sait qu'il se fiche éperdument de son fils et qu'il l'a abandonné. Il dit que tout est différent aujourd'hui, car il a le diamant qui lui a manqué pendant toutes ces années. Il dit que ce soir, à 6 heures, une nouvelle ère commencera : l'an I de l'invention de la photographie en couleurs. Il délire, le pauvre oncle, mais nous le croyons tout de même. Je me demande bien pourquoi. Il doit nous avoir hypnotisés. Nous sommes victimes de son charme, nous l'idolâtrons. Nous nous raccrochons à ses mensonges, parce qu'il est notre planche de salut. Il ne cesse de dire à Maman que demain, nous serons riches :

“ Je vais vous montrer ce dont je suis capable. Qu'on fasse venir ma femme et Nathan, mon fils bien-aimé. Voilà seize ans que vous me prenez tous pour un fou. Aujourd'hui, vous assisterez à mon triomphe, tous autant que vous êtes. Vous serez fiers de moi, car je suis le fondateur d'une ère nouvelle. Nous aurons des millions, nous nagerons dans l'or. Nous jetterons dehors les huissiers. Le monde entier se prosternera à nos pieds. ”

Voilà les discours qu'il tient, et nous, nous sommes pendus à ses lèvres. Je dois avouer qu'il a des lèvres superbes. Il ressemble à un demi-dieu. Il est notre dernier espoir, même si nous savons parfaitement qu'il triche et si nous n'avons pas la moindre idée de la façon dont il s'est procuré son diamant. Qui sait, il l'a peut-être volé. Il en serait bien capable. Certes, ce n'est pas un voleur ordinaire, il a beaucoup trop d'envergure pour cela. Au pis, c'est un escroc, un aigrefin génial auquel les alouettes tombent dans le bec et les femmes dans les bras. Et pourtant, j'aimerais bien savoir d'où vient ce diamant. Un bijou pareil doit bien coûter quelques milliers de couronnes. Comment Henner s'est-il procuré tout cet argent ? Nous ne pouvons plus payer le pain que nous mangeons, le laitier évite notre maison, mais mon oncle, lui, se procure un youkonnkour. On dira ce que l'on voudra, mais cet homme est un phénomène, un véritable magicien. Au milieu de l'océan de notre misère, il parvient à trouver quelques milliers de couronnes et déclare qu'il va nous aider. Il s'adonne peut-être à la magie noire. Nous verrons bien ce qu'il est capable de faire. Il va probablement nous mener par le bout du nez pour la centième fois, mais nous n'abandonnons pas l'espoir. Ce soir, à 6 heures ! »

L'élite de Stanislau était venue. Tous voulaient être présents et assister à la naissance de cette ère nouvelle annoncée par Henner Rosenbach : les juifs du café *Glovatzki*, les médecins et les avocats auxquels Leo devait de l'argent, l'élégant Magierkovitch en smoking blanc, le millionnaire Wassermann en frac noir, le chauve Löwenthal avec canne d'argent et gants blancs. Le grand rabbin et Simche Pilnik, le marieur qui, autrefois, avait arrangé le mariage de Leo. Même Sarah, la malheureuse épouse de Henner, était venue, accompagnée de son fils, âgé déjà de dix-huit ans et qui était si beau que toutes les personnes présentes se turent subitement lorsqu'il pénétra dans l'atelier. C'était donc le fils de Henner. On savait que c'était un violoniste talentueux, un enfant prodige à la peau blanche comme la neige et au regard mélancolique. Et Sarah était la femme fragile que Henner avait poursuivie de sa jalousie jusqu'au jour où elle l'avait finalement chassé de la maison.

L'atelier était deux fois plus grand que la maison des Rosenbach. Devant les murs couverts de gobelins en soie, on avait placé d'élégants fauteuils. Sur la table, ornée de fleurs, se trouvaient des plateaux avec des montagnes de toasts beurrés. Malwa portait une robe très ajustée en brocart rose. Elle allait d'un invité à l'autre, faisait la conversation et offrait des spécialités qu'on avait fait venir tout spécialement de Lemberg : du homard à la mayonnaise, du saumon aux câpres, de la dinde à la sauce caviar. Jana s'occupait des boissons : du vin de Tokay, de la vodka, différentes eaux-de-vie et des liqueurs exquises. Leo se trouvait dans un coin de l'atelier, près de son appareil photographique qu'il avait monté sur un pied imposant. Un voile noir recouvrait l'appareil. A la main, Leo tenait une coupe remplie de poudre de magnésium qui, à cette époque, faisait office de flash. Il sortit sa montre de sa poche et constata qu'il était 6 heures moins 5. Quelques instants plus tard, les dés seraient jetés. Il ne manquait plus que Henner.

Leo se dit qu'il devait adresser quelques mots à l'assemblée. Il toussota. Sa voix de soprano basculait parfois à la voix de baryton et inversement. Au début, il parla d'un ton présomptueux, puis, soudain, le désespoir et la soumission percèrent dans sa voix :

« Vous pouvez être fiers, chers amis, d'avoir l'occasion unique d'être les témoins d'un événement historique. Vous pourrez vous en vanter, plus tard, et dire que vous y étiez. »

Mais il manquait toujours le héros de la soirée, chose que les personnes présentes interprétèrent comme un mauvais présage. Mais Leo ne se laissa pas démonter :

« Vous n'avez pas assisté, Mesdames et Messieurs, à la découverte par Galilée des satellites de Jupiter. Vous n'avez pas vu James Watt mettre en mouvement la première machine à vapeur. Personne parmi nous n'a pu admirer les frères Lilienthal lorsqu'ils ont vaincu la pesanteur et se sont élevés dans les airs tels des oiseaux. Mais dans quelques instants... » Leo sortit alors pour la deuxième fois sa montre de sa poche et la consulta d'un regard inquiet : « ... vous allez assister au développement de la première photographie en couleurs par mon frère Henner Rosenbach.

— Si Dieu veut, dit M. Wassermann, toujours incrédule. Mais la plupart du temps, il ne veut pas. »

Des rires moqueurs fusèrent dans la salle. Leo se mit à parler d'une voix suppliante :

« Je vous prie de faire preuve d'un peu de générosité, Mesdames et Messieurs. Ayez un peu de patience. Laissez une chance à l'inventeur avant de vous moquer de lui.

— Nous voulons bien lui donner une chance, mais il n'est malheureusement pas là pour la prendre ! », s'écria Magierkovitch.

Une voix retentit alors dans le couloir :

« Vous allez être étonnés. Je suis là, et je vais vous prouver que Dieu a pris mon parti. Car il aide tous ceux qui lui font confiance. »

Henner entra, coiffé d'un haut-de-forme et tenant une cassette noire entre ses mains. Il avait l'air d'un fakir. Il lança un coup d'œil à l'assistance, puis il reprit :

« Je vais vous montrer quelque chose qui va peut-être vous surprendre... »

Et en prononçant ces mots, avec le geste solennel du magicien, il sortit un diamant d'un mouchoir. Il l'éleva et le fit briller à la lumière du lustre flamboyant.

« Dieu m'a offert cette pierre précieuse, et avec son aide, l'impossible deviendra réalité.

— Vous voulez nous faire croire que votre diamant vient de l'au-delà, du Tout-Puissant en personne ? s'écria M. Löwenthal.

— Non pas de Dieu Lui-même, cher ami, mais par l'intermédiaire d'une personne qui m'est toute dévouée et dont je ne révélerai pas le nom.

— On trouve donc des bijoux d'une valeur inestimable dans cette maison, alors qu'on me doit des milliers de couronnes ! cria Wassermann.

— Bientôt, vous serez fier d'être notre créancier, grossier personnage.

— Charlatan !

— Vous nous supplierez à genoux de nous prêter un peu plus d'argent.

— J'ai dit : charlatan ! Montrez-moi votre invention, et nous en reparlerons.

— Permettez-moi maintenant de me rendre dans mon laboratoire. Mon fils Nathan a apporté son violon, à ce que je vois. Il va vous jouer quelque chose pendant ce temps. Sarah, sa mère, l'accompagnera au piano. Permettez-moi de me retirer. »

A ces mots, il disparut dans la chambre noire qu'il ferma à clef de l'intérieur. L'enfant prodige saisit son instrument et annonça qu'il allait jouer la *Follia* d'Archangelo Corelli. Il accorda son violon. C'est alors que le grand rabbin s'exclama :

« Il est écrit dans la Bible que le deuil des morts doit durer sept jours. Mais celui des fous, en revanche, doit durer la vie entière ! »

La voix de Henner s'éleva alors à l'intérieur du laboratoire et donna à M. Kobryner une réponse inattendue :

« Dans le livre sacré, il est également écrit : *Pourquoi doutez-vous de moi, gens de peu de foi ?* »

Le grand rabbin répliqua d'une voix rageuse :

« Prenez garde, monsieur Henner. La phrase que vous venez de citer n'est pas extraite du Vieux Testament, mais du Nouveau.

— Plus c'est nouveau, mieux c'est ! », rétorqua l'inventeur.

L'incident fut clos et Henner éteignit la lumière dans le laboratoire. Le grand moment était arrivé.

L'assistance s'était tue, et Nathan joua les célèbres variations. La belle Sarah était au piano, et tandis qu'elle accompagnait son fils, son regard plein de méfiance allait et venait entre sa partition et la porte du laboratoire. Elle-même ne savait pas si elle devait espérer ou douter. Elle faisait souvent des fausses notes, ce que personne, à part le chérubin mélancolique, ne semblait remarquer. Les invités n'accordaient pas leur intérêt à l'art, mais plutôt à la science, ou plus exactement aux affaires, et Sarah pouvait tranquillement jouer ce qu'elle voulait, cela ne dérangeait personne.

A 18 heures et 16 minutes, Nathan acheva son concert, et l'assistance applaudit avec soulagement, car les invités purent à nouveau discuter. L'événement allait se produire d'un instant à l'autre. Leo Rosenbach avait disparu sous le voile noir, le fakir allait apparaître et montrer la première photographie en couleurs de tous les temps. Il allait s'incliner et dire quelques mots dignes des circonstances. L'assistance se lèverait d'un bond pour voir. Leo, le frère du génie, allumerait le magnésium et prendrait la photo historique, le document du siècle, malheureusement en noir et blanc, mais qui serait la preuve qu'un événement marquant avait eu lieu dans la maison des Rosenbach. Ce serait une photo qui aurait sa place dans les livres d'histoire des générations futures.

Parmi les personnes présentes se trouvait aussi le Dr Löwenthal, un homme du monde. Il était assis près du piano. Il se tourna vers Sarah et lui glissa à l'oreille, mais assez fort pour que tout le monde pût l'entendre :

« Vous me connaissez en tant que gynécologue, chère madame. Je n'entends rien aux problèmes des hommes, mais cet inventeur est un cas pour les psychiatres.

— C'est le moins qu'on puisse dire, docteur. Il s'agit en effet de mon mari.

— C'est impossible !

— Il l'a été, il y a bientôt seize ans. Le connaissez-vous personnellement ?

— Je l'ai observé lorsqu'il s'est présenté. Je n'arrive pas à comprendre comment d'aussi belles femmes peuvent s'affubler d'hommes comme lui.

— Nombreux sont ceux qui le considèrent comme un génie.

— Pour moi, il est complètement cinglé. Cet homme est un danger public, pour ne pas dire plus. »

Après cette remarque de M. Löwenthal, Leo sortit la tête de dessous son voile noir et cria :

« Henner ! Combien de temps vas-tu encore nous faire attendre ?

— Encore très exactement une minute. »

Leo regarda sa montre et annonça solennellement :

« Encore cinquante secondes, mes chers amis. Vous vous souviendrez de cette date. Le 1er juin, à 6 heures et 19 minutes, dans la ville de garnison de Stanislau, en Galicie, sous le règne de l'empereur François-Joseph d'Autriche. Nous allons savoir immédiatement, docteur Löwenthal, qui, ici, est cinglé et qui ne l'est pas. » Leo saisit le déclencheur d'une main et prit la poudre de magnésium de l'autre. « Quand la porte de cette chambre noire s'ouvrira, une ère nouvelle débutera. Ce que je vais photographier dans un instant, est un événement inouï. Regardez la poignée de la porte, s'il vous plaît. Encore dix secondes, cinq... Attention ! »

On entendait la respiration des gens dans l'atelier. La tension était à son comble, mais rien ne se produisit. Leo était tellement nerveux que la sueur perlait sur son nez.

« Eh bien, Henner ? Es-tu prêt ? Réponds par oui ou par non ! »

Henner ne donna pas de réponse, mais en revanche, on entendit Wassermann qui disait à l'oreille de Sarah :

« Eh bien, qu'est-ce que je vous avais dit ?

— Je me sens un peu nerveuse, répondit Sarah, le teint livide, je ne parviens pas à me souvenir de ce que vous avez dit.

— Dans ce cas, je vais le répéter, très chère. J'ai parlé de *charlatan*, ni plus ni moins. »

Ce fut le clou de la soirée : Leo se précipita tête baissée sur Wassermann pour l'étrangler. Il s'arrêta toutefois au dernier moment et courut vers la porte de son laboratoire où il se mit à crier sauvagement :

« Ouvre, Henner, sinon, j'enfonce la porte ! »

Mais cette fois encore, il n'obtint pas de réponse. On entendit alors des sanglots qui venaient du fond de la salle. C'était Jana qui, bizarrement, était passée inaperçue tout au long de la soirée.

« Il a attenté à ses jours, le malheureux. Personne ne croit en lui. Vous êtes tous des sans-cœur et des incrédules. Vous l'avez assassiné. Je le sens, et toi le premier, Leo, par jalousie, parce que *lui* est grand, et que *toi*, tu es petit. »

C'en était trop. Leo perdit son sang-froid. Il tapait des poings contre la porte en criant :

« Pour la dernière fois, Henner. Je compte jusqu'à trois : Un... deux... et... »

A trois, il donna un grand coup d'épaule dans la porte et l'enfonça. Il se précipita dans la chambre noire, haletant, hors d'haleine. Il regarda autour de lui, mais il n'y avait personne. La chambre noire était vide. Devant le vasistas ouvert se trouvait un tabouret. Henner avait disparu.

Après un premier instant de consternation, Simche Pilnik prit la parole. Cela faisait près de vingt ans qu'il attendait sa revanche, car Henner lui avait gâché le mariage de Leo. L'occasion se présentait et il dit d'un ton sarcastique :

« Tous mes vœux, monsieur le photographe de la Cour ! Voilà un instant historique pour notre ville de garnison. L'inventeur a pris la poudre d'escampette et il a emporté avec lui le diamant qui vaut plus ou moins trois mille couronnes. Dieu seul sait qui le lui a procuré... »

Jana s'avança alors fièrement vers le marieur, tel un chat enragé, et lui lança :

« C'est moi qui le lui ai procuré, monsieur Pilnik. Cette réponse vous satisfait-elle ? »

Leo crut qu'il allait s'étouffer et s'écria :

« C'est toi ? Et qui te l'a donné ?

— Cela ne te regarde pas. Bonne nuit. »

Jana quitta l'atelier.

« Photographiez-nous tout de même, monsieur Rosenbach ! Qui sait, ce sera peut-être quand même une photographie qui fera date, car cette histoire est tout ce qu'il y a de plus classique. »

Sarah intervint alors et fit une remarque fielleuse :

« Une photographie historique, mes amis... Reste seulement à savoir quel commentaire l'accompagnera... »

Löwenthal se leva de son fauteuil, mit son chapeau et marmonna entre ses dents en se dirigeant vers la porte :

« C'est très simple, chère madame. Nous écrirons : *Une fichue compagnie.* »

Et à ces mots, il quitta l'atelier.

« 1er juin 1908

Demain, on vient nous saisir. La journée d'aujourd'hui a été follement amusante. L'oncle Henner a berné toute la ville. Je trouve cela fantastique. Tous étaient là, même ceux qui ne croyaient pas en lui. Mais je ne comprends pas, dans ce cas, pourquoi ils sont venus. C'est peut-être tout simplement parce que ce sont tous de misérables sadiques qui voulaient assister à la déchéance d'un homme que son imagination aura mené à sa perte. Eux-mêmes n'ont pas la moindre imagination. Ils ne voient que ce qui est visible. L'invisible leur fait peur. Ils ne cessent de refaire, de répéter et d'écouter inlassablement les mêmes choses. Ce qui est nouveau leur semble laid ou exécrable. La peinture moderne, la musique moderne, la poésie moderne les mettent mal à l'aise ou leur donnent même la nausée. Ils ont horreur de tout ce qui bouge et se développe. Ils haïssent la jeunesse parce qu'ils sont vieux comme Hérode. Ils naissent vieux. Le seul qui attendait quelque chose de la soirée d'hier, c'était Papa. Mais son espoir était égoïste. Il n'avait d'ailleurs pas le choix. Il défendait sa peau. Il y allait de sa survie, car il est complètement ruiné. Demain, les huissiers viendront et nous prendront tout ce que nous possédons. Dans de telles conditions, il n'est pas bien difficile d'espérer.

S'il savait comme je m'en fiche ! Ce que j'ai l'intention de faire ne nécessite pas d'or ou de pierres précieuses. Il faut seulement du courage, et le courage, cela s'apprend. Baltyr souriait quand on lui a mis les menottes. Baltyr n'a pas peur parce qu'il ne possède rien, parce qu'il n'a besoin de rien et qu'il n'a rien à perdre. Les huissiers viendront demain...

Maintenant nous savons que c'est Maman qui s'est procuré le diamant. Je me doutais bien qu'elle était mêlée à cette affaire, car elle aime Henner. Elle ne s'en défend pas, d'ailleurs. Pourquoi ne l'aimerait-elle pas ? Seulement je sens que son amour n'est pas pur, tout comme l'espoir de Papa ne l'était pas. Elle attend quelque chose en échange de son amour. Je suppose qu'elle aime son corps. Je ne dis pas que ce n'est pas bien. Mais moi, je suis différente. Moi, j'aime Baltyr et je n'attends rien de lui. De toute façon, ce serait peine perdue. Il est probablement mort. J'aime Baltyr pour son courage, pour son abnégation. C'est la plus haute forme d'imagination : risquer sa vie et ne rien réclamer en retour. Il joue son existence et perd. Voilà un joueur au vrai sens du terme...

Papa, lui, me fait pitié... On ne parle jamais de lui. Mais il ne lui viendrait jamais à l'idée de se plaindre. Il n'en a pas la force... A sa place, j'aurais demandé sans hésiter d'où venait l'argent et par quels détours elle se l'était procuré. Mais lui n'a pas le droit de le dire. Il peut déjà s'estimer heureux qu'on tolère sa présence dans sa propre maison qui ne lui appartiendra d'ailleurs plus demain. Comment se fait-il qu'il l'aime à ce point ? Que reçoit-il en retour ? Rien. Elle ne le voit même pas. Il n'existe pas pour elle. Et pourtant, c'est pour elle qu'il trime, il lui fait des cadeaux quand il a un peu d'argent. Maman ne le remercie même pas. Elle trouve normal qu'il se couche à ses pieds comme un chien. Je trouve cela horrible. Il faut que je quitte cette maison, sinon je vais finir comme eux.

Demain, Maman va à Radautz, pour quémander de l'aide chez l'oncle David, cet homme austère qui nous méprise. On dit que c'est un usurier, mais cela ne l'empêche pas de nous mépriser. Et tout cela parce que nous n'avons pas d'argent. Lui, il peut se payer ce qu'il veut quand il veut. Il n'a même pas besoin de faire un sourire. Les gens ont peur de lui et sont à sa dévotion. A l'exception de Maman. Elle n'a pas peur de lui et elle affirme même qu'elle va le faire craquer. Elle a dit qu'elle reviendrait avec dix mille couronnes en poche et que nous serions sauvés, qu'on nous laisserait la maison et que nous pourrions rester. Mais moi, je veux partir d'ici... J'aimerais bien savoir comment elle va s'y prendre pour le faire craquer, comme elle dit. Elle a probablement une méthode qui lui a servi aussi à se procurer le diamant. Je suis sûre qu'elle connaît un truc, mais lequel ? Elle ne l'a jamais révélé. Chez nous, on ne parle pas de ces choses. C'est dommage, mais j'arriverai bien à le savoir. Cela ne doit pas être si difficile. Je m'en suis rendu compte avec Liebermann, mon professeur de latin. Il joue les grands maîtres, mais quand je le regarde droit dans les yeux, il rougit et je vois ses narines palpiter. Je sais que je pourrais faire de lui ce que je veux dans ces moments-là. Il me regarde de ses yeux bovins, et ses mains sont toutes moites. Je suis sûre que je pourrais le faire craquer, quelle que soit la signification de ce mot. Il ferait n'importe quoi pour m'avoir.

Qu'est-ce que cela veut dire, à propos, “ avoir quelqu'un ” ? Je crois qu'on se déshabille et qu'on s'embrasse, et que les hommes prennent alors l'initiative. Personne n'a encore essayé avec moi. Je me demande bien pourquoi. Je n'autoriserais jamais Liebermann à faire cela, c'est évident. Je lui donnerais une claque. Mais quelqu'un qui me plairait... Pourquoi pas ? Henner, par exemple. Mais il a disparu. Ou bien son fils, Nathan. Mais lui aussi est parti. Disparu, envolé, comme son père. Il a l'air d'un ange, et les anges savent voler. S'il me caressait la poitrine ou les cuisses, j'en fondrais de plaisir. Il s'est envolé avec son violon, il a suivi son père, et ils sont partis par monts et par vaux. Tout se décidera demain. Maman va à Radautz pour “ faire craquer ” ce vieux vampire. Elle veut l'apitoyer, a-t-elle dit. Il ne doit donc pas être si dur que cela. Il a peut-être un cœur, malgré tout. Qui sait ? Peut-être ne s'agit-il pas du cœur, mais d'organes tout différents. Mais de cela on ne parle pas non plus. Si Maman parvient à se procurer l'argent, nous restons. Sinon, nous serons à la rue. Je souhaite ardemment que nous soyons enfin à la rue. Je ferai alors ce qu'ont fait Henner et Nathan. Je disparaîtrai vers l'est. A travers les marécages et les forêts. Vers le levant. Je te rejoins, Baltyr. Que tu sois mort ou vif. Tu comptes sur moi. Quand ils t'ont emmené, tu souriais. »

V

Vladivostok n'est pas une ville, c'est une véritable tumeur. Elle ne fut fondée qu'en 1860, mais elle n'en devint pas moins dès le début du siècle le port le plus important de la Russie orientale et le centre d'approvisionnement de toute la côte du Pacifique. Ce n'est donc pas un hasard si son nom signifie « souveraine de l'Est ». Le gouvernement de Saint-Pétersbourg fit de cette métropole un point d'appui fortifié de la marine. Elle devint donc le port d'attache de grandes flottilles de pêche au phoque et à la baleine. Tout autour du port, des usines et des zones industrielles poussèrent comme des champignons. On vit apparaître des chantiers navals, des laminoirs et des hauts fourneaux. La ville devait son pouvoir, et probablement aussi son imposante laideur, au fait qu'elle était le terminus du chemin de fer transsibérien.

J'ai déjà évoqué l'arrivée des onze fils Kaminski le 12 juillet 1906 à Vladivostok. Ils achetèrent le journal à la gare, un bâtiment rongé par le sel et enlaidi par la poussière de charbon. Ils apprirent ainsi que Dreyfus avait été réhabilité, qu'il avait été promu au grade de colonel et qu'il était sorti de son cachot de l'île du Diable. C'était écrit noir sur blanc : « Dreyfus a été libéré de son cachot de l'île du Diable. » Il n'existait donc pas de prisons dont on ne pût s'évader. Cette nouvelle leur fit l'effet d'une bombe. C'est en grande partie grâce à elle que par la suite l'impossible le fut un peu moins, grâce à elle que ces onze rêveurs impénitents parvinrent à s'évader de la prison qu'était pour eux la Russie tsariste. Ber, l'aîné, adressa à ses frères le discours suivant :

« La pesanteur est vaincue, camarades. Les pommes ne tombent plus de l'arbre vers le sol, mais remontent du sol vers l'arbre. Ce qui vaut en France est valable également pour la Russie. La justice est indivisible. Elle a vaincu à un endroit, elle vaincra donc partout. Cela dépend de nous et de personne d'autre. Nous volerons vers les étoiles et je vous demande : voulez-vous vous envoler avec moi ? »

Tous répondirent :

« Oui, nous le voulons.

— Si quelqu'un nourrit le moindre doute, qu'il le dise maintenant. Demain, il sera trop tard... Et comme personne ne broncha, il poursuivit : Nous jurons donc de suivre les traces de Dreyfus vers un monde nouveau ! »

Et tous reprirent en chœur :

« Suivons les traces de Dreyfus vers un monde nouveau ! »

Les onze jeunes gens étaient déguisés en cheminots. Rien dans leur accoutrement ne les trahissait, bien que leurs lunettes eussent été un peu inhabituelles. Mais Dieu merci, ils étaient en Extrême-Orient où les gens avaient l'habitude de voir des choses bien plus surprenantes. Pour comprendre la suite des événements, il faut savoir qu'en Russie, tous les fonctionnaires de rang subalterne portaient à cette époque le même uniforme. Il était donc très difficile de distinguer un contrôleur des chemins de fer d'un douanier, par exemple, ou d'un autre fonctionnaire de l'administration impériale. Personne ne fut donc étonné de voir arriver dans le port onze hommes qui affirmèrent avoir reçu l'ordre d'inspecter la cargaison de l'*Abraham Lincoln*, un cargo américain qui transportait des fourrures et devait prendre la mer pour rejoindre l'Alaska occidental. Le soleil était déjà haut dans le ciel, il était tout juste 11 heures. Les prétendus douaniers arrivèrent à bord sans encombre. Ils y furent reçus par un certain capitaine Fairchild qui leur fit traverser le pont arrière pour les conduire dans les cales. Les choses se déroulèrent dans la plus grande courtoisie et sans le moindre accroc jusqu'au moment où une charge d'explosif sauta tout près de la grue de chargement, à moins de cent mètres de la vigie. L'explosion secoua fortement le navire : les onze compères et le capitaine furent projetés à terre. Un remue-ménage indescriptible agita le port. L'équipage de l'*Abraham Lincoln* sauta à terre. Chacun voulait voir ce qui s'était passé et savoir comment cette catastrophe avait pu se produire. Le môle fourmillait de curieux qui criaient dans toutes les langues du globe. Chacun gesticulait, chacun avançait sa propre explication des causes de l'accident. Le capitaine fut le seul à garder son sang-froid. Il se releva, ajusta sa casquette et prit congé des onze douaniers en leur disant de poursuivre tranquillement leur travail.

Il s'avéra bientôt que ni les marchandises ni les hommes n'avaient subi de dommages. On s'étonna certes un peu de ce curieux incident, mais les gens retournèrent sur leurs bateaux et personne n'eut l'idée de demander ce qu'il était advenu des onze douaniers. On les avait oubliés à la faveur de l'émotion. Vingt minutes plus tard, les sirènes du navire sifflèrent et le cargo prit la mer. Personne ne savait que onze passagers clandestins se trouvaient à bord, et qu'il y avait parmi eux un certain Chloïme Kaminski qui, peu de temps auparavant, faisait des études de chimie.

Les onze évadés étaient assis entre des montagnes de fourrures. Ils avaient désormais tout le temps de réfléchir à leur destin et aux dangers qu'ils devraient éventuellement affronter au cours de leur traversée de la mer de Behring. Menachem, comme toujours, était pessimiste :

« Nous sommes recherchés. Nos portraits sont placardés dans tous les ports de Russie. Que Dieu nous assiste si une tempête éclate quelque part entre Sachalin et le Kamtchatka ! Ce maudit Américain rebroussera chemin et ira à Tilitchiki ou Anadyr. Des gendarmes monteront à bord et notre aventure s'arrêtera là...

— Pas du tout, grogna l'imposant Mordechaï, nous sommes plus nombreux qu'eux. Nous nous sommes déguisés en cheminots, nous pouvons bien nous déguiser en matelots. Tout s'est admirablement passé à Irkoutsk, non ? De ma main, j'ai...

— Fiche-moi la paix avec ta main ! répliqua Ber. A Irkoutsk, nous avons commis le péché capital de notre vie. Utiliser la violence au lieu de nous servir de notre intelligence ! Nous devrions avoir honte. Nous ne valons pas mieux que nos ennemis.

— Et qu'aurions-nous dû faire, à ton avis ? se moqua Chloïme, danser avec eux, peut-être ?

— Non, nous aurions dû discuter avec eux. D'homme à homme. Mais nous sommes trop primaires pour cela.

— Tu veux discuter avec des gendarmes russes ? Avec des brutes professionnelles, avec nos ennemis jurés ? Si nous ne les éliminons pas, ce sont eux qui nous élimineront... »

Chloïme s'échauffait de plus en plus. La rivalité qui l'opposait à son aîné bouillonnait en lui, et il se mit à l'invectiver :

« Ils vont nous noyer dans les flots de la mer d'Ochotzki. Il ne restera de nous qu'un misérable rapport de police. Quelqu'un nous a poussés dans un piège, et ce quelqu'un s'appelle Ber, mon frère aîné Ber qui veut nous convaincre que nous pourrons sortir d'ici si nous engageons gentiment la conversation avec nos bourreaux. D'homme à homme, jusqu'à ce qu'ils nous transforment en chair à pâté... »

Ber sourit d'un air supérieur :

« Dreyfus était dans une situation beaucoup plus difficile que nous et il s'en est sorti vivant. Le piège dont Chloïme a peur se dirige droit vers l'Alaska, et l'Alaska fait partie des États-Unis d'Amérique. Là-bas, nous serons libres et nous commencerons une vie nouvelle. Ou bien croyez-vous que nous aurions dû rester, avec des milliers de mouchards à nos trousses, pour finalement nous retrouver tout de même à Verchojansk ?

— Nous serons morts de faim avant d'arriver. Nous n'avons rien à nous mettre sous la dent.

— Dévalisons les cuisines !

— Pour qu'ils se rendent compte de notre présence et qu'ils nous livrent aux Russes ?

— Des matelots américains ? Des prolétaires de vingt-quatre carats qui sont de notre côté ! Je parie qu'il y a des camarades parmi eux.

— Et comment veux-tu les repérer ? Avec du papier tournesol ? »

Lasik était resté silencieux jusque-là. Il était couché sur le dos et rêvassait. Soudain, il fit claquer ses doigts et se mit à jubiler :

« Je vais les attirer ici !

— Qui ça ?

— Les camarades, évidemment.

— Et comment vas-tu t'y prendre ?

— Vous verrez bien. »

Lasik était un Orphée des temps modernes. Les femmes et les hommes, tous le courtisaient, car tous étaient sous l'emprise de son charme. Il savait jouer d'innombrables instruments et imitait à merveille le cri des animaux les plus divers. Le soir, lorsque les matelots se furent retirés dans leurs cabines, un doux gazouillis retentit sur l'entrepont. Si quelqu'un avait écouté attentivement ce chant d'oiseau, il aurait pu remarquer qu'il contenait un code secret que seuls pouvaient déchiffrer ceux qui connaissaient l'hymne de la révolution : « Peuples, écoutez les signaux, en marche pour le dernier combat ! » A bord du cargo se trouvaient des gens qui entendirent ces signaux. Deux matelots perçurent l'appel du preneur de rats et le comprirent immédiatement. Ils descendirent dans la cale du navire et découvrirent les passagers clandestins qui avaient ainsi trouvé leurs anges gardiens et n'avaient donc plus rien à craindre.

Trois semaines plus tard, un journal de province, l'unique quotidien qui paraissait en Alaska, *The Ketchikan Tribune,* publia en première page un titre qui fut repris par l'ensemble des journaux à grand tirage du Nouveau Monde : « Des candidats à la potence du tsar trouvent refuge en Amérique. » En dessous, on pouvait lire l'article suivant :

« Onze condamnés à mort, des révolutionnaires originaires de Russie, ou plus exactement de Varsovie, sont parvenus à s'introduire clandestinement à bord de l'*Abraham Lincoln,* à Vladivostok, et à rejoindre le continent américain en passant par la mer de Behring. Sans la complicité de camarades américains à bord, un tel coup n'aurait eu aucune chance de réussir, ce qui devrait constituer un sérieux avertissement pour les autorités américaines et les compagnies maritimes. Ces onze agitateurs n'ont pas de papiers, mais ils affirment être frères. Ils ont l'air relativement civilisés bien qu'ils ne se soient ni lavés ni rasés depuis un mois. Notre reporter Bob Ferguson a pu s'entretenir avec les réfugiés et il leur a demandé ce qui les avait amenés à consacrer leur vie à la destruction de notre civilisation. Nous reproduisons ici le texte intégral des réponses qu'il reçut :

— Ber Kaminski, vingt-quatre ans, de taille moyenne, mais de constitution robuste, une personnalité de meneur : " Si quelqu'un détruit la civilisation, ce n'est pas nous, mais les grandes puissances qui mettent la terre entière sous leur joug, qui déciment des peuples et préparent des guerres qui, si nous ne faisons rien, provoqueront l'anéantissement de l'humanité. "

— Chloïme Kaminski, vingt-trois ans, porte des lunettes pour cause de myopie aiguë : " La société industrielle actuelle repose sur le principe de la libre concurrence, qui permet aux plus forts de broyer les plus faibles. Mais comme les plus faibles forment la majorité, ils détruiront un jour la civilisation existante. »

— Isaak Kaminski, vingt-deux ans, plaisantin cynique portant des lunettes : « La civilisation dont vous parlez se réduit de façon évidente au combat de tous contre tous, et ce tout à fait dans le droit fil de Satan qui nous engage à mépriser notre prochain comme nous-mêmes. Ce combat durera — si Dieu veut — jusqu'à l'autodestruction de la race humaine. »

— Mordechaï Kaminski, vingt et un ans, sportif poids lourd, de stature imposante : « Je n'ai pas l'habitude de faire de grands discours. Je suis un homme d'action et je partage les opinions de mes frères. »

— Moïche Kaminski, vingt ans, le type même de l'intellectuel : « Ne craignez pas que nous détruisions votre civilisation par la violence ! Elle n'a pas besoin de nous pour disparaître. Elle périra par ses propres contradictions, en particulier par l'opposition entre le petit groupe de capitalistes tout-puissants et les millions de prolétaires méprisés. »

— Lasik Kaminski, dix-neuf ans, le plus fragile des onze frères, un artiste rêveur : « Bien sûr que je suis un révolutionnaire. Je le suis parce que ce monde me fait horreur. Je veux le transformer, mais ce n'est pas la rage de détruire qui m'anime, c'est tout simplement de la légitime défense. Vous devez savoir que nous sommes juifs, et depuis deux mille ans, on nous persécute, on nous torture et on nous massacre. Depuis deux mille ans on nous chasse d'un endroit à l'autre, de pays en pays, et quand l'un de nous lève la tête, on la lui tranche. Je m'insurge contre cela et je le ferai jusqu'à mon dernier souffle de vie. »

— Adam Kaminski, dix-huit ans, réfléchi et raisonnable, le type même du jeune manager : « Ce que je ne supporte pas, ce sont les mauvaises affaires. Il faut les éliminer, et le plus vite sera le mieux. Ce que l'on appelle de nos jours la civilisation, ce n'est rien d'autre qu'un navire en train de couler. »

— Benzion Kaminski, dix-sept ans, des traits fortement sémitiques, une personnalité neurasthénique : « De quoi parlez-vous au juste ? De la civilisation du tsar ? De l'empire du Kaiser prussien ? Du sultan de Constantinople ? Si vous aviez passé un seul jour dans les cachots de la citadelle de Varsovie, vous mettriez vous aussi votre vie au service de l'anéantissement de cette civilisation. »

— Menachem Kaminski, seize ans, le regard fanatique, des allures de prophète : “ En ce monde, tout naît dans les convulsions et les bouleversements. Tous les États modernes sont le fruit de guerres civiles et de révolutions. Les États-Unis d'Amérique, par exemple. Ou la France. Ou encore la Grande-Bretagne. Un juif très brillant — vous ne le connaissez certainement pas, il s'appelle Karl Marx — a écrit que toute l'histoire du monde se réduisait à l'histoire de la lutte des classes. Il aurait pu ajouter qu'à l'avenir également l'histoire sera celle de la lutte des classes. Laissez passer dix ans, et il n'y aura plus de tsar en Russie, plus d'empereur en Allemagne et l'on ne se souviendra même plus du nom du sultan turc. ”

— Aaron Kaminski, quinze ans, d'allure sympathique, il pourrait être ouvrier ou artisan : “ Tout dépend du point de vue auquel on se place. Vous envisagez avec horreur la destruction de ce qui existe. Moi, en revanche, je me réjouis à l'idée de construire quelque chose de neuf. Vous pouvez me reprocher d'abattre un arbre pour en faire une table. La table est-elle plus mauvaise que l'arbre ? Je ne pense pas. Pour moi, c'est une forme supérieure de l'arbre. Une synthèse de la nature et de l'intelligence, l'œuvre de l'ingéniosité humaine. ”

— Hersch Kaminski, quatorze ans, sorte de lutin, véritable comédien : “ Permettez-moi de répondre en vous posant à mon tour une question : Croyez-vous qu'on aurait crucifié Jésus-Christ si notre civilisation lui avait plu ? Son but était un monde meilleur, un monde différent, et c'est pourquoi il devait mourir. S'il venait parmi nous aujourd'hui, on ne le crucifierait peut-être pas, mais on s'arrangerait certainement pour le rendre inoffensif. ”

Hier soir, les onze révolutionnaires ont été relâchés par le shérif de Ketchikan. Ils sont partis pour New York où ils affirmaient avoir des parents et où ils voulaient obtenir un permis de séjour. »

VI

Cela faisait déjà deux ans que Jankl Kaminski était sans nouvelles de ses fils. Il avait coutume de dire que cela lui importait aussi peu qu'une bouteille vide, puisqu'il n'avait pas de fils. Il disait à qui voulait l'entendre qu'il n'en avait jamais eu et qu'il n'en aurait pas non plus à l'avenir. Si quelqu'un lui parlait de ces onze garnements, il exigeait de changer de sujet de conversation. Même Noémie, sa femme, n'avait pas le droit d'aborder ce délicat sujet. Elle passait des nuits entières à pleurer. Jankl savait parfaitement ce qu'elle ressentait, mais il faisait semblant de ne rien remarquer. Lui non plus ne parvenait pas à trouver le sommeil. Il souffrait l'enfer, mais en silence. C'était un païen invétéré. Il était fâché avec le Tout-Puissant comme avec ses onze fils, mais sa conscience le martyrisait. Un jour, il s'était rendu lui aussi à la synagogue, et quand il lui arrivait de penser à la mort, il lui venait à l'esprit des mots qu'il avait oubliés depuis longtemps : « Ne succombe pas à la dureté du cœur, car elle anéantirait ta force, elle dévorerait tes feuilles, détruirait des fruits et t'abandonnerait tel un arbre dénudé ! » Lui, un arbre dénudé ? C'était ridicule. Il était fort comme un buffle. Il était petit et rondouillard, il pouvait se mettre dans des colères terribles quand quelque chose le dérangeait ou n'allait pas comme il voulait. Il avait autant de femmes qu'il en voulait. On le connaissait dans tous les bistrots parce qu'il était capable de boire jusqu'à l'aube. C'était le boute-en-train le plus apprécié à la ronde, mais on ne l'aimait pas. Il le savait, et c'est pourquoi il broyait du noir pendant des heures dans son bureau, sans dire un mot. Il observait la salle des machines et se rongeait les sangs : mais tout cela, en fait, ne lui importait pas plus qu'une bouteille vide... « Ils m'ont coûté cent mille roubles, ils m'ont ruiné et ils se moquent de leur père.

Qui manque de cœur dans cette affaire ? Moi ? Et qu'est-ce que cela veut dire, au juste, manquer de cœur ? A Varsovie, il faut être dur, sinon on se fait piétiner. Jankl Kaminski ne se laissera pas piétiner, et encore moins par ses propres fils. Il aurait fallu que je paye à nouveau cent mille roubles ? Je ne suis pas complètement fou. Je serais allé les chercher à la citadelle, et quelques jours plus tard, ils y seraient retournés. Maintenant, ils sont en Sibérie. A Verchojansk, à ce qu'on dit. Personne n'est jamais revenu de là-bas. On peut entrer dans les mines de plomb, mais on n'en ressort jamais. Oh, Jankl Kaminski, quelle vie mènes-tu !... »

On frappa à la porte. Mais Jankl n'entendit rien. On frappa une deuxième fois. Il leva la tête.

« Qui vient me déranger ?

— C'est moi, le facteur.

— Ne fais pas tant de tapage et entre. Que se passe-t-il ?

— Rien de neuf, monsieur Kaminski. L'empereur d'Allemagne a débarqué au Maroc. La guerre va éclater avec les Français.

— Qu'as-tu donc dans la tête ? De la choucroute ?

— Lorsque je vous ai annoncé il y a trois ans la guerre avec le Japon, vous m'avez jeté dehors !

— Je t'ai fait dévaler l'escalier, mais non pas parce que tu m'annonçais la guerre.

— Et pourquoi, alors ?

— Parce que je ne veux pas entendre ce que tu racontes. Ta voix me rend malade.

— Dois-je m'en aller, monsieur Kaminski ?

— D'abord, donne-moi la lettre et ensuite tu pourras décamper.

— Quelle lettre, monsieur Kaminski ? Je vous apporte des douzaines de lettres.

— Je ne veux pas de ces douzaines de lettres. Il n'y en a qu'une seule qui m'intéresse. Tu sais parfaitement de quoi je veux parler, mais tu ne me l'apportes pas pour me faire enrager.

— D'où voulez-vous qu'elle vienne, cette lettre ? demanda le facteur avec un sourire sadique.

— De Sibérie, imbécile. Pourquoi me poses-tu la question, alors que tu connais la réponse ?

— Je ne sais rien du tout. Je ne savais même pas que vous faisiez des affaires en Sibérie.

— Ce sont de bien mauvaises affaires que je fais là-bas, de damnées affaires. Allez, va-t'en. Et il est inutile de revenir si tu ne m'apportes pas cette lettre.

Ce soir-là, le vieux Kaminski se rendit à la taverne de Chaskl Sonnenchajn et se soûla. Une épaisse fumée flottait dans la pièce qui sentait le *bimber* et le tabac. Les ivrognes habituels étaient assis aux tables, coiffés de leurs chapeaux noirs. Seul Jankl Kaminski n'en portait pas. Il était tellement riche qu'il n'avait pas besoin de respecter les obligations ou les interdictions. Grabyk, le bossu, était au comptoir et jouait de la balalaïka. Jankl était de mauvaise humeur et avait l'air sombre des mauvais jours.

« La révolution est morte et enterrée parce qu'elle était déficitaire. C'était une mauvaise affaire, un mauvais calcul tout ce qu'il y a de plus banal !

— Les Ukrainiens disent : le serpent meurt, et de son œuf sort un cygne », répliqua Pinkus.

Jankl fit remplir son verre et grogna :

« Le cygne a crevé lui aussi. Cet espoir était une chimère. Le progrès est mort. »

Grabyk interrompit alors sa musique et poussa un profond soupir :

« Les Allemands ont inventé une ampoule électrique qui peut fonctionner pendant dix ans sans s'arrêter.

— Et alors ?

— Chacun peut donc visser une ampoule dans sa lampe et lire toute la nuit.

— Eh bien ?

— L'homme devient plus intelligent quand il lit. »

Chajchet leva les yeux de son verre et dit :

« Plus intelligent, peut-être, mais frustré.

— Qui dit qu'il ne doit pas être frustré ? demanda Grabyk. Devrait-il bouger la queue et faire fête à celui qui le frappe au visage ? Au contraire. Il faut qu'il se défende, car sinon, ce n'est pas un homme, mais un chien.

— Vous verrez : un cygne sortira de l'œuf.

— Et du cygne sortira un pet ! »

Chajchet secoua la tête, l'air mécontent.

« Bon voyage en Sibérie. Vous pourrez continuer à bavarder là-bas. Il y a assez de place pour vous tous dans les mines de plomb de Verchojansk. Vous pourrez passer vos nuits à lire et vos journées à raisonner. A propos, Jankl Kaminski, quelles sont les nouvelles de tes fils ?

— Les nouvelles disent que tu n'es qu'un pou et que je vais t'écraser sous mon pied si tu continues à me poser des questions. »

Grabyk comprit qu'il allait y avoir du grabuge et tenta d'apaiser tout le monde.

« Les goïm disent que la vie est comme un jeu de cartes. Une fois, on est sur la voiture, la fois suivante on se retrouve dessous. Tenez, ce Dreyfus, par exemple. D'abord on en fait un espion, on le dégrade, on l'envoie dans l'île du Diable, on le condamne comme espion juif...

— Tiens, voilà l'ampoule !

— ... mais dix ans plus tard, on l'acquitte. On le ramène en France et on le promeut au grade de colonel.

— Et que disent les goïm ? Ils disent : excusez-nous, nous nous sommes trompés.

— Un cygne sort de l'œuf, mais c'est un cygne aux ailes rognées.

— Je voudrais savoir quelles sont les nouvelles de tes fils, Jankl Kaminski.

— Je ne sais pas de quoi tu parles, Mendel Chajchet. J'ai cinq filles, un point c'est tout. Et je me couperais les deux jambes plutôt que de te voir épouser l'une d'entre elles.

— Je ne te parle pas de tes filles, mais de tes fils. Crois-tu que nous ne savons pas que tu les as sur la conscience, vieil avare ?

— Ferme-la, Mendel Chajchet, ou bien tu vas le regretter.

— Connais-tu l'histoire du marchand de chevaux de Kalich ? Tout le monde la connaît. Il a livré toute sa parenté au diable. Et qu'a-t-il fait de l'argent qu'il a reçu en échange ?

— Je te conseille pour la dernière fois de te taire !

— Il est allé au bistrot, il a posé l'argent sur le comptoir et il s'est soûlé. »

En entendant ces propos, Jankl perdit patience. Il saisit la bouteille qui se trouvait devant lui et la fracassa sur la tête de Chajchet. Et qu'arriva-t-il ? Un miracle. La bouteille se brisa en mille morceaux, mais Chajchet en sortit indemne.

Chajchet se contenta de sourire froidement et dit :

« Absolument, Jankl Kaminski. Il a vendu sa parenté au diable et s'est soûlé avec l'argent. Ensuite, il est rentré chez lui et il est mort d'une congestion. »

Tous les regards s'étaient tournés vers Jankl Kaminski, tous voulaient savoir comment il allait réagir. Et que fit-il ? Il enfila son manteau et cria :

« Chaskl Sonnenchajn ! L'addition ! »

VII

Au moment où Jankl Kaminski quittait la taverne, il était 3 heures de l'après-midi à New York. Celui qui traversait à cette heure Lexington avenue ou la 3e rue de Lower Eastside pouvait avoir l'impression de se trouver à Chitomir ou dans une quelconque autre petite ville juive d'Europe de l'Est. Il voyait les mêmes magasins de tissus, les mêmes restaurants kashers, les mêmes petites voitures chargées de piles de livres empoussiérés et de fruits confits dans les rues, et sur les trottoirs, les mêmes patriarches, avec leurs longues barbes et leurs chapeaux ronds. A un coin de rue, des musiciens jouaient. A côté d'eux, un fanatique tenait des discours enflammés et à l'arrière-plan, il pouvait voir des maisons en brique rouge. L'une d'elles abritait le salon de coiffure pour hommes de Jim Weissplatt. Seuls une quinzaine de fauteuils étaient occupés, sur les trente que comptait le salon, mais on y discutait avec la même animation que chez Sonnenchajn à Varsovie ou Glovatzki en Galicie.

« Cette année, il y a vingt fois plus d'immigrants que l'année dernière, *boy.* Ils vont faire éclater l'Amérique.

— Qu'elle éclate. Cela ne lui fera pas de mal.

— Qu'est-ce que vous avez contre les immigrants ? Vous en êtes un vous-même, que je sache. Tout le monde, ici, est immigrant. Il n'y a guère que les Indiens qui ne le sont pas, mais ils ne s'en portent pas mieux pour autant.

— Ce sont les Indiens et les Noirs qui sont responsables de nos malheurs. Ils ne savent ni lire ni écrire et ils ne payent pas d'impôts parce qu'ils ne possèdent rien. Qu'ils aillent au diable.

— En revanche, ils sont en bonne santé, contrairement à nous qui mourrons tous de consomption. En Amérique, il ne suffit pas de connaître l'alphabet pour faire fortune.

— Qu'ils aillent au diable tout de même. Ils nous prennent tous les *jobs, for a lousy pay,* et quand les *Unions* décident une *strike...*

— Nous n'avons que faire des *Unions* et des *strikes.* Ce qu'il nous faut, c'est un canal qui relie la côte Est à la côte Ouest.

— Et vous croyez qu'un canal peut nous sauver ? Moi, je crache sur votre canal.

— Donc, vous crachez sur Teddy Roosevelt, *Mister.* Teddy Roosevelt est le meilleur président que les juifs aient jamais eu. Vous voulez une raie ou pas de raie ?

— Une raie, s'il vous plaît, et un peu de brillantine. Mais je trouve que Teddy Roosevelt me coûte trop cher. Sa campagne électorale nous a coûté un million six cent mille dollars. Voilà un luxe que nous ne pouvons pas nous offrir. Il est peut-être bon pour les juifs, mais que va-t-il chercher en Amérique du Sud ?

— Teddy Roosevelt a dit que nous avions un droit sacré, *you understand,* le droit sacré de faire régner là-bas *law and order.*

— Et moi, *Mister,* j'ai le droit sacré de vous couper une oreille avec mes ciseaux.

— Ce n'est pas la même chose, *Sir.*

— C'est exactement pareil, car moi, j'ai des ciseaux, alors que vous, vous n'en avez pas. C'est mon droit sacré et vous devriez avoir honte, en tant que *jewish immigrant* qui se faisait persécuter il n'y a pas si longtemps encore à Lodz ou à Kichinev, d'aller maintenant en Amérique latine pour y persécuter à votre tour les Indiens... »

Tandis que le coiffeur prononçait ces mots, la porte s'ouvrit et on vit entrer onze clients dont l'apparence négligée laissa pantois tous les clients présents. Le chef du magasin qui, jusque-là, était plongé dans un journal à scandale juif, se leva et demanda d'une voix traînante :

« C'est pour une coupe ou pour la barbe ? »

Le chef des onze gaillards répondit au nom de ses frères :

« Ni l'un ni l'autre, je vous remercie.

— Ce sont malheureusement les deux seuls services que nous pouvons vous offrir ici. Au revoir, messieurs.

— Dans ce cas, nous en demandons un troisième.

— Vous vous trouvez dans un salon de coiffure, comme vous pouvez le constater. Les toilettes publiques sont dans le pâté de maisons suivant.

— Nous voulons parler au patron, *Mister.* Il s'appelle Weissplatt.

— Je vous demande de quitter ce salon.

— Je vous ai demandé d'appeler le patron, et un peu plus vite que ça. Est-ce que vous êtes sourd ou quoi ?

— C'est la police que je vais appeler ! Disparaissez sur-le-champ.

— Est-ce que Jim Weissplatt est le patron de ce magasin oui ou non ?

— Jim Weissplatt est propriétaire de soixante-quinze salons de coiffure et de quelques autres entreprises. Fichez-moi le camp, et tout de suite ! » A ces mots, il tira la sonnette d'alarme qui retentit dans la rue et attira des douzaines de curieux. « Et maintenant, je vais vous faire jeter dehors !

— Ce pourrait bien être le contraire, *Sir,* car Jim Weissplatt est notre oncle.

— Et Teddy Roosevelt est ma tante. Vous me prenez pour un imbécile ?

— Oui. »

Normalement, on aurait dû assister alors à une bagarre, mais trois gardiens de la paix entrèrent en trombe dans le magasin.

En comparaison de la citadelle de Varsovie, toutes les autres prisons du monde sont un lieu de divertissement. Le poste de police de la 3e avenue, lui, était un véritable Lunapark. Sous la surveillance benoîte de deux *cobs,* les onze frères Kaminski étaient assis sur un banc et épiaient la conversation que tenait leur oncle avec le commissaire de police.

« Je ne peux malheureusement pas accéder à votre demande, monsieur Weissplatt.

— Mais ce sont les fils de ma sœur qui vit à Varsovie et qui est mariée à mon beau-frère, Jankl Kaminski. Ils habitent au numéro trois de Mostovastreet.

— Ces messieurs quitteront les États-Unis d'Amérique dans les quarante-huit heures. C'est mon dernier mot.

— Si c'est votre dernier mot, mes neveux vont être pendus. L'évasion du bagne est un crime capital.

— Cela ne me regarde pas, *Mister.* Ils n'ont pas de *Permit for immigration.* Ils sont donc en infraction et seront expulsés. Ce pays est un État de droit, monsieur Weissplatt. »

Herschele intervint alors dans la conversation :

« Je voudrais vous poser une question, monsieur le commissaire.

— Ceux qui n'ont pas de papiers d'identité n'ont pas le droit de poser des questions. Qu'est-ce que vous voulez savoir, *young man* ?

— Comment s'appelle la statue qui orne le port de New York. Je ne l'ai vue qu'une seule fois et je ne sais pas ce qu'elle représente.

— C'est la statue de la Liberté. Chacun sait cela...

— Sauf vous, monsieur le commissaire.

— Sans *documents*, il n'y a pas de liberté chez nous, *you understand ?*

— *No, I don't understand*, répliqua l'oncle Weissplatt. Vous voulez envoyer mes neveux à la mort. Pourquoi ?

— Parce que je suis fonctionnaire. Je fais mon devoir, rien de plus. Mais vous avez toujours la possibilité de payer une caution.

— De combien ?

— Dix mille dollars, et vous pouvez les emmener.

— Voici l'argent », dit Jim Weissplatt en poussant un soupir. Il remplit un chèque, puis se dirigea vers la porte, se retourna encore une fois et dit : « J'espère qu'il vous restera sur l'estomac, *Sir*, comme du poisson pourri. »

Il voulut alors quitter le poste de police, mais le commissaire l'interpella :

« Et que faisons-nous de vos neveux ?

— Faites-les désinfecter, aux frais de l'État ! »

Les onze garçons devinrent bientôt de véritables vedettes. La moitié de Lower Eastside ne parlait plus que d'eux. Dans le salon de coiffure pour hommes de Jim Weissplatt, dans l'avenue Lexington, ils étaient devenus l'unique sujet de conversation, et le chef du magasin racontait à un public ébahi :

« Onze cow-boys, des lunettes sur le nez ! On n'a jamais vu chose pareille. Ils puaient comme des boucs et menaçaient de tout casser dans le magasin.

— J'ai entendu dire que le patron voulait vous licencier. Est-ce exact ?

— Bien sûr. Parce que j'ai fait mon devoir et que j'ai appelé la police.

— Vous avez agi en état de légitime défense, c'est écrit dans le journal.

— Évidemment que c'était de la légitime défense, et rien d'autre. Ils n'avaient pas de papiers, ils traînaient dans le quartier, ne disaient pas un mot, si ce n'est que Jim Weissplatt était leur oncle. Que vouliez-vous que je fasse dans une telle situation ? J'ai tiré la sonnette d'alarme. Elle a retenti, trois *cobs* sont arrivés, ont arrêté ces jeunes, et qu'a-t-on appris ensuite ?

— Que Jim Weissplatt est effectivement leur oncle. C'est ce qu'ils disent dans le journal.

— Et qu'il a dû mettre dix mille dollars sur la table pour le commissaire en personne. Ça, ce n'est pas dit dans le journal, mais c'est vrai tout de même.

— Une caution est une caution, *Mister*. On vous la rend après, et tout est arrangé.

— Jim Weissplatt a dû allonger dix mille dollars sur la table, mais on ne lui a pas donné de reçu. Donc, cette caution n'en est pas une, c'est un pourboire. Absolument, *a tip for the police*, et c'est moi qui vais devoir en faire les frais... »

On ne discute pas des goûts et des couleurs, et encore moins des goûts de Jim Weissplatt, car ses canons esthétiques correspondaient à ceux d'environ cinquante millions d'Américains. On n'a pas d'arguments contre une telle masse de gens. Doit-on s'engager dans un combat perdu d'avance contre le tapis de soie indien où l'on voyait deux palmiers et un lion endormi et dont vingt millions d'exemplaires avaient été vendus, tous fabriqués avec des machines de la même usine de Singapour et importés par le même grossiste de Brooklyn ? Que faire contre le chevreuil en porcelaine qui se trouve sur toutes les tables de salle à manger entre Manhattan et San Francisco ? Peut-on critiquer les grossiers fauteuils en cuir que Samuel Finkenstein avait lancés sur le marché à douze millions d'exemplaires au prix de deux cents dollars pièce ? Non, car tout le stock fut vendu en l'espace de trois semaines, ce qui constitue une garantie suffisante pour la perfection de ce meuble.

L'appartement de l'oncle Weissplatt était donc un parfait exemple du goût de luxe américain, car il ne contenait rien que l'on n'aurait pu commander dans tous les catalogues de vente par correspondance. La longue table de la salle à manger, avec ses vingt-quatre chaises, avait été livrée à domicile par Lippmann et Ferber. Le buffet, de même que les verres en cristal, l'argenterie et la vaisselle constituaient le lot promotionnel que le grand magasin Hajnotzki, de Washington Square, avait offert à l'occasion de son anniversaire. Même Sally Weissplatt, la troisième épouse de l'oncle millionnaire, correspondait à cent pour cent à l'idéal de cinquante millions d'Américains. Elle était pour ainsi dire l'*american dreamgirl* à la voix ronronnante d'un chat angora et au sourire rayonnant digne d'une publicité pour dentifrice. Elle avait la silhouette parfaite d'un mannequin et un visage qui ressemblait en tout point à ceux que l'on voyait dans tous les journaux du dimanche. Elle s'était installée là très exactement neuf mois après le décès de la deuxième épouse de Jim Weissplatt et assurait, quand on lui posait la question, qu'elle n'avait jamais été aussi heureuse de sa vie. Elle aimait son mari avec la même tendresse que son automobile, son yacht privé ou son livret de caisse d'épargne de la *Bank of Boston*, qu'elle emportait partout avec elle.

D'un geste gracieux de la main, elle fit signe aux onze jeunes gens de prendre place en remarquant que même le robuste Mordechaï était plus appétissant que son mastodonte de mari dont elle avait fait la connaissance par l'intermédiaire de l'agence matrimoniale *Makkabi* dans la 2e avenue. Elle sentit instinctivement que la visite de ces onze parents pourrait mettre en danger le confortable équilibre qui régnait chez elle. C'est pourquoi elle manifesta à l'endroit des onze frères une certaine distance en grignotant continuellement des biscuits et en regardant sans arrêt par la fenêtre, tandis que l'oncle Weissplatt déployait tous ses efforts pour mettre ses neveux au courant :

« Je ne suis pas un philanthrope, mes enfants. J'ai déjà déboursé dix mille dollars pour vous parce que vous êtes les fils de mon unique sœur Noémie que j'aime comme si elle était mon épouse. Comprends-moi bien, Sally, toi je t'aime autrement, tu le sais bien. Mais je veux qu'on me rende mon argent avec les intérêts...

— Je ne crois pas, intervint Adam, que notre père paiera. Il est avare et ne nous pardonnera jamais.

— Votre père ? Il me semble que Jankl Kaminski n'a rien à voir avec vos dettes. Vous allez travailler ici, et de cette façon, je rentrerai dans mes frais.

— Combien devrons-nous te rapporter ? demanda l'aîné d'un air amusé.

— Deux cents pour cent, mon garçon, sinon, vous ne serez rien d'autre qu'un boulet à mon pied.

— Et si nous refusons, oncle Weissplatt ?

— Vous n'avez pas de papiers, mes garçons. C'est une excellente raison d'accepter cette offre. Que savez-vous faire ?

— Moi, je suis étudiant en philosophie.

— Aucun intérêt. Et puis ?

— Isaak était étudiant aux Beaux-Arts.

— Aucun intérêt. Après ?

— Chloïme fait une thèse sur le droit romain.

— C'est un métier de crève-la-faim. Ensuite ?

— Mordechaï est professeur de gymnastique.

— Voilà enfin un être humain. Et puis ?

— Moïche fait des études de chimie.

— Pas mal non plus. Ensuite ?

— Lasik était au conservatoire et sera musicien.

— Un rossignol, si je comprends bien. Il chante tout l'été et n'a rien à se mettre sous la dent l'hiver.

— Adam fait des mathématiques.

— C'est un métier de parasite.

— Benzion étudie la grammaire assyrienne.

— De quoi devenir millionnaire.

— Menachem s'occupe de sciences occultes.

— En Amérique, on appelle cela un fakir. Qu'il devienne prestidigitateur et aille se produire dans un cirque.

— Aaron fait un apprentissage chez un horloger.

— Dieu soit loué. Voilà un troisième être humain dans cette famille. Et puis ?

— Herschele veut devenir acteur, mais pour l'instant, il va encore à l'école.

— Mes enfants ! soupira Jim Weissplatt en avalant une poignée de cacahuètes, l'air désespéré. Je suis un homme heureux. J'ai la plus belle femme de Lower Eastside. Je possède plus de cinquante salons de coiffure à New York et une douzaine de cercles de jeu sur la côte Ouest, mais demain matin, je serai ruiné si je vous finance. Nous ne sommes pas en Russie, mes chers enfants, nous sommes ici en Amérique. On n'a pas de temps à perdre avec le droit romain ou la grammaire assyrienne. Ici, il faut lutter, sinon, on disparaît. Savez-vous ce que ce mot veut dire ?

— On nous a envoyés en Sibérie précisément parce que nous luttions.

— Il ne suffit pas de lutter, mes enfants. Il faut aussi arriver à quelque chose. Quel but avez-vous dans la vie ?

— La justice pour tous, oncle Weissplatt.

— Et à part cela ?

— Comment cela ? La justice, c'est l'essentiel.

— Mais on ne peut pas en vivre.

— Nous ne pourrons peut-être pas en vivre, nous disparaîtrons peut-être même dans cette lutte, mais une chose est sûre : nous vaincrons ou nous mourrons.

— En êtes-vous sûrs ?

— Tout à fait.

— Et vous n'abandonnerez votre lutte à aucun prix ?

— A aucun prix.

— *That's a deal !* dit le millionnaire avec un sourire malicieux. Je vous propose *a big business.*

— Propose toujours, oncle Weissplatt. Nous verrons bien.

— Vous êtes onze solides gaillards, n'est-ce pas ?

— Oui.

— Et vous ne vous laissez jamais abattre ?

— Exact.

— Parfait. Je vais faire de vous une équipe de football. A une condition, cependant.

— Laquelle ?

— En aucun cas, vous n'aurez le droit de perdre. »

VIII

Malwa avait déjà dix-huit ans et elle semblait être une sorte de pôle Nord magnétique qui attirait toutes les aiguilles de boussole des capitaines au long cours. « Notre fille est un attrape-mouches, disait souvent Leo, la moitié de Stanislau vient s'y prendre. On ne peut pas la laisser se promener seule dans la rue, car sinon, il arriverait un malheur. » C'est pourquoi Leo accompagnait la jeune fille lors de toutes ses sorties. A soixante ans, fier comme un vieux dandy qui sort avec sa jeune maîtresse, il se promenait dans les rues et notait non sans une certaine arrogance pincée les regards qu'on adressait à sa fille.

En ce jour d'été, il était assis avec sa belle femme et sa fille non moins belle à la terrasse d'un salon de thé du parc municipal, où une fanfare jouait un pot-pourri de musiques militaires un peu mièvres. Les trois Rosenbach mangeaient une tarte aux framboises couverte de crème Chantilly et buvaient du chocolat. A l'une des tables voisines l'ambiance était à son comble. Une douzaine d'étudiants aux visages balafrés se balançaient au rythme de la musique et braillaient en chœur :

« Le comte Radetzki, cette noble épée,
Jura de bouter hors de Lombardie
L'ennemi de l'empereur.
Mais à Vérone, l'espoir fit long feu.
Quand des troupes fraîches arrivèrent,
Le héros se sentit enfin libre. »

Leo Rosenbach en rougit de contentement. Lorsque cette manifestation patriotico-musicale fut terminée, il se leva et murmura à l'oreille de Jana :

« Il faut que j'aille féliciter ces messieurs.

— Je t'en prie, reste là. »

Mais Leo ne se laissa pas retenir. Il se dirigea vers l'étudiant le plus proche, saisit sa main, la serra avec transport et dit, la voix cassée par l'émotion :

« Je suis fier qu'il y ait encore des hommes comme vous en Autriche. »

L'étudiant se leva d'un bond, salua et hurla :

« Vive l'empereur François-Joseph ! »

D'une voix aussi ferme, mais moins forte, Leo répondit :

« Vous faites honneur à la patrie, messieurs, dit-il en s'inclinant avec respect, permettez-moi de me présenter : Leo Rosenbach. »

Il y eut un bref silence, puis l'étudiant répondit :

« Mais votre allemand est impeccable. J'ai bien l'honneur. »

Leo comprit parfaitement ce que ces mots signifiaient, mais il répondit humblement :

« Je suis l'ancien photographe de la cour de Bavière. »

Les gaillards se levèrent comme un seul homme et s'écrièrent :

« Longue vie au roi de Bavière ! »

Leo entreprit alors une ultime tentative pour rompre la glace et dit :

« Nous serions très heureux, messieurs, d'accorder à l'élite de l'Empire un rabais exceptionnel sur des travaux photographiques de toute nature. »

Un des étudiants se mit au garde-à-vous et répliqua, à la grande joie de ses camarades éméchés :

« La courageuse élite de l'Empire s'incline devant votre accent allemand impeccable, devant votre offre intéressante, mais surtout devant l'incomparable demoiselle qui vous accompagne et fait battre nos cœurs. Vive la demoiselle !

— Cette demoiselle est notre fille et elle est hôtesse dans notre atelier qui se trouve dans la rue Mitzkievitcha, au numéro onze.

— Pour l'hôtesse de l'atelier, hip hip hip hourra ! »

A cet instant, l'orchestre entonna un autre air. Jana bouillait de rage. Elle se leva, le visage empourpré, et dit, assez fort pour que les étudiants l'entendent :

« Cet endroit est vraiment trop bruyant à mon goût. Donne-moi l'ombrelle, Leo ! »

Le lendemain matin, Jana et Malwa traversèrent le pont de la gare. Elles avaient l'intention de se rendre chez le Dr Dachynski, un homme au sujet duquel couraient bien des bruits. Il habitait au dernier étage d'un immeuble qui se trouvait juste derrière la gare. Il y menait une existence de célibataire, donnait des cours particuliers et organisait de petites réunions le soir. Les deux femmes étaient aussi émues que si elles se lançaient dans une aventure interdite. Jana jetait constamment des coups d'œil dans les vitrines pour ajuster son chapeau ou vérifier qu'elle était correctement poudrée. Soudain, Malwa lui posa une question :

« De quoi a-t-il l'air, Maman ? Ressemble-t-il à Henner ou plutôt à Baltyr ?

— Surtout, n'en dis pas un mot à ton père, je t'en supplie.

— J'ai hâte de le voir. Est-il grand ou petit ? Je n'arrive pas à me l'imaginer.

— C'est un bel homme, tu verras, mais Papa ne doit apprendre sous aucun prétexte que nous sommes allées le voir.

— Pourquoi ?

— Dachynski est socialiste, c'est un des dirigeants du parti, et tu connais les opinions de ton père.

— C'est un dirigeant du parti, dis-tu, mais cela ne l'a pas empêché d'être obligé de donner des leçons particulières.

— Parce qu'il a d'autres ambitions.

— Pourquoi n'est-il pas marié s'il est aussi beau que tu le dis ?

— Moi, je suis mariée, Malwa. Et à quoi cela m'avance-t-il ?

— Toi, tu es la plus belle femme du monde, Maman. Je t'aime.

— Moi aussi, mon enfant. »

Elles gravirent les escaliers très raides. Il y régnait une odeur de maison bourgeoise et de cirage. Au deuxième étage habitait un certain professeur Kviatkovski — doyen de la faculté de médecine —, et Jana murmura :

« Dachynski aussi voulait devenir professeur à l'université, mais ils ont rejeté sa candidature parce qu'il pouvait représenter un danger pour la jeunesse, comme ils ont dit.

— Moi, je n'aurais pas refusé sa candidature. Les hommes dangereux me fascinent. Et toi ?

— Je ne sais pas, Malwa. Papa n'est pas un homme dangereux, et puis ne sois pas si impertinente ! »

Elles arrivèrent enfin au sixième étage. Malwa fit la moue et dit à sa mère :

« Je suis déçue, Maman. Je m'imaginais un jeune dieu, mais sur la porte, il a inscrit “ philologie ancienne ”.

— Je t'ai dit de ne pas être si impertinente. »

Jana sonna.

La porte s'ouvrit. Les deux femmes découvrirent un homme qui était à l'opposé de tout ce que Malwa avait pu imaginer. Il devait avoir quarante-cinq ans, il n'était ni grand ni petit, mais très trapu. Il n'était pas beau, c'était le moins que l'on pût dire. On pouvait presque affirmer qu'il était laid, il avait des pommettes saillantes et un nez pointu. Ses yeux exprimaient une confiance quasi enfantine. Il avait des rides minuscules qui pouvaient indiquer tant une certaine amabilité qu'une réserve prudente. C'était un Polonais typique, fier et impulsif. Mais de ses traits émanait cette méfiance critique qui instaure une certaine distance et donne de l'autorité. Il toisa d'abord les deux dames, puis il sourit :

« Madame et mademoiselle Rosenbach, je suppose. Vous m'avez écrit. Laquelle de vous deux est la mère ? »

Jana rougit et répondit toute confuse :

« Je vous connais, docteur, et je vous admire. C'est pourquoi je me suis permis de prendre rendez-vous avec vous. J'espère que vous voudrez bien accepter de donner des cours à ma fille.

— Je vous connais aussi, répondit Dachynski en conduisant ses hôtes dans le bureau. Je vous ai remarquée lors de l'une de nos manifestations.

— Je ne savais pas que tu allais à des manifestations, Maman, remarqua Malwa en regardant avec curiosité les livres de la bibliothèque.

— Je ne me contente pas d'être la gouvernante de ton père, tu devrais le comprendre.

— Et que lui réponds-tu quand il te pose des questions ? Tu lui racontes des histoires ?

— Il est des choses, mon enfant, que l'on fait, répondit Jana en lançant à Dachynski un regard de biais qui en disait long, mais que l'on garde pour soi. Chacun a droit à sa sphère privée qui lui appartient à lui seul, mais je n'aime pas mentir. »

Malwa sauta au cou de sa mère et lui glissa à l'oreille :

« Maman, je t'adore. »

Dachynski avait observé la scène et dit, en allumant sa pipe :

« Les Athéniens pensaient — mais asseyez-vous donc —, ils pensaient que le citoyen préférait entendre de doux mensonges plutôt que l'amère vérité. Qu'en pensez-vous ? »

Après un moment d'hésitation, Jana répondit :

« Je trouve que les Athéniens étaient des gens intelligents. Mais je n'aime pas les doux mensonges. Je préfère encore me taire.

— Et vous, mademoiselle Rosenbach ?

— Mon père est un brave homme, mais il n'a pas la moindre idée de ce qu'est le monde dans lequel nous vivons.

— Et vous, le savez-vous ?

— J'ai dix-huit ans, docteur, et j'ai les deux pieds dans le XXe siècle.

— Dans ce cas, j'aimerais bien savoir pourquoi vous voulez apprendre le grec. Et en plus avec moi.

— Premièrement, je ne veux pas. J'y suis contrainte, car je veux obtenir mon baccalauréat. Je veux en effet faire des études, à l'université, même si je devais être la première femme qui tente cette expérience. Et deuxièmement, j'ai entendu dire que vous étiez un danger pour la jeunesse. J'aimerais bien que vous me fassiez courir ce danger. »

Jana sursauta et murmura :

« Ne te montre pas plus écervelée que tu ne l'es, Malwa.

— Le grec est une langue morte, Maman. Et moi, je veux vivre aussi longtemps que possible. »

Dachynski saisit alors une photographie jaunie sur son bureau et la montra à la jeune fille.

« Je suppose que cette photographie a peu de chances de vous intéresser.

— Pourquoi ne devrait-elle pas m'intéresser ? C'est la Vénus de Milo. Elle se trouve à Paris, au Louvre. J'irai un jour à Paris pour la voir.

— Le sculpteur qui a créé cette œuvre est mort depuis plus de deux mille ans, de même que la jeune fille qui lui a servi de modèle.

— Est-ce que vous êtes en train d'essayer de me convertir, docteur ? », répliqua Malwa, qui avait compris où Dachynski voulait en venir.

« Je voulais dire simplement que les morts sont parfois plus vivants que les vivants eux-mêmes.

— Cela ne signifie pas pour autant que je vais me mettre avec plaisir à l'étude du grec.

— Dans ce cas, je vous conseillerais d'abandonner ce projet. On peut très bien vivre sans savoir le grec. »

L'insouciance de sa fille rendait Jana nerveuse.

« Mais c'est toi qui as souhaité que je t'amène ici, non ?

— Tu devais m'amener chez un socialiste et un séducteur de la jeunesse. Pas chez un spécialiste des langues anciennes, Maman. Sa grammaire me fait horreur. Ou bien préfères-tu que je te mente en disant que cela m'amuse ?

— Le socialisme et la culture antique ne s'excluent pas forcément, dit Dachynski en vidant sa pipe pour la bourrer à nouveau. L'égalité de tous les hommes est une revendication qui a vu le jour à Athènes.

— Quel intérêt si elle reste au stade de la revendication qui n'est jamais réalisée ? Où voyez-vous l'égalité des juifs, par exemple ? On nous humilie depuis des millénaires, et rien n'a changé.

— Parce que vous acceptez cette humiliation, tout simplement. Les ouvriers aussi sont humiliés, tout comme les déshérités de tous les pays, parce qu'ils ne savent pas s'unir et qu'ils se laissent constamment diviser. S'ils mettaient leurs forces en commun, tous ces opprimés, ces offensés, les juifs et les noirs et les Indiens et les femmes et les prolétaires, cette revendication serait réalisée.

— Si vous pouviez m'en donner l'assurance par écrit, j'accepterais volontiers de bûcher pour apprendre le grec. Mais vous ne le pouvez pas.

— Vous voudriez que je vous donne une garantie comme lorsqu'on achète un coucou de la Forêt-Noire ou une boîte à musique... »

Malwa rougit violemment et se mit à bredouiller :

« Je suis... Je suis désolée... Je... Je vous crois.

— Moi aussi, ajouta sa mère, et j'aimerais assister à vos cours de temps en temps. Me le permettez-vous ?

— Vous serez toujours la bienvenue chez moi », répondit Dachynski en la regardant droit dans les yeux.

« 1er octobre 1909

J'aime beaucoup Maman, même si elle n'arrête pas de me faucher tous les hommes. Elle ne le fait d'ailleurs pas exprès. Il suffit qu'elle soit là, et les alouettes lui tombent toutes cuites dans le bec. Même Dachynski, cet intellectuel, en perd la raison quand il la voit. Je me demande ce qu'il faut que j'apprenne pour avoir autant de succès qu'elle. Certainement pas la grammaire grecque. Cela n'impressionne personne, et encore moins ce spécialiste des langues anciennes. Quel genre d'homme peut-il bien être ? C'est un Polonais bon teint. Et pourtant, il est tout différent. Les Polonais nous méprisent et nous humilient, mais Dachynski, lui, n'humilie personne. Il est impossible de s'imaginer qu'il puisse offenser qui que ce soit. Même pas ses ennemis mortels, a-t-il dit. Il est vraiment tout à fait différent. Baltyr croit au héros solitaire et à la vengeance individuelle. Une bombe bien placée, et Stolypine est mort. Ce genre d'idées fait sourire Dachynski. Il considère les anarchistes comme des gamins. Ils abattent un chien sanguinaire sans voir que cent autres se tiennent prêts à prendre sa place. Il affirme que ce n'est pas Stolypine qu'il faut liquider, mais qu'il faut supprimer cet océan d'injustice. Peut-être a-t-il raison.

A la réflexion, il me plaît. Ou plutôt non. Il me trouble. Cette nuit, j'ai rêvé de lui. Il se trouvait dans un parc, en automne. Le sol était jonché de feuilles mortes. Il admirait une statue de marbre. Je crois qu'il s'agissait de la Vénus de Milo. Moi, j'étais allongée à côté, sur une pierre tombale, et je pleurais. Il s'approcha doucement de la statue et l'enlaça, sans remarquer ma présence. Il embrassa la pointe de ses seins et murmura : “ Les morts sont parfois plus vivants que les vivants eux-mêmes. ” Je gardais le silence. De chaudes larmes coulaient sur mes joues, et je me dis que je voulais mourir ou être transformée en statue. Il m'enlacerait alors et presserait ses lèvres sur les bourgeons de mon corps. Mes seins ne sont pas moins beaux que ceux de la déesse de l'amour, mais je suis trop jeune pour lui. Il ne remarque même pas que je suis une femme. Ou bien est-ce que je me trompe ? Parfois, entre deux règles grammaticales, il me toise du regard, et il me semble alors voir jaillir une poussière d'or de ses pupilles. Mais je n'arrive pas à m'imaginer qu'il puisse réellement me désirer. Pas lui. Dans la rue, les hommes se retournent sur moi et me suivent du regard avec leurs yeux de poisson frit. Ils me font horreur. J'en ai des frissons dans le dos. Ou bien les clients de l'atelier. Leur voix tremble d'émotion quand ils me débitent leurs platitudes. C'est toujours pareil. Ils me disent toujours les mêmes fadaises qui ne veulent rien dire et dont la seule utilité est de masquer le désir qu'ils éprouvent pour mon corps. " Je vous baise la main, vénérée demoiselle. " On pourrait parler de tout sauf de vénération, et s'ils avaient le loisir d'embrasser quelque chose, ce ne serait certainement pas ma main. Tout cela me fait horreur, et pourtant, je ressens de la nostalgie, mais je ne sais pas de quoi. Je pense à Henner, qui a disparu et dont personne ne sait où il peut bien se trouver en ce moment. Je pense à Baltyr, qui m'a confié une mission. Lui aussi a disparu, et je sens qu'il est déjà dans la tombe. " Les morts sont parfois plus vivants que les vivants eux-mêmes. " Ah mon Dieu ! Aide-moi et donne-moi la force de croire en Toi ! »

La maison du peuple était pleine à craquer. La tempête semblait menacer la politique mondiale. Des centaines de gens étaient restés sous le porche, parce qu'il n'y avait plus de place à l'intérieur. Tous voulaient entendre ce que Dachynski allait dire au cours de cette réunion sur les récents événements politiques. Lorsqu'il monta à la tribune, il fut accueilli par des tonnerres d'applaudissements. Deux mille personnes se levèrent et entonnèrent le chant du drapeau rouge. Ensuite, il prit la parole. On entendit sa voix aiguë et tendue :

« Mes chers concitoyens et camarades... »

En prononçant ces mots, il aperçut au premier rang une femme fluette qui lui lançait des œillades d'un air mystérieux. C'est pourquoi il rectifia :

« Chères concitoyennes, concitoyens et camarades. Dans les journaux, nous apprenons de mauvaises nouvelles. Nous allons au-devant de terribles événements. Mais cela ne signifie pas que nous ayons peur. Au contraire. Plus la situation des seigneurs est désespérée, plus les serfs retrouvent l'espoir. Les têtes couronnées ne peuvent plus régner comme elles l'entendent. Les peuples commencent à se rebiffer. Des milliers de gens viennent frapper aux portes des palais. Les déshérités réclament leurs droits et les monarques commencent à trembler. L'empereur d'Allemagne a dissous ces jours-ci le *Reichstag* élu conformément à la Constitution, parce que les socialistes lui ont refusé les crédits destinés à l'armée. Le tsar de Russie a chassé la *Douma* de l'Empire démocratiquement élue parce que les représentants du peuple voulaient donner des terres aux paysans affamés et du pain aux ouvriers. Et que fait leur homologue de Vienne ? Vous savez de qui je veux parler, même si je n'ai seulement pas le droit de prononcer le nom de Son Excellence, car ce serait un crime de lèse-majesté et rien n'est plus étranger à mon esprit que d'offenser notre très cher souverain... »

A ces mots, la salle éclata d'un rire cynique, mais le tribun du peuple poursuivit imperturbablement :

« Leur homologue de Vienne craint la ruine de l'Empire parce que les peuples qui le composent manifestent depuis quelque temps leur volonté de se gouverner eux-mêmes. Il a donc besoin de toute urgence de trouver un motif capable de provoquer une flambée patriotique, et un bouc émissaire pour calmer le mécontentement des masses. Et il l'a trouvé. Hier, il a envahi deux États slaves, la Bosnie et l'Herzégovine. Maintenant, on peut s'attendre au pire, car la Russie se considère comme le protecteur de tous les Slaves et elle va nous déclarer la guerre. Pas à nous, les Polonais, bien sûr, puisque nous sommes aussi des Slaves. Mais nous sommes en même temps des Autrichiens, et c'est pourquoi le tsar nous déclarera la guerre tout de même. Et le tsar, comme chacun sait, est l'allié de la France. Et de l'Angleterre. Ce qui explique que nous n'allons pas tarder à être en guerre avec le monde entier. En tant que Polonais, nous aimons les Français, mais en tant qu'Autrichiens, nous devrons apprendre à les haïr. Réjouissez-vous, camarades polonais ! Félicitez-vous de votre patrie, car celle des Polonais du Sud s'appelle l'Autriche, celle des Polonais du Nord, l'Allemagne, celle des Polonais de l'Est, enfin, s'appelle la Russie. C'est ce qu'on nous a appris à l'école, cela doit donc être vrai. Depuis plus de cent ans, nous sommes sous le joug de trois grandes puissances. Si les trois empereurs se chamaillent, on nous contraindra à tirer sur nos frères. N'est-ce pas extraordinaire ? Le problème polonais se résoudra de lui-même. Les Polonais s'entre-tueront, et les vainqueurs seront les trois majestés de Vienne, de

Berlin et de Saint-Pétersbourg. C'est bien cela que vous voulez, camarades ? Oui ou non ? »

L'assistance se leva comme un seul homme et des milliers de bouches crièrent en chœur :

— *Nie, nigdy, niech zyje Polska !* « Vive la Pologne ! »

« Vous ne le voulez pas ? Vous ne voulez ni la ruine de notre patrie ni la destruction du monde par les grandes puissances ?

— *Nie, nigdy, niech zyje Polska !* gronda à nouveau la foule.

— Alors vous êtes prêts à soutenir la résolution de l'Internationale socialiste, c'est-à-dire à empêcher par tous les moyens la guerre qui menace d'éclater ?

— Par tous les moyens, nous le jurons. Longue vie à la Pologne !

— Et dans le cas où nous ne parviendrions pas à mettre à profit les contradictions des grandes puissances pour anéantir l'ordre capitaliste qui règne dans nos pays et pour construire un monde de justice sociale... »

A ces mots, la femme fluette du premier rang se leva et cria d'une voix passionnée :

« Moi, je suis prête, camarades, vous pouvez compter sur moi ! »

Une tempête d'applaudissements retentit dans la salle. Tous se levèrent et entonnèrent *l'Internationale,* mais quelques messieurs discrets avisèrent Jana et se firent signe d'observer plus attentivement cette belle femme.

C'est alors que Dachynski arriva à l'apothéose de son discours. Avec modestie, il fit signe à la foule de s'apaiser et déclara :

« Si elle venait à éclater, la guerre des monarques serait la dernière guerre qui bouleverserait notre planète. Elle signifierait le début d'une ère de paix. Notre patrie, camarades, notre chère patrie polonaise se relèverait elle aussi de ses ruines... »

Dachynski ne put poursuivre. Toute l'assistance, hommes et femmes, monta sur les chaises et entonna l'hymne national :

« La Pologne n'est pas encore perdue,
Car nous poursuivons le combat. »

Il pleuvait à torrents. Un couple isolé marchait à pas lents dans les rues à peine éclairées et semblait ne pas se rendre compte que le déluge était en train de s'abattre sur la ville. Ils étaient protégés par un gigantesque parapluie.

« Que venez-vous faire à mes manifestations, madame Rosenbach ?

— Appelez-moi Jana !

— Une fleur de cerisier comme vous l'êtes n'a rien à faire chez nous.

— Je suis peut-être une fleur de cerisier, mais c'est précisément pour cette raison que tout cela me bouleverse autant.

— Vous n'êtes donc pas venue... pour moi ?

— Si, c'est pour vous que je suis venue. Vous êtes tellement intelligent et vous avez tant de choses à dire !

— Je parle beaucoup parce que je sais fort peu de chose. Ce que je raconte, ce sont de beaux rêves.

— Je sais. Vous rêvez de choses qui n'existent pas, ou pas encore, mais qui existeront un jour, quand nous ne serons plus de ce monde. Cela me fascine terriblement.

— Mais je rêve aussi de choses qui existent déjà. Cela va vraisemblablement vous décevoir...

— Par exemple ?...

— En cet instant précis, alors que nous marchons tous deux à l'abri de ce parapluie, je rêve de votre bouche. Mais on ne devrait pas parler de ces rêves-là.

— Vous trouvez ?

— Pas lors de manifestations publiques, en tout cas. Les camarades ne seraient pas d'accord.

— Je suis moi aussi une camarade, et je serais d'accord. »

Dachynski s'arrêta sous un lampadaire et regarda Jana l'air ébahi. Il se rendit compte alors qu'il venait de marcher dans une flaque et qu'il avait de l'eau jusqu'aux chevilles. Il sourit.

« Camarades ! Nous sommes en train de nous embourber, il faut donc plus que jamais regarder les faits en face... Mon discours vous plaît-il ?

— Continuez, nous verrons bien !

— Et ces yeux me troublent terriblement, car ils sont pleins de mystère, comme la nuit, et des étoiles douces comme le miel brillent à leur firmament... Dois-je aussi parler des cils ?

— C'est votre discours, pas le mien. Mais à quoi bon parler des cils ?

— Bien, alors je vais parler des mains. C'est en de pareils moments, camarades, que nous devons nous tendre la main. » Il saisit la main de Jana et déposa un baiser au bout de ses doigts. « Car ces mains sentent la violette des bois... ou bien est-ce le lilas ?

— Je ne m'y connais pas, docteur, mais mes mains sont glacées.

— Des jours plus chauds viendront, mes frères et mes sœurs. Le soleil brillera, le cœur bondira dans notre poitrine, et notre bouche... A présent, je vais parler de votre bouche et de vos lèvres, Jana.

— Pas ici, s'il vous plaît.

— Venez chez moi, dans ce cas.

— Une autre fois, s'il te plaît.

— Pourquoi pas aujourd'hui ?

— Jeudi prochain, si je n'ai pas d'empêchement.

— Et si tu en as un, Jana ? Qui sait si nous nous reverrons.

— Donne-moi un gage, quelque chose que je devrai te rendre.

— Voici un médaillon. C'est un souvenir de ma mère. »

Les frères Balitzki étaient des jumeaux de sang noble au caractère fort ingénu. L'un s'appelait Gustav, l'autre August. Depuis leur naissance, ils ne s'étaient jamais quittés et se ressemblaient comme deux gouttes d'eau. L'un et l'autre brillaient par un manque total d'humour. Il va de soi qu'ils portaient toujours les mêmes costumes, les mêmes chaussettes, les mêmes chaussures et les mêmes chapeaux. En outre, ils se levaient toujours à la même heure, s'asseyaient en même temps et se mouchaient simultanément. Par ailleurs, ils toussaient, éternuaient et rotaient en chœur. Quand quelqu'un racontait une histoire drôle, ce qui, on le comprend, n'arrivait que rarement en leur présence, ils mettaient tous deux autant de temps pour comprendre. Ils étaient manifestement un miracle de la nature, et comme ils ont joué un rôle déterminant dans le destin de ma famille, je vais parler d'eux plus longuement qu'il ne serait nécessaire. Ah oui ! j'oubliais : Gustav Balitzki avait la détestable habitude de commencer des phrases sans les terminer. August, en revanche, intervenait au moment où son frère ne savait plus quoi dire.

En ce jour fatal de novembre, les deux jumeaux entrèrent dans l'atelier de Leo et demandèrent à être photographiés. Comme deux jeunes recrues, ils claquèrent les talons et débitèrent une formule de politesse qui s'adressait exclusivement à la belle Malwa, et qui, comme d'habitude, était divisée en deux parties :

« Veuillez accepter, chère mademoiselle...

— ... l'expression de notre haute considération. »

Les deux messieurs prirent leur respiration avant de poursuivre :

« C'est un plaisir pour nous, et un privilège sans pareil...

— ... que de pouvoir rendre hommage à votre exceptionnelle beauté. »

Les deux imbéciles s'inclinèrent profondément. Malwa rétorqua avec un sourire malin :

« Comment ces messieurs désirent-ils qu'on les photographie ? Ensemble ? Séparément ? Ou bien l'un de vous posera-t-il pour les deux ?

— Cela dépend, belle demoiselle...

— ... du prix de ces différentes variantes.

— La dernière serait bien sûr la moins chère.

— Mais nous sommes jumeaux ! », protesta Gustav. Et August ajouta :

« ... et c'est pourquoi on nous photographie toujours ensemble depuis notre naissance. Nous désirons donc qu'on nous prenne tous les deux et qu'on nous fasse un prix forfaitaire.

— Comme il vous plaira, messieurs, mais dans ce cas, nous choisirons un demi-format. C'est logique, non ? »

Les deux frères Balitzki froncèrent les sourcils et cherchèrent une repartie appropriée. Tout à coup, Gustav s'écria :

« Il est bien possible que ce soit logique, mais monsieur votre père a eu l'extrême amabilité...

— ... de proposer un rabais exceptionnel à l'élite de la Nation. »

Sans sourciller, Malwa leur demanda alors :

« Ces messieurs appartiennent-ils à l'élite de la Nation ? Peuvent-ils produire les documents officiels qui le prouvent ? »

Les jumeaux claquèrent à nouveau les talons et répondirent d'un ton martial :

« Balitzki Gustav...

— Balitzki August...

— Nous faisons partie de l'une des trois plus anciennes familles nobles de Galicie...

— ... et sommes étudiants en droit à l'université de Lemberg...

— ... de même que membres de l'association d'étudiants *Habsburgia*...

— Vive la *Habsburgia* ! »

Heureusement, Malwa était assez jeune, sa peau était assez blanche et ses lèvres assez rouges pour ne pas se laisser impressionner.

« Je prie l'une des trois familles nobles les plus anciennes de Galicie de bien vouloir s'asseoir sur le banc et de ne pas prendre cet air idiot. Après, on dira que c'est la faute de mon Papa, ou que la photographie est floue. »

Leo, qui venait d'entrer dans le magasin, intervint pour prendre les deux jumeaux sous sa protection, car il trouvait que Malwa était allée trop loin et qu'elle faisait donc du tort aux affaires. C'est pourquoi il s'excusa avec l'humilité qui convenait au vassal héréditaire qu'il était et dit d'un ton conciliant :

« Cette enfant a à peine dix-neuf ans, nobles messieurs. Elle ne sait pas à qui elle parle.

— Je suis parfaitement au courant, Papa, rétorqua Malwa, je parle avec l'élite de la Nation. Vive l'élite de la Nation !

— Vas-tu enfin te taire, Malwa ! Allez, déguerpis, et un peu plus vite que cela ! »

Mais les deux étudiants n'étaient pas de cet avis et répondirent en chœur, comme toujours :

« La présence de cette délicieuse personne...

— ... est en fait la véritable raison de notre démarche, monsieur Rosenbach. »

Leo ne sut quoi répondre et préféra introduire les deux nobles clients dans les coulisses :

« Vous voyez ici les décors que l'on peut monter ou descendre à volonté grâce à des cordons. Ils sont l'œuvre d'un décorateur de théâtre célèbre : Slavomir Chantzer de Cracovie. Il a également décoré tout l'atelier. Ici, par exemple, vous pouvez admirer le château de Schönbrunn, là, l'Acropole, ensuite le Colisée, et enfin la pyramide de Kheops avec une caravane de chameaux admirablement restituée. Devant quel décor ces messieurs désirent-ils qu'on les photographie ?

— Devant aucun », répondit Gustav sèchement. Et August termina la phrase :

« Nous aurions en effet souhaité quelque chose de militaire.

— Comme un cheval, par exemple ?

— Nous préférerions un canon, monsieur le photographe de la Cour.

— Je suis vraiment désolé, mais je n'ai pas de canons en réserve.

— Dans ce cas, donnez-nous un uniforme, ou plutôt deux...

— ... l'un pour moi et l'autre pour mon frère jumeau. »

Leo sourit aimablement et ordonna à sa fille d'aller chercher deux uniformes dans l'armoire à costumes.

« Mais identiques, si possible. »

« 21 novembre

Dans trois jours, j'aurai dix-neuf ans, et dans un an, je serai officiellement majeure. En fait, je le suis depuis longtemps, mais pour les gens, je reste une enfant. Je comprends tout, rien ne m'échappe, mais personne ne veut me prendre au sérieux. Papa me traite avec condescendance, en me gratifiant d'un sourire indulgent qui me blesse terriblement. En réalité, il m'adore, mais il ne veut pas admettre que je suis une île, un monde à part dans l'océan de l'humanité.

Aujourd'hui, j'ai vu arriver deux nigauds à l'atelier, deux personnages absolument insignifiants, descendants d'une noble famille, des jumeaux dont la seule distraction semble consister à s'arranger pour que les gens les confondent. Ils sont fiers qu'on ne puisse pas les distinguer. Je trouve que c'est une attitude très révélatrice. Il me semble que le sens de la vie, c'est précisément de s'individualiser. Mais non, eux ne pensent qu'au contraire. Ces deux gaillards m'ont fait la cour. La scène fut savoureuse ! Papa a été d'une arrogance quand il m'a demandé : “ Sais-tu ce que cela signifie que MM. Balitzki se préoccupent de ta modeste personne ? ”

Deux gentils crétins qui daignent se préoccuper de moi ! Mon petit doigt est plus intéressant que ces deux nullités mises ensemble ! Des étudiants en droit qui pratiquent le duel et qui ont le visage couvert de balafres. Il y a vraiment de quoi rire ! Ils se ressemblent si parfaitement que seules leurs cicatrices permettent de les distinguer. Ils parlent sans discontinuer, mais leurs paroles sont aussi creuses que des noix sur un arbre mort. Papa se fait des illusions s'il croit qu'ils s'occupent de ma modeste personne. Et d'ailleurs, si je suis quelque chose, ce n'est certainement pas une « modeste personne ». Je suis un système organique complexe, un kaléidoscope de toutes les couleurs du spectre lumineux. Aux yeux de ces messieurs, cependant, je ne suis rien d'autre qu'une perruche que l'on attrape pour la mettre en cage. Ils aimeraient bien s'approcher du monde dans lequel je vis pour tenter de me faire fléchir, de vaincre ma résistance. Mais ils se trompent lourdement. Ils ne m'auront pas, même si je m'appelle Rosenbach et eux Balitzki. Papa les admire parce qu'ils appartiennent à l'une des trois familles nobles les plus anciennes et parce qu'ils sont étudiants à l'université. Quand Papa prononce le mot « université », il en a les larmes aux yeux. Il veut que je fasse des études, peu importe à quelle faculté. Il suffit que je m'élève dans l'échelle sociale. Pauvre Papa ! Lui n'y est pas arrivé. On l'a mis dehors, parce qu'on renvoie tôt ou tard tous les juifs. Il a éprouvé dans sa chair la vanité des titres et de la gloire, de la fortune, du rang et de l'honneur. « Il n'y a que le savoir qu'on ne pourra jamais te prendre », dit-il toujours avec un soupir, et c'est pour cette raison que je dois faire des études. Il faut que je grimpe aussi haut que possible. Papa confond la hauteur et la qualité et affirme constamment qu'il ne veut que mon bien. Et pourtant, il fait tout de travers. Comme aujourd'hui, par exemple : les deux gaillards quittent le magasin. Papa me fait venir dans la cabine d'habillage. Il tient un cintre à la main. Sur le cintre, je vois deux uniformes. Il en prend un, me le tend et me dit à voix basse, d'un ton solennel :

« Enfile cela, mon enfant. Je voudrais voir quelle impression tu fais en uniforme. »

Je trouvais que c'était ridicule et je lui ai dit que cet accoutrement n'avait rien à voir avec l'université, que les Balitzki ne le portaient que lors de leurs duels et de leurs beuveries, mais que sous cette enveloppe, ils n'étaient rien de plus que des ratés. Là-dessus, Papa me dit que je devais lui obéir et je me suis donc soumise à cette mascarade. J'ai enfilé l'uniforme et je me suis regardée dans la glace. L'effet était pitoyable. J'avais l'air d'un singe costumé. J'avais honte, mais Papa était le plus heureux des hommes. Malwa Rosenbach en uniforme, avec un sabre !

“ Ma fille va s’inscrire à l’université. Elle sera la première étudiante de tous les temps. Ils vont en faire une tête, mon enfant ! Approche, mon ange ! Il faut que je te prenne en photo comme tu es là, étudiante et membre de la *Habsburgia* ! ”

Je l’ai laissé faire, malgré toutes mes réticences. Il m’a obligée à prendre une bonne demi-douzaine de poses. De près et de loin. Profil gauche, profil droit. Avec et sans sabre.

“ C’est bien ainsi, tu es parfaite. ”

J’étais loin d’être parfaite. J’étais surtout parfaitement ridicule. »

Mais Malwa faisait fausse route. Il n’y avait là aucune raison de sourire, au contraire. Le coursier de Leo, M. Serotzki, un vieillard sénile que l’on surnommait M. Sklérotzki parce qu’il oubliait et mélangeait toujours tout, fit une erreur qui allait être fatale aux Rosenbach. A gauche, sur le guéridon du courrier, se trouvaient les photographies destinées à M. August et M. Gustav, et à droite une demi-douzaine de photographies de Malwa Rosenbach, en étudiante, le sabre au flanc. Serotzki se trompa d’enveloppe et emporta les photographies de Malwa chez les frères Balitzki. Il en résulta un imbroglio indescriptible qui se transforma cependant bientôt en drame qui devait mal se terminer. Le lendemain matin, les deux frères jumeaux entrèrent en trombe dans le magasin. L’un tenait à la main l’enveloppe jaune, l’autre six photographies en demi-format.

« Nous ne trouvons pas de mots assez durs, monsieur le photographe de la Cour...

— ... pour exprimer notre indignation.

— Nous protestons contre ce blasphème...

— ... et exigeons qu’on nous rembourse l’argent que nous avons payé... »

Leo pâlit. Il écarquilla les yeux, l’air affolé, et se mit à bredouiller :

« Quelque chose ne va pas ?... Je veux dire, vous n’êtes pas entièrement satisfaits ?

— C’est le moins que l’on puisse dire, misérable saligaud...

— ... car ces photographies sont une véritable provocation ! Nous sommes Autrichiens, sachez-le, monsieur, et catholiques de surcroît. »

Leo était effondré. C'était un coup bas contre lequel il ne pouvait se défendre.

« Vous seriez les premiers clients, messieurs, qui aient à se plaindre de mon travail.

— Qui parle de se plaindre ? Vous allez répondre de ces saletés. »

Leo tenta de se justifier et lança une contre-attaque désespérée.

« Vous me voyez extrêmement surpris, messieurs. Votre attitude m'offense.

— Ah ça ! Le juif se sent offensé, alors que c'est nous...

— ... qui avons été insultés. »

A ces mots, August jeta par terre l'objet du délit. Six photographies de Malwa Rosenbach se retrouvèrent aux pieds de Leo. Le visage du photographe de la Cour s'empourpra.

« Je vous en prie... Comprenez donc que... Je vous supplie humblement de me pardonner, messeigneurs. Il s'agit d'un malentendu inexplicable, si je puis dire.

— Non, vous ne le pouvez pas. C'est beaucoup plus grave qu'un malencontreux malentendu...

— ... c'est une insulte à notre association d'étudiants et une offense à notre patrie. »

Le front de Leo était couvert de sueur. Il ne savait pas comment apaiser ses deux clients. Il murmura tout bas :

« N'est-il pas possible, chers messieurs...

— Nous ne sommes pas vos chers messieurs. Faites attention à ce que vous dites !

— Ne pouvez-vous comprendre qu'il s'agit d'une erreur que je n'arrive pas à m'expliquer moi-même ? »

M. Gustav se baissa et ramassa l'une des photographies en la prenant entre le pouce et l'index, l'air dégoûté, comme s'il touchait un objet souillé et cria :

« Est-ce votre fille, oui ou non ?

— Mais j'essayais justement de vous expliquer...

— Il n'y a rien à expliquer. En Autriche, il est formellement interdit...

— ... aux femmes de porter nos couleurs.

— Mais ce n'était qu'un jeu, messieurs, une plaisanterie, dans l'intimité de mon atelier, à l'abri des regards indiscrets.

— Nous n'admettons pas ce genre de plaisanteries...

— ... et nous avons l'honneur de vous informer que la *Habsburgia* n'est pas disposée à en rester là, monsieur Rosenbach.

— En outre, nous nous voyons dans l'obligation de vous faire savoir...

— ... que nous sommes parfaitement informés de la double vie que mène votre femme, camarade Rosenbach. »

Leo pâlit à nouveau et bégaya :

« Il ne saurait être question d'une double vie de mon épouse et...

— Votre femme a été vue lors d'une manifestation subversive. Nos services de renseignements sont au courant. Nous supposons que vous savez ce que cela signifie.

— Ma famille apporte à l'empereur un soutien sans réserve, messieurs. Ce que vous affirmez est une calomnie pure et simple.

— Ce que vous faites faire à votre femme est une insulte encore plus grave. Vous blessez l'honneur de la patrie, et vous devrez en tirer les conséquences. A Stanislau, vous êtes un homme fini, sachez-le. »

Leo s'assit et mit la main sur son cœur qui battait à tout rompre.

« Qu'exigez-vous de moi, messieurs ?

— Si vous voulez parler de votre sale argent, vous pouvez le garder.

— Dites-moi ce que je dois faire, je vous en prie.

— Il n'y a que deux possibilités, monsieur Rosenbach. Soit vous nous dites le nom de vos témoins et vous vous battez en duel avec nous...

— ... soit vous disparaissez de cette ville. Nous vous donnons trois jours. »

Quand des juifs changent de domicile, ils ont de bonnes raisons de le faire, car théoriquement, ils sont d'une sédentarité quasi religieuse. Il est exact, cependant, qu'ils sont un peuple de nomades. On dit aussi qu'ils parcourent le monde sans trêve ni repos. C'est un cliché bien connu, mais qui n'a rien à voir avec leur véritable nature. Quand ils se déplacent d'un endroit à un autre c'est parce qu'on les chasse, parce qu'on ne cesse de leur rendre la vie difficile. C'est d'une part un malheur historique dont ils sont affligés, mais c'est aussi une chance, qu'ils le veuillent ou non. Ils sont contraints de faire des comparaisons. Ils voient le monde de tout côté. D'abord, ils le voient avec les yeux d'immigrants qui arrivent pleins d'espoir et ensuite avec ceux de fuyards déçus. Ils n'ont pas le temps de s'habituer à quoi que ce soit ou de succomber à l'inertie. Ils sont constamment en train de fuir. On les oblige continuellement à comparer les êtres et les choses. Même leurs idées et leurs conceptions n'ont pas le temps de refroidir ou de s'engourdir. Elles doivent constamment être remises en question, car ce qui était valable à un endroit ne l'est pas forcément à un autre. Ce qui semblait bon hier est mauvais aujourd'hui. Notre périple nous oblige à réfléchir, la peur qui nous tenaille nous rend intelligents. Observez-nous attentivement ! Nous avons une façon particulière de hocher la tête qui peut signifier tout aussi bien que nous sommes d'accord ou que nous réfutons une idée quelconque. Nous parlons avec les mains. Nous tournons la paume tantôt vers le haut, tantôt vers le bas en levant les sourcils, comme si nous voulions dire par là que les choses sont mauvaises telles qu'elles sont, mais qu'elles ne seraient peut-être guère meilleures si elles étaient différentes.

Je disais que nous étions d'une sédentarité quasi religieuse. J'entendais par là que le mouvement est notre chemin et le repos notre but. Vous savez peut-être que pour prendre congé les uns des autres, nous employons la formule : « L'année prochaine à Jérusalem ». C'est une façon de demander au Tout-Puissant de mettre un terme à notre douloureux voyage, de nous accorder la fin de notre fuite éperdue afin que nous puissions enfin trouver refuge dans le port paisible de l'immobilité.

C'était un jour de décembre glacial. Il avait neigé pendant la nuit. Stanislau, d'ordinaire grise de poussière, avait revêtu un manteau d'hermine. Le cocher était assis sur son siège et suçait sa pipe, éteinte depuis longtemps à cause du froid. Tout ce que possédaient les Rosenbach était entassé sur la voiture. Jana, Malwa et Leo étaient assis à côté du cocher. Leo tenait entre ses jambes un pied en bois sur lequel était monté son appareil photo. Le photographe de la Cour serrait les dents, en proie à une rage sans nom.

« Si seulement j'étais resté à Munich, autrefois ! marmonnait-il entre ses dents. Je me demande ce qu'un homme raisonnable peut bien venir chercher à Stanislau.

— Je me le demande aussi ! commenta Jana sans pitié. Si tu étais resté à Munich, tu ne m'aurais pas épousée. Mais personne ne voulait de toi là-bas. »

Malwa semblait ne pas entendre les méchants propos de sa mère.

« Je hais ce patelin du plus profond de mon cœur, mais vendredi, nous serons à Vienne, et samedi, j'aurai oublié tout cela.

— C'est ici que tu as vu le jour, Malwa, répondit Jana tristement, et moi aussi. »

La voiture traversa en cahotant le pont de la gare et passa à côté de la maison où habitait Dachynski. Jana jeta discrètement un coup d'œil vers ses fenêtres et poussa un profond soupir :

« Je laisse bien des choses dans cette ville...

— Ce ne sont que des traces dans la neige », commenta Leo, sans se douter du cynisme de sa remarque. « Elles disparaîtront elles aussi au dégel. »

Jana ne répondit pas. Elle jeta à son mari un regard empreint d'animosité. Malwa sentit la tension qui régnait entre ses parents, et elle tenta d'égayer un peu son père.

« Vois-tu le balcon, là-haut, avec les garnitures vertes et les barreaux rouillés ?

— Que m'importe !

— C'est là qu'habite Dachynski, mon professeur de grec.

— Qu'il aille au diable !

— J'avais rendez-vous à 9 heures avec lui. Il doit m'attendre en ce moment et ne sait même pas que nous sommes partis.

— Qu'il attende, cet imbécile.

— Comment peux-tu parler ainsi ? Tu ne le connais même pas.

— Je connais cette ville et ses habitants. Ce sont tous des bandits, sans exception.

— Dis-moi, Papa, c'est mieux, Vienne ?

— C'est une énorme ville de plusieurs millions d'habitants, mon enfant. Mozart et Schubert y ont vécu.

— Tu ne parles que des morts. Ce sont les vivants qui m'intéressent. Quel genre de gens vivent à Vienne, Papa ?

— L'élite de la monarchie, tout ce qui a rang et nom dans le pays. Et surtout le premier d'entre eux, l'empereur. »

Jana fit une moue dédaigneuse, chercha quelque chose dans son sac et lança :

« Je suppose que Sa Majesté nous attendra à la gare, avec une fanfare et l'héritier du trône en personne.

— C'est le seul chef d'État au monde qui nous accorde sa protection. Il nous appelle ses juifs bien-aimés.

— Je ne m'en sens nullement honorée, Leo. Et si tu te remets à faire des dettes en jouant aux cartes, j'imagine qu'il les paiera à ta place.

— A Vienne, une vie nouvelle commencera pour nous, tu le sais très bien.

— Je le sais, Leo, mais tu as déjà commencé beaucoup de vies nouvelles par le passé.

— Pourquoi être si découragée, tout à coup, Maman ? », dit Malwa qui avait remarqué que Jana avait les larmes aux yeux.

« Moi, découragée ? Qui est-ce qui s'est enfui ? Pas moi tout de même ! Qui a eu peur de cette bande d'étudiants ?

— Aurais-je dû me battre avec eux ? rétorqua Leo, cela vous aurait bien arrangées, toutes les deux, n'est-ce pas ? Ils m'auraient défiguré, assassiné, et tout cela parce que j'ai osé photographier ma fille dans leurs guenilles. Je ne suis pas fou. Ils m'auraient écartelé, ces chiens, et ensuite ? Qui aurait nourri ma famille ? »

Jana continuait de fouiller dans son sac. Elle trouva enfin ce qu'elle cherchait. C'était le médaillon que Dachynski lui avait laissé en gage. Elle le serra dans sa main et pleura doucement. Elle n'entendait pas les justifications que Leo continuait de lui donner :

« Je ne suis pas un spadassin, non ? Il faudrait que je me batte en duel pour sauver mon honneur, que je me trouve des témoins et une arme ? Je me fiche de ce genre d'honneur. Mon honneur n'est pas de la même nature que le leur et inversement. Belle racaille que ces nobles messieurs ! Qu'ils soient issus de la première, de la deuxième ou de la troisième famille noble ! Ce sont tous des truands. N'ai-je pas raison ?

— Bien sûr que tu as raison, Papa, mais avec un peu de retard. Jusqu'à hier, tu leur léchais les bottes, à ces moins que rien. Maintenant, tu te rends compte que ton univers n'était qu'illusion.

— Qu'aurais-je pu faire d'autre, pour l'amour du ciel ?

— Tu aurais dû rester et combattre ! » dit Jana en se mouchant et en séchant ses larmes. « Mais pas avec le sabre, bien entendu. Il existe d'autres armes. »

Le cocher vida sa pipe et grommela :

« Nous sommes arrivés à la gare, messieurs-dames. Tout le monde descend. »

IX

Jim Weissplatt avait décidé de faire des onze frères Kaminski la meilleure équipe de football d'Amérique. Cela faisait bien rire ses concurrents qui se disaient qu'il était devenu complètement fou. Ses amis hochaient la tête sans comprendre et se demandaient ce qui lui arrivait. Ses employés rayonnaient de joie maligne, mais ils évitaient prudemment de commenter l'événement. Sa jeune femme, en revanche, se tordait les mains et se lamentait :

« Tu vas nous précipiter dans le malheur, James. Si tu continues comme cela, je me suicide. »

Mais Jim ne se laissa pas intimider. Il savait ce qu'il faisait. Il avait lu la Bible, même si la religion le laissait indifférent. Il n'allait qu'une fois par an à la synagogue et pouvait jurer comme un charretier. Il ne savait même pas vraiment prier, mais la Bible lui plaisait.

« *A sensational book*, avait-il coutume de dire. *A best-seller* où nous apprenons beaucoup de choses utiles pour la vie, car il est écrit dans le livre saint que nous étions un peuple de champions et nous étions capables alors d'anéantir nos ennemis les plus puissants tant que nous avons cru à notre cause.

— A quelle cause ? lui demandait-on de temps en temps.

— Peu importe, pourvu que ce soit une cause », répondait-il invariablement.

Pour être tout à fait sûr de son affaire, Jim Weissplatt rendit visite à Mr. Goldbloom. C'était un événement tout à fait exceptionnel, car Mr. Goldbloom était le rabbin de la 14e rue et il était célèbre pour son intolérance à l'égard des juifs trop tièdes, les « demi-kashers », comme il les appelait. Et Jim Weissplatt n'était même pas un « demi-kasher », c'était carrément un païen, un pécheur aux yeux du Seigneur, qui mangeait du jambon quand il en avait envie et qui se souciait des préceptes religieux comme d'une guigne. Cela ne l'empêcha pas toutefois de se rendre chez le rabbin pour lui demander si c'était *a good business* de créer une équipe de football juive et pour savoir ce qu'il en pensait. Le saint homme, qui flaira immédiatement une occasion de se faire de la publicité, se montra étonnamment compréhensif et conciliant. Il regarda Weissplatt droit dans les yeux et se frotta le nez avec l'index, l'air pensif.

« D'une part, c'est *a bad business* parce qu'on peut perdre facilement. Mais d'autre part, c'est *a good business* parce qu'on peut éventuellement gagner. Les goïm — Dieu les punisse ! — pensent que nous sommes forts dans notre tête, mais que nos jambes sont faibles. C'est pourquoi ils vont sous-estimer la force de nos muscles et se dire qu'il suffira de nous pousser du petit doigt pour nous faire tomber. *That is a chance,* Mr. Weissplatt. Nous pouvons les écraser, tant par la tête que par les jambes. Quel prodige a accompli Samson, le descendant de Dan ? Il a déchiqueté un lion qui était dix fois plus fort que lui. Et le petit David n'avait l'air de rien, et pourtant, il a conquis la forteresse de Sion. Il a battu les Moabites, écrasé les Syriens et tué Goliath qui se moquait de lui et qui était deux fois plus vigoureux que lui. Une faible femme s'est attaquée aux habitants de Canaan qui possédaient neuf cents chars et une armée si impressionnante que les cieux étaient assombris par leurs lances, mais elle les a vaincus tout de même, parce qu'elle combattait pour la bonne cause...

— Concrètement, Mr. Goldbloom, que dois-je faire de mes neveux ?

— Tes neveux gagneront s'ils servent une noble cause, mais...

— Mais quoi ? », demanda Weissplatt, que l'hésitation du rabbin inquiétait.

« Mais ils perdront s'ils sont d'aussi damnés pécheurs que toi. Ils joncheront le terrain de football comme du fumier s'ils sont aussi idolâtres que leur oncle, s'ils adorent Mammon et Baal...

— Ils n'adorent ni Mammon ni Baal, mais la révolution prolétarienne. Ils ne cherchent pas la richesse, mais la pauvreté. Ils croient au socialisme et sont persuadés que nous sommes tous égaux sur terre et aux cieux. Est-ce une bonne ou une mauvaise cause ?

— S'il s'agit d'une foi qui les anime, c'est une bonne cause. Mais s'il s'agit d'un savoir qu'ils croient posséder, c'en est une mauvaise. L'homme doit croire à l'impossible, il s'élève ainsi vers Notre Seigneur. En revanche, l'homme ne sait que ce qu'il voit, ce qu'il possède, ce qu'il peut toucher de ses mains, toute la saleté du quotidien, et cela l'entraîne vers le bas, dans le cloaque. Tu dis qu'ils croient à la pauvreté, à la victoire des faibles sur les forts, des bons sur les méchants comme Samson, David et Deborah. Ils ne s'inquiètent pas de leur récompense, mais combattent comme les juifs de la Bible. Ils mènent courageusement une lutte désespérée. C'est bien. Ils gagneront.

— Et qu'arrivera-t-il si leurs adversaires ont eux aussi la foi ? S'ils mènent un combat encore plus désespéré que celui de mes *boys* ?

— Dans ce cas, les autres gagneront, Mr. Weissplatt, et maintenant, rentre chez toi, âme égarée. J'ai à faire...

— *Okay,* répondit Weissplatt, je créerai cette équipe de football. Mes neveux sont complètement cinglés, ce sont les plus grands rêveurs qui soient entre l'Alaska et le Brésil. Je gagnerai beaucoup d'argent grâce à eux, c'est l'essentiel. »

Uri Taubenschlag était l'entraîneur le plus cher de New York, et c'est pourquoi il était aussi, de l'avis des Américains, le meilleur. Il possédait un gymnase près de Grammercy park où il formait l'élite sportive des États-Unis. En fait, il serait plus juste de dire qu'il la dressait, car il employait la manière forte pour amener ses élèves à accomplir les plus hautes performances. Les athlètes les plus célèbres étaient passés entre ses mains : James Rector, médaille d'argent aux jeux Olympiques sur cent mètres ; Martin Sheridan, médaille d'or au lancement du disque ; George Dole, champion du monde de lutte ; Harry Porter, champion olympique de saut en hauteur. Bref, il n'y avait pas un escrimeur, pas un nageur, pas un coureur qui n'eût gagné ses galons dans le gymnase de Grammercy park. Uri Taubenschlag appelait son école *Manhattan Academy of Athletics,* et ce nom était à lui seul une garantie de qualité. Jim Weissplatt lui demanda un rendez-vous et se renseigna sur le montant de la somme qu'exigerait Uri pour faire de ses onze neveux des joueurs d'élite. Taubenschlag répondit qu'il ne voulait pas d'argent liquide, mais qu'il exigeait une participation aux bénéfices.

« Une participation aux bénéfices ? demanda Weissplatt, comment savez-vous qu'ils vont gagner ?

— D'abord, mes sportifs gagnent toujours. Ensuite, vous êtes un avare notoire et vous n'investiriez pas un sou dans cette équipe si vous aviez le moindre doute à son sujet.

— D'accord. Je vous offre dix pour cent.

— Allez voir la concurrence, Mr. Weissplatt !

— Douze pour cent, mais je trouve que vous exagérez.

— Prenez donc O'Brian. Il est moins cher que moi.

— Quinze, mais c'est mon dernier mot.

— Cinquante, Mr. Weissplatt, pas un sou de moins ! »

Weissplatt signa le contrat parce qu'il n'avait pas le choix. Il était tellement impressionné par la marge bénéficiaire que Taubenschlag était parvenu à lui extorquer qu'il se mit à croire vraiment à la victoire de ses *boys.*

Un an plus tard, Jim Weissplatt se rendit au gymnase de Grammercy park, et il fut ébloui. En l'espace de douze mois, les onze intellectuels au crâne rasé s'étaient transformés en athlètes musclés. Il en fut impressionné au-delà de tout ce qu'on peut imaginer, car il était Américain et croyait aux vertus primitives du corps. Ils étaient là, ses neveux, ils s'exerçaient au cheval d'arçons et à la barre fixe, aux barres parallèles et au grimper de corde, à l'espalier et aux anneaux. Il vit Herschele, athlète au corps de marbre, se préparer au saut périlleux. Plus loin, Ber, débordant d'énergie, exécutait une figure au cheval d'arçons. Benzion, cet être délicat, s'était métamorphosé en haltérophile. Chloïme, si fragile autrefois, était devenu un boxeur herculéen qui tapait sans relâche sur un punching-ball. Les yeux de l'oncle se mirent à briller.

« Ces garçons sont extraordinaires, Mr. Taubenschlag.

— Dans un an, ils seront extraordinaires.

— Je les emmène. Pour moi, ils sont au point.

— Dans douze mois, au plus tôt.

— Je vous ai déjà payé cent soixante-quinze mille dollars, *Sir.* J'ai loué un appartement pour ces garçons, dans le Bronx. Ils mangent chez Woolf's, dans la 5e avenue. Un jour, ils ont besoin d'un médecin, le lendemain, d'un dentiste. Il faut qu'ils jouent dans trois mois, sinon, je suis ruiné.

— J'ai dit : dans un an. Pas un jour de moins.

— Dans trois mois, et si c'est impossible, changez de méthode.

— Ma méthode est célèbre dans le monde entier.

— Pour les goïm, Mr. Taubenschlag, mais pas pour les neveux de Jim Weissplatt. Mes garçons sont de sacrés numéros. Il ne suffit pas de leur faire faire de l'exercice.

— Et quoi d'autre ? Vous voudriez peut-être que je prie avec eux ?

— Vous devez les motiver. Comprenez-vous ?

— Non.

— Si vous parvenez à les motiver, vous gagnerez votre premier match dans trois mois et dans six mois les quarts de finale.

— Et comment vous y prendriez-vous, Mr. Weissplatt ?

— Je ne suis pas athlète, Mr. Taubenschlag, mais je leur expliquerais qu'en fait, ils ne jouent pas au football, qu'ils participent, sur le terrain de football, à la lutte des classes. Je leur démontrerais que leurs adversaires fomentent un complot impérialiste ou que sais-je encore. Je leur dirais que ceux d'en face sont des porcs réactionnaires et que l'enjeu n'est pas la coupe, mais la révolution mondiale.

— Et vous voudriez que je leur raconte tout cela pour une marge bénéficiaire de cinquante pour cent ? Ces bêtises méritent bien un supplément de cinq points.

— Deux points, Mr. Taubenschlag, et faites ce que je vous ai demandé. Je vous donne trois mois. »

1908 fut une année riche en rebondissements. Paul Ehrlich inventa le Salversan, le premier médicament chimiothérapique contre la syphilis. Frederick Cook fut le premier à rejoindre le pôle Nord. Rockefeller offrit un demi-milliard de dollars pour la promotion de la science, Weissplatt signa un contrat complémentaire pour la motivation politique de la première équipe de football juive d'Amérique, et Jankl Kaminski se rendit au théâtre pour la première fois de sa vie. Je dis cela comme s'il s'agissait d'une chose naturelle, et pourtant, ce fut un événement dans l'histoire de la famille, un accroc dont on préférerait ne pas parler. Cela revenait en quelque sorte à se détourner de Dieu, car aller au théâtre est un sacrilège. Ce n'est pas écrit dans la Bible, mais c'est un sacrilège tout de même. Le théâtre est un art de l'imitation et c'est donc un péché parce qu'il tente d'imiter le Créateur, ou même pire, il essaie de le corriger. Le premier rabbin venu vous expliquera que le théâtre est une audace sans pareille aux yeux de Dieu, qu'il ne faut pas se mêler des affaires du Tout-Puissant ou lui montrer à quoi le monde qu'il a créé devrait ressembler. N'importe quel juif sait cela et n'a pas besoin d'en discuter ou d'y réfléchir. Il n'est pas nécessaire de nous prouver que les comédiens sont des gens douteux. Nous le savons, un point c'est tout. Pour Jankl aussi, c'était une évidence, bien qu'il n'eût jamais pris la peine de réfléchir à ce problème ni de se forger une opinion personnelle à ce sujet. Il était tout simplement intimement convaincu que rien de sérieux ne pouvait se produire sur une scène. En tout cas, rien d'utile, et ce qui n'est pas utile déplaît à la Providence...

X

On ne peut pas affirmer que la vie de Jankl ait été d'une très grande utilité jusqu'au jour où il se rendit au théâtre. Les activités auxquelles il s'adonnait dans les bistrots ou avec les filles légères n'avaient rien d'utile ou de pieux. Mais il ne réfléchissait pas beaucoup à ces choses. Il méprisait les gens de théâtre, sans les connaître, parce qu'ils n'étaient à ses yeux que des illusionnistes, des bouffons et des faiseurs de tours. C'étaient des marginaux, des déchets de la société qui ne correspondaient ni à sa conception de la vie ni à ses goûts. Pourtant, Jankl était un vieil hérétique, tout ce qui était un péché aux yeux de la religion l'attirait et exerçait sur lui une fascination féroce. Il se moquait des commandements de la religion et l'on ne le voyait que rarement à la synagogue. Pourtant, il trouvait déplacé d'aller au théâtre et il avait réussi le tour de force soixante ans durant de faire un grand détour pour éviter tout ce qui, de près ou de loin, avait un rapport avec une scène de théâtre. Ce jour-là, malgré toutes ses réticences, il s'y rendit tout de même en invoquant une raison tout à fait frivole : dans la pièce qu'il allait voir jouait une jeune fille dont on disait qu'elle était la comédienne la plus irrésistible de tous les temps. Ce jugement était bien sûr exagéré, comme le sont toujours les choses qui concernent le monde du spectacle. Je dois d'ailleurs ajouter que l'on dit de tous les membres de ma famille qu'ils ont un don pour le théâtre et sont affectés d'une tendance irrépressible à l'exagération. A dire la vérité, je n'y vois personnellement aucun mal. Au contraire. Il y a dans l'exagération une tendance à souligner l'essentiel et à aller au fin fond des choses. La poésie ou la peinture ne sont-elles pas, elles aussi, une forme d'exagération ? En prétendant que cette jeune fille était la comédienne la plus irrésistible de tous les temps, on disait simplement qu'elle était incomparable et qu'elle exerçait sur son public une fascination hors du commun. C'est la vérité, et l'affirmer ne signifie pas le moins du monde qu'on travestit la réalité. Cette actrice était un phénomène, et il ne serait venu à l'idée de personne d'en douter. Elle avait des yeux couleur d'émeraude, une chevelure rousse et la voix nostalgique du rossignol par une douce nuit de mai. Les journaux rivalisaient de superlatifs à son sujet : selon eux, elle ne se contentait pas d'imiter les choses de la vie, mais les recréait en leur donnant une dimension nouvelle. Chaque personne qu'elle interprétait devenait sublime et mystique. Elle semblait brûler d'un feu intérieur lorsqu'elle disait son texte qui jaillissait de sa bouche comme une pluie d'étincelles. Elle suscitait chez les gens qui l'écoutaient un trouble agréable, une agitation fiévreuse, etc. Tout Varsovie parlait d'elle, même si ceux qui avaient eu l'occasion de l'admirer étaient relativement peu nombreux. Des milliers d'hommes étaient amoureux d'elle. Rachel Feigenbaum — tel était son véritable patronyme — était devenue la coqueluche de la saison.

A l'exception de la loge d'honneur, toutes les places du théâtre étaient réservées pour plusieurs mois. Pour le patriarche, ce fut une raison suffisante de se déplacer. S'il n'y avait plus de places, il fallait que Jankl Kaminski prouvât qu'il saurait se débrouiller pour en trouver. Il n'existait rien que Jankl Kaminski ne pût obtenir :

« Une loge, dites-vous ? Comme il vous plaira, je peux aussi bien prendre une loge. Combien dites-vous ? Cent roubles ? Depuis quand une place de théâtre coûte-t-elle cent roubles ? Comment ? Weizmann a payé cent trente roubles ? Dans ce cas, donnez-moi une place à cent quarante roubles. Elle peut même être un peu plus chère, mais dites-moi surtout quelle pièce on joue. *Roméo et Juliette* ? Qu'est-ce que c'est ? Je n'en ai jamais entendu parler. Je ne les connais ni l'un ni l'autre. Vous voulez que je vous donne mon nom ? Ah bon. Mais envoyez le billet au magasin, discrètement si possible. Je m'appelle Jankl Kaminski et j'habite Ulica Freta, au numéro 14. »

Le théâtre Varchavski se trouvait dans la rue Novy Sviat et c'était l'un des immeubles les plus beaux du centre-ville. Sa façade, avec ses hautes fenêtres baroques et ses colonnes de marbre noir étincelant, avait quelque chose de digne et de noble. C'est

Jankl Kaminski qui se rendit dans la salle ronde du foyer, mais c'est un homme, tout simplement, qui déposa son manteau à la garde-robe. Un feu d'artifice de parfums lui fouetta le visage lorsqu'il monta l'escalier d'honneur. Il sentit l'odeur du jasmin et de la fleur d'amandier, de la violette et de la rose, et fut troublé par le parfum des femmes. Sur de petits socles de marbre, il vit des statues d'hommes imposants dont les noms à eux seuls inspiraient le respect : Aristophane, Eschyle, Shakespeare, Molière, Pouchkine. C'étaient des noms bizarres que l'on ne connaissait pas à la Bourse et qui ne figuraient pas dans le registre de commerce de la ville. Il était tout simplement impossible d'être un barbare dans un environnement pareil, et le vieux Kaminski eut une réaction qui le surprit lui-même. Il acheta le programme et se mit à le feuilleter sans le vouloir...

C'est ainsi que commença cette soirée mémorable qui eut pour ma famille les conséquences les plus inattendues. Quand le rideau se leva à 8 heures précises, Jankl eut l'impression de se trouver sur une autre planète. Les comédiens se déplaçaient avec une grâce incomparable sur la scène. Ils ne parlaient pas, ils déclamaient majestueusement. Des mots traversaient l'air comme des oiseaux exotiques. Certes, Jankl Kaminski avait l'impression de les connaître, mais un homme comme lui n'aurait jamais eu l'idée de les utiliser :

Ô Roméo ! Roméo ! pourquoi es-tu Roméo ?
Renie ton père et renonce à ton nom ;
Ou si tu ne le veux point,
Jure de m'aimer,
Et je ne serai plus Juliette.

Le patriarche hocha la tête d'un air désapprobateur et se pencha vers sa voisine :

« Je ne comprends pas ce qu'elle veut. Elle veut changer de nom, ou quoi ?

— Chut !

— Elle s'appelle Juliette, c'est pourtant un joli nom.

— Silence, monsieur. Nous sommes au théâtre.

— Je vous ai demandé si elle s'appelait Juliette. »

Un murmure de réprobation s'éleva alentour, et Jankl préféra cacher son visage derrière son lorgnon.

Seul ton nom est mon ennemi,
Tu n'es pas Roméo, tu es toi-même.
Ainsi, quand Roméo ne s'appellerait plus Roméo
Il conserverait encore
Les dons précieux qui sont siens...
Roméo, renonce à ton nom ;
Et à la place de ce nom qui n'est pas toi,
Prends-moi tout entière !

Jankl était complètement dépassé par ce qu'il entendait. Ou bien on a un nom, ou bien on n'en a pas. Elle s'appelle Juliette et veut changer de nom. Il s'appelle Roméo et devrait lui aussi s'appeler autrement. Et tout cela parce qu'on est amoureux. Quel est le sens de ce discours ? Le vieux Kaminski avait très envie de quitter le théâtre, mais finalement, il resta tout de même.

« Ces gens sont soûls, grogna-t-il. Personne ne parle ainsi. Qui sait ce que signifient ces bredouillements ? Ils ont probablement un sens, mais moi, je ne le comprends pas. Et pourtant, c'est bien dit, c'est du nectar pour l'oreille, mais pourquoi diable parlent-ils de façon aussi guindée ? Mais pourquoi ne disent-ils pas simplement ce qu'ils pensent ? Ils pourraient peut-être s'ils le voulaient, mais ils sentent qu'on ne peut pas exprimer ces choses-là en termes courants. Il est possible que leur cœur soit si gros que le langage de tous les jours ne suffit pas pour le soulager. La Bible non plus n'est pas écrite avec des mots de la vie quotidienne. Mais il serait peut-être préférable qu'ils s'expriment de façon plus simple, cela me permettrait au moins de les comprendre. Je me demande si j'ai jamais eu le cœur aussi gros. C'est arrivé une fois, je crois, à la naissance de mon fils cadet. Herschele, que Dieu le protège ! Ce fut la nuit la plus sombre de mon existence. J'ai bien cru que Noémie ne survivrait pas et le petit non plus. Noémie était couchée dans son lit et fixait le plafond, le regard vide. L'enfant avait la peau grise et avait du mal à respirer. Je m'en souviens parfaitement. J'ai dit à ma femme : “ Noémie, reste encore quelques années avec moi, ne me laisse pas seul. ” Et Noémie m'a répondu alors d'une voix éteinte : “ A quoi bon ? ”

« Cette terrible réponse m'a abattu. A quoi bon ? Je me suis précipité vers la fenêtre. Je voulais voir le fleuve, derrière la maison, et les nuages dans le ciel. Je voulais crier, mais je n'y arrivais pas. Ma voix se cassait dans ma gorge. Je me suis soûlé. Pendant trois jours et trois nuits. Quand j'ai retrouvé mes esprits, Noémie était assise dans un fauteuil. Immobile. Seules ses mains bougeaient : elle tricotait des gants minuscules. C'est alors que je compris que Herschele était vivant, qu'ils l'étaient tous les deux. Je me suis précipité une deuxième fois vers la fenêtre pour crier mon bonheur, mais je n'ai pas eu plus de succès que la fois précédente. Ma voix me fit à nouveau défaut. Et dans ma tête résonnaient ces mots terribles : à quoi bon ? Je compris tout à coup ce qu'elle avait voulu dire. Je ne l'embrassais jamais. Je lui avais fait seize enfants, mais nous n'étions jamais tendres l'un avec l'autre. Elle ne m'aime pas. Elle n'a d'ailleurs aucune raison de le faire. Cette pièce de théâtre va me faire éclater la tête. »

Tu sais que le masque de la nuit voile mon visage,
Sans cela, une rougeur virginale colorerait mes joues
Pour les mots que tu m'as entendu prononcer ce soir.
Dis-moi si tu m'aimes.
Ô noble Roméo, si tu m'aimes
Dis-le-moi sans détour.

« Elle ne m'a jamais demandé si je l'aimais. Elle ne veut pas le savoir. Si elle avait dit un mot seulement, je serais devenu un autre homme. Je ne suis qu'une source tarie, un vieillard pétrifié. Mes fils m'ont rejeté, ma femme ne me parle plus, et bientôt, ma dernière heure sonnera, mais je ne veux pas encore m'en aller. J'ai gâché ma vie entière. Il faut que je la rattrape. Ô mon Dieu, je suis ton fils perdu. Ne me rejette pas ! »

Jankl Kaminski écoutait la voix du rossignol et ressentait le désir ardent de le prendre dans ses bras. Il lui semblait qu'elle parlait pour lui. Il était tout seul dans sa loge à cent quarante roubles, juste au-dessus d'elle. Il était sûr qu'elle le regardait. Chose pareille ne lui était encore jamais arrivée. Elle parlait à son cœur, elle s'introduisait dans son for intérieur, elle le sortait d'un demi-sommeil qui avait duré soixante ans. Il se leva tout à coup et quitta la loge sur la pointe des pieds, sans faire de bruit, pour ne pas la contrarier. Un huissier à moitié endormi était assis dans le couloir. Jankl lui donna vingt roubles :

« Allez me chercher vingt roses.

— De quelle couleur, monsieur le baron ?

— Rouges, jaunes ou blanches, peu importe, mais dépêchez-vous, s'il vous plaît. »

Jamais de sa vie il n'avait dit « s'il vous plaît », mais ce jour-là, il parlait le langage des anges, et de surcroît avec un huissier tout à fait ordinaire qui puait le *bimber.* Lorsqu'il retourna à sa place, il lui sembla avoir rajeuni de vingt ans. Quelque chose avait changé en lui. Il appartenait désormais corps et âme à cette vénérable maison avec son foyer rutilant, ses doux parfums et l'oiseau de paradis qui gazouillait sur la scène :

Viens, Roméo, toi la lumière du sombre firmament,
Car tu reposeras sur les ailes de la nuit
Comme la neige nouvelle sur le dos d'un corbeau.
Viens, ô chère et tendre nuit !
Viens, donne-moi mon Roméo !
Et quand il sera mort,
Prends-le, coupe-le en petites étoiles,
Et il embellira tant la face du ciel
Que l'univers tout entier s'éprendra de la nuit.

Personne ne s'exprimait ainsi, Jankl en était sûr. Mais qu'importait ? C'était la façon de parler de Juliette, et c'était suffisant. D'ailleurs, Juliette n'existait pas. Elle s'appelait Rachel Feigenbaum. Elle était une jeune fille de chair et de sang, elle ne pouvait pas parler de cette façon. C'était tout à fait impossible. Elle mangeait et buvait certainement. Elle devait payer un loyer, faire ses courses, parler au boulanger et au laitier. C'était une consolation pour le vieux Kaminski. Ces choses n'existaient que sur scène, mais pas dans la vie. Elle n'était pas un ange, Dieu merci. Elle était une femme, et on pouvait la conquérir. Jankl voulait la séduire comme il séduisait tout ce qui mettait ses sens en éveil. Il fallait qu'il la possède. C'est alors que s'ouvrit la porte de la loge. L'huissier entra et lui remit les roses juste au moment où la pièce se terminait et que le prince disait :

Cette matinée ne nous apporte qu'une paix sinistre,
Le soleil se voile de douleur.
Venez, parlez-moi encore de ces choses cachées
Afin que je décide des graciés et des punis.
Car jamais le monde ne vit destin plus cruel
Que celui de Juliette et de Roméo

Le rideau tomba. Les deux amants étaient morts. Les spectateurs avaient le cœur serré, personne n'osait bouger, et tous crurent rêver en voyant le rideau de scène s'entrouvrir pour laisser apparaître cette jeune fille céleste. Elle venait saluer le public. Mille spectateurs se levèrent alors et un tonnerre d'applaudissements éclata. Un miracle s'était produit. Juliette avait ressuscité des morts. Elle souriait à la foule qui lui faisait une ovation. Le patriarche fut emporté lui aussi par cet ouragan et frappait dans ses mains comme un fou, sans savoir à qui s'adressait son enthousiasme, à la pauvre Juliette, à la belle Rachel ou à lui-même, qui venait d'entrevoir un monde meilleur. Il applaudit jusqu'au dernier moment, et même un peu plus longtemps. Le public sortait déjà de la salle lorsque la comédienne fit une dernière apparition devant le rideau. Jankl s'arma de tout son courage et jeta le bouquet de roses à ses pieds. Elle leva les yeux vers la loge, l'air étonnée.

« Chacune de ces roses est une goutte de sang de mon cœur ! », lui lança-t-il.

A partir de ce jour-là, on vit Jankl occuper soir après soir la même loge. Il assista des douzaines de fois à la mort du couple d'amants immortels, et à chaque fois, il était subjugué par la magie du théâtre. Je ne peux pas affirmer qu'un véritable retournement s'était opéré en lui, il était trop endurci pour cela. Il était resté le barbare qu'il avait toujours été, ou presque, il se soûlait dans les tavernes et courait le jupon. Chez lui, il tyrannisait sa famille. Dans son usine, depuis son bureau, il surveillait de son regard de négrier les ouvrières. Il continuait de renier ses fils et était toujours convaincu que sa bonne étoile le protégeait et qu'il pouvait obtenir tout ce qu'il désirait. Désormais, c'était comme si la loge qu'il occupait à gauche au-dessus de la scène lui appartenait, car il l'avait louée jusqu'à la fin de la saison. Tous les soirs, il jetait des roses sur la scène quand l'incomparable actrice venait saluer après la représentation, mais ce n'était plus simplement une façon de rendre hommage à son art. Son désir avait pris corps, il se reflétait déjà sur l'actrice, sur sa peau blanche comme le lis. Il rêvait de ses lèvres, de son cou, de ses seins. Il avait décidé de conquérir cette femme, et quand Jankl Kaminski s'était mis une idée en tête, il fallait qu'elle se réalisât tôt ou tard.

Et pourtant, il avait peur. Il n'avait jamais pensé jusque-là qu'il était vieux, qu'il mourrait un jour, qu'il pouvait avoir lui aussi ses limites. Rachel se chargea de le lui rappeler. Voilà ce qu'il y avait de nouveau, d'inhabituel dans cette histoire : il avait toujours coutume de raconter par le menu à ses compagnons de beuveries quelles femmes il avait séduites et celles qu'il allait conquérir. Désormais, il garda le silence et devint cachottier, ce qui prouvait à quel point il était marqué par cette expérience. Il était amoureux. Son désir était si fort qu'il en avait des maux de tête, mais il ne trouvait pas le courage d'adresser la parole à la jeune fille et cela, c'était nouveau. Bien sûr, il jetait des roses à ses pieds après chaque représentation et lui lançait ses compliments, mais il cachait ainsi la véritable dimension de ses sentiments derrière la publicité qu'il donnait à ces manifestations bruyantes. On ne pouvait pas le prendre au sérieux tant qu'il déclarait sa flamme devant un millier de personnes. Tous pensaient qu'il n'était qu'un vieux fou, fort en gueule, certes, mais une gueule édentée. Ils se trompaient. Il avait encore toutes ses dents et pouvait mordre. Il était capable de casser des noix entre ses mâchoires. Il était fort comme un lion. Et là-haut, dans sa loge, il se penchait vers la scène et criait par exemple : « Je m'ennuie de toi, fleur de pêcher ! » ou bien : « Je dépose un baiser sur tes yeux, belle enfant ! » Quand les spectateurs de la loge voisine lui disaient de se comporter convenablement, il hurlait encore plus fort : « Je t'aimerai pendant cent ans, au son des tambours et des trompettes ! »

Il en alla ainsi durant tout l'hiver jusqu'aux premiers jours du printemps. Jankl commençait à alimenter la rumeur publique. Un journal à sensation publia même une caricature de lui. Il y avait des gens qui n'allaient au théâtre que pour assister aux effusions de ce vieillard. D'abord, cela les amusa, parce que cela bouleversait un peu les habitudes compassées de la vie du théâtre de cette époque. Mais peu à peu, la chose se transforma en un véritable scandale. Au début, les gens firent des remarques spirituelles, puis ils commencèrent à se plaindre et à la fin, des commentaires déplaisants se faisaient entendre çà et là :

« C'est bien un juif, celui-là ! Ils sont tous obsédés et mal élevés. Que vient-il faire au théâtre ? »

Personne ne semblait s'être aperçu que Rachel était juive elle aussi. Elle était trop jeune et trop belle pour qu'on veuille s'en rendre compte. Le véritable scandale ne se développa qu'à partir du moment où son admiration commença à devenir importune.

Un jour de mars, le patriarche ressentit le besoin irrésistible de mettre un terme à sa relation platonique et de passer à l'attaque. La glace commençait à fondre sur les berges de la Vistule, un vent tiède soufflait sur la ville, on apercevait la pâle clarté de la lune entre deux nuages, et Jankl savait qu'il fallait qu'il fasse quelque chose, car sinon, il n'arriverait jamais rien. Le cœur battant, il se rendit au théâtre. Il gravit l'escalier d'honneur en serrant les dents. Ce soir-là, il provoqua le plus grand scandale de toute la saison. Il renonça à acheter des roses, il garda même le silence après la représentation, ce dont le public prit acte avec des hochements de tête désapprobateurs. Une certaine déception gagna peu à peu l'assistance, et certains disaient même que la représentation n'avait peut-être pas été aussi bonne que d'habitude. Rachel en eut un pincement au cœur, car elle s'était habituée aux manifestations de ce millionnaire bizarre. Que se passait-il ? Avait-elle mal joué ? Ou bien avait-elle perdu de son charme ? Pour elle, il était clair que la soirée était gâchée. Elle regagna sa loge, d'humeur maussade, et se regarda dans la glace. Elle ne se plaisait pas du tout, ce soir-là. La morosité s'empara d'elle. Elle se déshabilla et se démaquilla. Elle trouvait son visage fade et commun :

« J'ai été nulle, ce soir, confia-t-elle à Rychlitzova, la vieille habilleuse qui lui enlevait sa perruque.

— Tu n'as pas été nulle du tout, mon enfant.

— Je ressemble à un vieux fromage. Je me trouve vraiment insupportable, ce soir.

— Dieu m'est témoin que tu es aussi belle qu'une cerise au mois de juin.

— Pourquoi ces compliments ? Je sais très bien que j'ai été mauvaise. Les gens l'ont remarqué.

— Les gens, les gens ! Tu sais bien que c'est la pleine lune et que tout le monde est un peu timbré en ce moment. Toi aussi, tu en es toute retournée.

— Je n'ai eu droit qu'à huit rappels. Hier, il y en a eu neuf.

— Couvre-toi, Rachel, tu vas prendre froid. »

A cet instant précis, quelqu'un ouvrit brusquement la porte.

Un homme se précipita dans la loge. Il était clair qu'il n'était pas dans son état normal. Il portait un œillet à la boutonnière et un foulard de soie autour du cou. Dans son gousset, il avait une montre en or. Il tenait un petit écrin en cuir à la main. Il s'inclina aussi bas que sa goutte le lui permettait :

« Je ne suis qu'un vieux juif et j'ai l'honneur de vous dire que je vous adore, de toutes les fibres de mon corps.

— Comment vous permettez-vous, monsieur ?

— Je m'appelle Jankl Kaminski. Je claque des dents et je grelotte. Cela fait cinq mois que je vous envoie des roses.

— Vous êtes ici dans ma loge, cher monsieur, et vous avez certainement remarqué que ma tenue ne me permet pas de vous recevoir.

— Qu'importe votre tenue ! Vous m'avez ensorcelé et je pense à vous jour et nuit.

— Je n'ai pas l'intention de recevoir qui que ce soit, monsieur. Sortez d'ici !

— Ces brillants, mademoiselle Feigenbaum, sont authentiques », murmura le patriarche en ouvrant l'écrin dont il sortit un magnifique collier. « Ils sont aussi authentiques que les battements de mon cœur quand le rideau se lève, que l'eau du fleuve et les étoiles au firmament et les étincelles que jettent vos yeux d'émeraude. Je vous prie...

— Raccompagne ce monsieur, Rychlitzova ! Immédiatement ! Je n'ai pas de temps à perdre. »

Jankl se jeta aux pieds de la jeune fille et lui tendit le collier en murmurant :

« Pourquoi êtes-vous si cruelle, mademoiselle Feigenbaum ?

— Nous ne vous connaissons pas, monsieur. Vous n'avez rien à faire ici.

— Mon cœur vous appartient, j'en perds la raison. Je suis venu pour vous offrir ce présent. Personne n'égale votre beauté dans cette ville...

— Je vous dis pour la dernière fois de sortir ou je crie !

— Acceptez mon cadeau et je m'en irai.

— Au secours !

— Je voudrais vous dire...

— Au secours !!!

— ... que je meurs d'amour pour vous.

— Taisez-vous ou vous vous en repentirez ! »

La porte s'ouvrit alors. Sokorski entra dans la loge. Il était complètement chauve et avait la peau aussi rose qu'un nouveau-né. C'était l'administrateur du théâtre, et il avait l'habitude de régler tous les problèmes possibles et imaginables.

« Vous avez appelé, mademoiselle Feigenbaum ? »

L'actrice tremblait de tous ses membres, car la loge était mal chauffée, et elle était tellement troublée qu'elle ne put dire un mot. C'est l'habilleuse qui répondit à sa place.

« Cet ours voulait nous violer.

— Et comment, chère madame ? Avec ces brillants, peut-être ?

— Avec quoi voulez-vous que ce soit, ignoble personnage ! A votre âge, on viole comme on peut !

— Eh bien ? Y est-il parvenu ? », demanda Sokorski en jetant un regard méprisant au patriarche qui était toujours à genoux.

« Il s'en est fallu de peu, répondit Rychlitzova, personne n'est capable de résister à la longue à quelqu'un qui vous tient des brillants sous le nez !

— Je m'en doutais, cher monsieur Kaminski. Nous vous avons à l'œil depuis des mois. Vous vous rendez ridicule avec vos roses, vous êtes la risée de toute la ville parce que vous vous livrez tous les soirs à vos facéties. Vous faites étalage de vos sentiments, de votre bêtise sénile. Vous importunez notre public par votre manque de tact et, le plus grave, c'est que vous compromettez la réputation d'une grande actrice en vous introduisant dans sa loge et en lui faisant des propositions indécentes, alors qu'elle est à moitié nue...

— J'ai simplement dit que je pensais à elle. Appelez-vous cela une proposition indécente ? », rétorqua Jankl en se relevant péniblement.

« A votre âge, c'est obscène.

— Je lui ai dit que je l'adorais ! Qu'y a-t-il d'obscène à cela ?

— Dans votre situation, ça l'est, car vous êtes marié. Vous avez seize enfants dont vous avez renié la moitié. Nous sommes très bien renseignés sur vous, et je me dis que vous devriez avoir honte.

— Je vais vous écraser comme un pou !

— Et moi, je vais vous faire arrêter, dépravé que vous êtes ! L'entrée de cette loge est interdite aux personnes étrangères au théâtre. C'est écrit ici en gros caractères.

— Aux personnes étrangères au théâtre, dites-vous ? Mais cela ne me concerne pas, et vous, vous êtes licencié !

— Quelles sornettes me racontez-vous là ? Vous semblez avoir complètement perdu la tête ! Quittez immédiatement les lieux, sinon j'appelle la police !

— C'est ce que nous allons voir, incapable ! »

Jankl sortit une enveloppe de sa poche. Il l'ouvrit solennellement et la mit sous le nez de Sokorski.

« Depuis 3 heures cet après-midi, ce théâtre m'appartient. Cela signifie que je suis l'unique propriétaire. Je l'ai acheté pour quatre-vingt mille roubles, au comptant. C'est moi et moi seul qui décide qui est autorisé à pénétrer ici et qui ne l'est pas. M'avez-vous compris, maintenant, misérable ver de terre ? Je suis le patron de ce théâtre, de la scène et de cette loge. Et ma première décision est de vous licencier. Je vous mets à la porte ! »

Les yeux vert émeraude de la belle Rachel se mirent alors à jeter des éclairs et elle s'écria, pleine d'indignation et la voix tremblante d'émotion :

« Si vous licenciez Sokorski, espèce de brute, je m'en vais aussi, et vous pourrez fermer boutique. Sans moi, ce théâtre n'est qu'un musée. Sokorski restera.

— Ah bon ? Qui est-il donc, ce rustre ? demanda Jankl, la gorge nouée par la jalousie. C'est votre fiancé, ou quoi ?

— C'est mon collègue. Savez-vous ce que cela signifie ? C'est un employé, un salarié comme moi. Nous sommes tous deux du même côté. Et vous, de l'autre. »

Jankl ne savait pas ce qu'il devait répondre. La jeune fille parlait le même langage que ses fils. Il réfléchit un instant, puis dit d'un ton conciliant :

« Qu'il reste, si vous y tenez tant que cela, mais à une condition.

— Laquelle ? », demanda la jeune fille avec un léger sourire, car elle sentait qu'elle avait gagné la partie.

« A la condition que vous ne soyez plus aussi méchante avec moi à l'avenir.

— Qu'entendez-vous par là ?

— Je voudrais que vous acceptiez ce collier et que vous cessiez de me lancer des regards aussi mauvais.

— Vous avez acheté le théâtre, cher monsieur. Et vous vous imaginez que je suis comprise dans le prix ?

— Je ne m'imagine rien du tout. Je suis un vieil imbécile, mademoiselle Feigenbaum. Je suis tombé éperdument amoureux de vous. Prenez ces brillants et jetez-les dans le fleuve ! Offrez-les à un mendiant, faites-en ce que bon vous semblera, mais prenez-les, je vous en conjure.

— Bien, j'accepte, mais quittez ma loge sur-le-champ !

— Me permettrez-vous de revenir ?

— Vous êtes le propriétaire, et tout vous est permis. Mais je vous demanderai à l'avenir de frapper avant d'entrer.

— Et me ferez-vous un sourire ?

— Si je suis d'humeur à sourire, je le ferai. Et maintenant, disparaissez ! »

XI

S'il y avait quelqu'un qui savait quel capital avait été investi dans les frères Kaminski, c'était bien l'entraîneur olympique Uri Taubenschlag. Il les avait travaillés pendant dix-huit mois, il connaissait chacun des onze frères comme s'il s'agissait de ses propres fils. Il leur fit rendre le maximum et fouetta leur amour-propre à l'extrême. Le jour où il accepta d'encaisser cinquante-deux pour cent de leurs recettes, il était sûr que ces gaillards allaient vaincre et qu'il ferait avec eux une affaire en or. Mais comme c'était un juif rusé, il déclara que les onze garçons étaient encore loin de leur meilleur niveau.

« Ils pensent trop, Mr. Weissplatt. C'est peut-être bon en politique — je ne m'y connais pas —, mais pour le football, on a besoin de ses pieds, *you understand?* Ber est un philosophe, un immense point d'interrogation qui se pose constamment des questions. Son frère Chloïme n'arrête pas de couper les cheveux en quatre et sait toujours tout mieux que tout le monde. Isaak est un comique qui fait des blagues au moment où il doit tirer au but. Mordechaï, lui, pourrait être au point, c'est un vrai rouleau compresseur, ce garçon, mais c'est aussi un fanatique à en perdre la raison. Moïche est un inventeur, Lasik un poète qui est constamment dans les nuages, Adam un sentimental qui a pitié de son adversaire, Ben-zion est un théoricien, Aaron a des doigts en or, mais des pieds en bois, et Herschele n'est pas un sportif.

— Je veux savoir si nous allons gagner, Mr. Taubenschlag.

— Je ne suis pas devin, Mr. Weissplatt. Tout ce que je peux dire, c'est qu'ils ont la tête trop pleine et les jambes trop faibles.

— Je veux que vous me disiez si nous allons gagner. Je suis un homme d'affaires, pas un philanthrope.

— Il est possible que nous gagnions.
— Vous touchez cinquante-deux pour cent, à ce prix vous pouvez bien me donner une réponse précise.
— Une réponse précise coûte plus cher. J'ai dit tout ce que je savais.
— Mr. Taubenschlag, écoutez-moi. Ce dont vous avez besoin, c'est une motivation politique. Sinon, nous allons perdre.
— Comment s'y prend-on pour l'acquérir, Mr. Weissplatt ?
— Je vais vous l'expliquer. »

Uri Taubenschlag était un technocrate de la vieille école. Seule sa spécialité l'intéressait, il se fichait de tout le reste. Il n'avait encore jamais entendu parler de motivation politique. Ses élèves étaient au-dessus des partis. Ils soulevaient des haltères, s'exerçaient à la barre fixe et sautaient en ciseaux au cheval d'arçons, mais ils n'avaient pas la moindre idée de ce qu'était la révolution prolétarienne. A quoi bon, d'ailleurs ? Ils se portaient à merveille et ingurgitaient quotidiennement onze mille calories. Mais les frères Kaminski étaient différents, on peut même dire que chez eux, c'était tout le contraire, voire pis encore. Or, comme l'entraîneur olympique les soupçonnait fort d'être des gagneurs, il se soumit au destin et leur tint le discours suivant :

« Demain, vous allez jouer votre premier match contre ces damnés *Goldstars.* Il est inutile que je vous explique de qui il s'agit... Ils sont financés par Ronny McCormic qui a déclaré au Sénat qu'il ne tolérerait plus la présence des juifs aux États-Unis. Il veut nous chasser par le feu et l'épée parce que — dit-il — nous sommes des salauds subversifs. Vous êtes la première équipe de football juive d'Amérique, et c'est pourquoi vous devez absolument gagner. Vous devez montrer à cette vieille charogne qu'on ne peut pas nous sortir comme cela, que nous ne nous laisserons pas humilier. Faites de la chair à pâté de cet antisémite ! Mais vous êtes également la première équipe socialiste. Dans un an, nous élirons notre nouveau président. En 1908, le parti ouvrier n'a obtenu que huit cent mille voix. Notre candidat, Eugene Debb, était encore inconnu. C'est ce chien impérialiste de Howard Taft qui fut élu. En 1912, Eugene Debb devra recueillir dix fois plus de voix. Il faut que huit millions d'Américains votent pour le socialisme. Mais pour cela, il faut que vous soyez vainqueurs. Votre victoire sera la meilleure publicité pour notre cause. En 1916, dans huit ans, Eugene Debb deviendra président, si vous jouez bien. »

Les frères Kaminski le regardèrent l'air ébahis. Leur entraîneur était un camarade ! Ils avaient pensé à tout sauf à cela. Il fallait donc faire un effort et gagner. Et l'incroyable se produisit. La *Red Flag* battit les *Goldstars* par cinq à quatre. Herschele, que personne ne croyait capable d'un tel exploit sportif, fut l'auteur de deux des cinq buts de son équipe. Comment était-ce possible ? Croyait-il vraiment que Taubenschlag pensait ce qu'il disait ? Seul l'appât du gain intéressait Taubenschlag, même un aveugle aurait pu le voir. Herschele, lui, n'était pas aveugle et c'est pourquoi il n'avait rien vu. Herschele s'était laissé séduire par le discours habile de Taubenschlag et par...

Il y avait en effet une autre raison, mais moi qui raconte tous ces événements à distance de tant d'années, je n'aurais jamais deviné laquelle si une dame ne m'avait téléphoné il y a peu de temps. Elle logeait provisoirement dans un hôtel de luxe à Zurich et était parvenue à se procurer mon numéro après de longues recherches. Elle s'appelle Francesca Bertini, et l'on raconte qu'il y a soixante ans, elle était aussi célèbre que Sophia Loren aujourd'hui. Notre conversation dura dix minutes et me laissa pantois.

« Avez-vous jamais entendu parler de moi, *signore* ?

— Je ne me souviens pas. Pouvez-vous me donner quelques indices ?

— Vous êtes le fils d'un certain Hersch Kaminski, que l'on appelait Herschele. Est-ce exact ?

— Oui et non, *signora*. Il a fait américaniser son nom et s'appelait Henryk.

— Cette fripouille s'est fait américaniser ! Mais pour moi, il sera toujours Herschele, jusqu'à ma mort ! Comment a-t-il pu choisir un nom pareil ? C'est horrible de s'appeler Henryk !

— Il y a eu malheureusement des époques où l'on hésitait à afficher sa judaïcité. Mon père était originaire de Russie, et à cette époque, il était dangereux de s'appeler Herschele.

— Ne me racontez pas d'histoires. Votre père ne connaissait pas la peur. C'était l'homme le plus courageux que j'aie jamais rencontré. Il avait un idéal et il était prêt à mourir pour lui.

— Son idéal, c'était la justice, pas le judaïsme.

— C'est la même chose, *signore.* Relisez la Bible, et vous comprendrez ce que je veux dire.

— Le judaïsme est une maladie, *signora,* une invalidité incurable dont on ne se débarrasse jamais. C'est un handicap qui vous force à être prudent.

— Prudent ! Ce mot ne lui convient pas du tout. Il était d'une témérité folle. Il n'avait même pas peur de moi, c'est dire !

— Et pourquoi aurait-il dû vous craindre ?

— Parce que j'étais belle à cette époque-là. Certains disaient que j'étais la plus belle femme d'Italie.

— Mais où vous a-t-il rencontrée, *signora* ? Pardonnez mon indiscrétion.

— C'est à New York qu'il a fait ma connaissance. Je dis bien que c'est *lui* qui a fait *ma* connaissance, et non l'inverse, car il était effronté et insolent. C'était au stade de Brooklyn. Je m'en souviens comme si c'était hier. Je me trouvais à la tribune d'honneur, à côté du maire de New York, et j'ai vu la première équipe de football juive d'Amérique écraser les *Goldstars.*

— Vous attisez ma curiosité, *signora.* Pourquoi êtes-vous allée à New York ?

— Je m'y étais rendue à l'occasion de mon premier film qui était déjà un succès mondial. Je jouais Cordelia dans *le Roi Lear* et j'avais été invitée pour la première. New York me réserva un accueil triomphal.

— Mais... Comment est-il entré en contact avec vous ? Cela n'a pas dû être facile.

— Il a marqué deux buts, *signore.* Soixante mille spectateurs l'acclamaient parce qu'il était le plus fragile de tous. On aurait dit un jeune tigre. Il avait des yeux bleus, couleur d'améthyste, et une bouche digne des pharaons. Je rêve encore aujourd'hui de sa bouche...

— Et il vous a tout simplement abordée ?

— Ce n'est pas le mot qui convient, il m'a assaillie. J'étais assise entre le maire et Baldassare Negroni, mon metteur en scène qui me surveillait comme un chien de garde. L'équipe victorieuse fut invitée à monter à la tribune pour recevoir les félicitations du premier magistrat de la ville. Mais votre père ignora totalement le maire, il se dirigea droit sur moi, m'embrassa avec une fougue à en perdre haleine et me dit à l'oreille : “ Ce soir, à 6 heures, au centre géométrique du monde. ”

— Et alors ?

— J'avais seize ans et je n'avais encore jamais rencontré un fou pareil. Je ne savais pas ce que je devais répondre. Le seul mot que je parvins à prononcer fut : “ Pourquoi ? ” Et il me répondit : “ Parce que je t'aime, Cordelia. Parce que tu dis la vérité au roi et que tu en souffres. ”

— Qu'est-il arrivé ensuite, *signora* ? Êtes-vous allée au rendez-vous ?

— Évidemment, *signore.* Malgré le maire et Negroni qui enrageait et essaya de m'enfermer dans ma chambre d'hôtel. Il n'y est pas parvenu et c'est la raison pour laquelle je vous appelle aujourd'hui.

— Je ne comprends pas...

— Je suis allée le retrouver au nombril du monde, au centre de Times Square, et je l'aime encore aujourd'hui. Mais comme il est mort, je voulais au moins entendre la voix de son fils. Vous avez une belle voix, *signore,* mais la sienne était plus belle encore.

— J'aimerais vous poser une question indiscrète. Me le permettez-vous ?

— Je vous en prie. Je verrai bien si j'ai envie d'y répondre.

— Jusqu'où est-il allé, mon père ? Autant que je sache, c'était un fonceur.

— Non, *signore.* Ce n'était pas un fonceur. C'était le plus tendre séducteur que j'aie jamais rencontré.

— Et vous a-t-il séduite ?

— Dès le premier soir. J'ai eu une fille de lui. Elle est presque aussi parfaite que son père. C'est d'ailleurs votre demi-sœur...

— Une dernière question, *signora.* Pourquoi ne vous êtes-vous pas mariés ?

— Parce que nous l'étions déjà l'un et l'autre. Lui avec la révolution, moi avec le cinéma. Dommage...

— J'aimerais vous rencontrer.

— A Dieu ne plaise, *signore,* j'ai quatre-vingt-huit ans ! »

Pardonnez-moi une digression dont le sens ne vous apparaîtra peut-être pas immédiatement, mais qui n'est pas sans importance pour tous les événements qui vont suivre.

Un pharmacien écossais du nom de Mac Snow, fervent partisan du progrès mais borné tout de même, formula un jour la règle d'or du succès individuel, une règle que personne, à ce jour, n'a contestée ou remise en question. Il affirme que l'homme normal se sent renforcé psychologiquement et physiquement par le succès de ses entreprises et qu'il trouve ainsi une motivation pour des succès encore plus éclatants. De telles séries de succès se reproduisent d'après lui selon une progression géométrique et devraient donc, en théorie, prendre des proportions phénoménales. Mais cela, précisément, ce n'est que la théorie, car l'*homo sapiens* n'est pas parfait, il est incapable de réaliser entièrement le potentiel qui est en lui. Selon Mac Snow, l'homme a en lui de nombreuses inhibitions qui l'empêchent d'atteindre les buts qu'il s'est fixés et le rejettent constamment dans l'échec. Le pharmacien écossais appelle ce phénomène « le principe immanent de l'auto-handicap », qui a pour effet de ne pas faire subir au succès une progression géométrique, mais tout au plus arithmétique, quand elle ne fait pas carrément défaut, ce qui semble être le cas de figure le plus répandu. Il y a eu certes des personnalités géniales dont la vie a confirmé la règle établie par Mac Snow, mais ils furent finalement eux aussi les victimes de l'auto-handicap immanent. Socrate a fini au cachot, Jésus-Christ sur le mont du Golgotha et Napoléon à Waterloo. On ne connaît pas un seul cas d'*homo sapiens* qui ait su mettre à profit toutes ses chances. Tous sont morts un beau jour, contredisant ainsi le théorème de la progression continuelle du succès individuel, puisque la mort, en fait, ne peut être interprétée que comme un échec.

Revenons à Hersch Kaminski. Donc, en vertu de la théorie de Mac Snow, Hersch aurait pu, s'il l'avait vraiment voulu, marquer quatre buts lors du match suivant, puis huit et enfin seize buts, selon une progression géométrique. Toutefois, la réalité n'est pas régie par des théorèmes, mais par la paresse, par le principe humain, trop humain du refus du succès. Certes, Herschele marqua encore quelques buts ici et là, mais les discours de motivation du rusé Mr. Taubenschlag commençaient à ne plus lui faire aucun effet. La plus belle femme d'Italie était retournée à Naples et avait épousé son metteur en scène, Baldassare Negroni, un mari terriblement jaloux qu'elle n'aimait pas, mais qu'elle déclara cependant être le père du fruit de ses entrailles, ce qui, comme nous le savons dorénavant, n'était pas la vérité.

Malgré tout, les frères Kaminski volèrent de succès en victoire. Ils ne le devaient pas à leur benjamin, mais à Mordechaï, toujours belliqueux et qui allait au combat moins avec sa tête qu'avec ses jambes. On commença à remarquer cette équipe, puis à la craindre, et finalement, la seule évocation de son nom sema la panique au sein des équipes adverses. Les joueurs de la *Red Flag* devinrent le symbole même de l'opiniâtreté juive et de la combativité socialiste. Ce que réalisèrent les onze frères ne fut pas une banale ascension, ce fut un véritable décollage à la verticale vers les étoiles.

En avril de cette année-là, la *Red Flag* joua contre le *FC Chicago*. L'équipe juive gagna par un à zéro et parvint en quart de finale du championnat américain. Vers la fin du mois de mai, ils gagnèrent facilement le match qui les opposa au célèbre *FC Columbia*. L'avant-dernier obstacle était tombé, la *Red Flag* s'était qualifiée pour la demi-finale. La presse jubilait. L'équipe de Jim Weissplatt faisait la une de tous les journaux, jusqu'à la côte Ouest. Le *San Francisco Post* parla d'un tremblement de terre d'une nature particulière, d'une campagne victorieuse, et surnomma Mordechaï le « Goliath du football américain ». Le *Saint Louis News* parla d'un croiseur cuirassé qui avait très probablement une botte secrète. Des quatre coins de l'horizon arrivaient des offres, on tentait de les attirer en faisant miroiter l'argent et les honneurs. On proposa même à Ber un poste de professeur de sciences sportives à l'université de Durban. Les onze frères étaient également submergés de demandes en mariage. La petite-fille d'un magnat de la presse invita Herschele à lui rendre visite dans son domaine du New Hampshire et à devenir éventuellement son époux s'il s'avérait qu'ils éprouvaient une sympathie réciproque. Le pionnier du cinéma Edwin Porter, célèbre dans le monde entier, tourna un film de plusieurs heures sur les onze *dreamboys from Russia* qui obtint un triomphe dans tous les cinémas d'Amérique. Les frères Kaminski avaient fait voler en éclats tous les préjugés qui avaient cours sur les juifs et les socialistes. Les gens disaient souvent que les enfants d'Israël étaient de nature maladive, mais les frères Kaminski jouissaient d'une santé exemplaire.

On disait — et on le dit encore de nos jours — que les socialistes n'étaient pas des bêtes de travail et qu'ils manquaient d'ardeur. La brigade de Jim Weissplatt — comme on l'appelait dorénavant dans la presse à sensation — faisait preuve au contraire d'une activité débordante.

Ces gaillards avaient pourtant bien quelque chose de particulier, mais personne en Amérique ne pouvait deviner de quoi il s'agissait. Ou plutôt si. Il y avait quelqu'un qui le savait : un certain Dr Sauerstein, professeur à l'université de Harvard, qui publiait des articles si spécialisés que seuls les snobs ou les originaux les lisaient. Dans l'un de ces articles, il écrivait : « De toutes ces expériences, je tire la conclusion que la petitesse physique se transforme conformément aux lois de la nature en grandeur intellectuelle. La petite taille est souvent le point de départ d'une intellectualité très développée. Napoléon Bonaparte, que l'on appelle « le grand Napoléon », comme chacun sait, souffrit sa vie durant d'un complexe d'infériorité dû à sa petite taille. Le sentiment d'avoir été défavorisé par la nature et la frustration qui en découle donnent à ces individus une énergie toujours renouvelée qui leur permet de réaliser des exploits extraordinaires. La proportion étonnante de grands talents que l'on trouve parmi les juifs, les homosexuels et les dépravés de toute espèce prouve le bien-fondé de ma thèse. Je n'ai jamais eu l'honneur de faire la connaissance des onze frères Kaminski, mais je me permets tout de même de supposer que leur carrière exemplaire sur les terrains de football de ce pays est le résultat d'innombrables humiliations et d'insultes qu'ils ont dû subir. Le destin des exclus et des stigmatisés conduit soit à la rébellion, soit à une ascension sociale hors du commun. La brigade de Jim Weissplatt est un groupe d'*outcasts* qui a dû fuir la Russie dans les pires conditions. La mesure de leur frustration est pleine, et je ne doute pas un instant de voir ces hommes gagner la finale. »

Le 9 septembre, les frères Kaminski jouèrent le match décisif. Jim Weissplatt avait investi une fortune et Uri Taubenschlag quatre cent douze jours d'un entraînement intensif. Les onze gaillards s'imaginaient que le destin des juifs d'Amérique dépendait de l'issue du match, et peut-être même la réputation du socialisme dans le monde entier. L'oncle Jim fit une apparition dans les vestiaires au moment où la foule des soixante mille spectateurs commençait à s'agiter sur les gradins du stade. Les aiguilles de l'immense chronomètre indiquaient 14 h 50. Une tension insupportable était dans l'air. La *Red Flag* était à deux doigts du triomphe, mais c'est à ce moment-là, précisément, que la deuxième loi de Mac Snow se fit sentir avec une violence inouïe. Herschele s'adressa soudain au vieux Jim Weissplatt et lui demanda :

« Qu'y a-t-il dans cette lettre ?

— Dans quelle lettre, mes enfants ?

— Tu sais très bien de quoi nous voulons parler. Dans la lettre de Varsovie.

— Ah oui... La lettre de Varsovie. Rien d'important. Vous pourrez la lire après le match.

— Non, pas après le match, maintenant. C'est la première lettre que nous recevons de la maison depuis des années et tu nous dis qu'elle ne contient rien d'important ?

— C'est une surprise, mes enfants. D'abord, il faut gagner la finale contre ces chiens du *FC Philadelphia,* et ensuite, quand toute l'Amérique vous acclamera, quand vous serez les grands champions...

— Tu mens, oncle Weissplatt. D'abord tu dis qu'il n'y a rien d'important, et quelques instants plus tard, c'est devenu une surprise. De qui est cette lettre ?

— De ma sœur, c'est-à-dire de votre mère, donc, bref, ce n'est rien de particulier. L'important, maintenant, c'est de battre ces bandits du *FC Philadelphia,* l'avant-garde du grand capital américain.

— Tu en fais partie toi aussi, oncle Jim. Ne nous raconte pas d'histoires. Nous voulons voir cette lettre.

— J'ai dit : après la finale, et quand j'ai dit quelque chose, je n'y reviens pas. Et d'ailleurs, qui vous a parlé de cette lettre ?

— Nous avons des camarades à tous les coins de rues. De même que dans tous les bureaux de poste.

— Savez-vous ce que cela signifie ? C'est une violation du secret postal. Ils risquent de deux mois à trois ans de prison.

— Nous voulons avoir cette lettre.

— Dehors, il y a soixante mille Américains qui vous attendent.

— Qu'ils attendent. Nous ne jouerons que si tu nous montres la lettre.

— Je refuse ce chantage. Vous entendez qu'on vous réclame !

— Aucun de nous ne jouera !

— Les gens s'égosillent, il faut que vous alliez jouer.

— Nous ne bougerons pas d'un pouce. »

Weissplatt fulminait. Il se mit à se ronger les ongles et dit alors d'une voix toute différente :

« Et s'il s'agissait de mauvaises nouvelles ? Que se passerait-il ?

— Si ce sont de mauvaises nouvelles, nous exigeons de les connaître.

— Et vous jouerez tout de même ?

— Montre-nous la lettre sans poser de conditions.

— Vous n'en avez aucun droit. Cette lettre m'est adressée personnellement. Voilà l'adresse, noir sur blanc : Jim Weissplatt, 74th Street East, etc. Les gens vont tout casser dehors si vous n'y allez pas. Ils ont payé leur place et sont privés de spectacle. Est-ce que vous voulez ma ruine après tout ce que j'ai fait pour vous ?

— Nous ne voulons pas ta ruine, mais nous faisons la grève.

— Il est 3 h 05. Est-ce que vous jouez, oui ou non ?

— Montre-nous la lettre. Nous verrons ensuite.

— *Okay,* mais je vous aurai avertis. »

Herschele prit la lettre. Il la survola et pâlit tout à coup. Puis il se mit à lire tout fort, d'une voix sèche :

« Mon cher frère. Je t'écris pour la première fois de ma vie, bien que cela me soit difficile. Voilà toute la vérité : mon pauvre Jankl, le père de mes seize enfants, a soudain été pris d'un coup de folie. Il a perdu la raison. Il est tombé amoureux d'une actrice qui a quarante ans de moins que lui. Voilà une semaine qu'il est parti. Tous les hommes de la maison sont partis. Que peut faire une pauvre maman juive sans... »

Hersch n'eut pas la force de poursuivre. Sa voix se cassa. Dehors, un ouragan faisait rage. On entendait les hurlements et les sifflets de la foule. La tornade qui semblait s'être abattue sur le stade faisait trembler les murs du vestiaire. La porte s'ouvrit brusquement. Uri Taubenschlag entra précipitamment, le visage livide et les traits altérés.

« Encore une minute et vous êtes disqualifiés !

— De toute façon, nous avons déjà perdu.

— Allez-vous jouer, oui ou non ?

— S'il le faut, nous jouerons. Mais nous n'avons aucune chance.

— Vous me devez une fortune. Si vous ne jouez pas, nous sommes ruinés. Et vous aussi.

— *Okay,* nous allons jouer. »

A l'extérieur, ils furent accueillis par une tempête d'applaudissements. Personne ne se doutait de ce qui allait se produire. Weissplatt regarda l'entraîneur olympique d'un œil morne et soupira :

« Que vais-je faire, Mr. Taubenschlag, si nous perdons ?

— Une faillite de plus ou de moins, Mr. Weissplatt, ça n'a pas beaucoup d'importance.

— Et comment vais-je payer mes dettes ?

— Envoyez la facture à Varsovie. Vous y avez un beau-frère qui est millionnaire.

— Il est effectivement millionnaire, mais ce n'est plus mon beau-frère. »

Les onze frères Kaminski savaient très bien que leur père était un ivrogne, qu'il traînait dans les bistrots et qu'à vrai dire, il ne dessoûlait pratiquement jamais. Cela ne les étonnait pas parce que l'alcoolisme était à leurs yeux un attribut du capitalisme moribond. Et comme Jankl était un capitaliste, il était logique qu'il s'adonnât au schnaps. Ils avaient également eu vent de ses aventures, des filles légères qu'il fréquentait, des rendez-vous douteux qu'il avait en plein milieu de la journée. Ce qu'ils venaient d'apprendre les surprenait encore moins, car c'était pour eux le signe d'une dépravation morale, caractéristique d'une société décadente. Ainsi, sa vie de bohème reflétait la déchéance de la classe bourgeoise, et ses fils ne se faisaient donc aucune illusion sur leur père. Au contraire. Il les avait reniés. Il avait permis qu'on les déportât dans les mines de plomb de Verchojansk. Ils le croyaient capable de tout, et rien ne pouvait les ébranler. Il n'y avait qu'une chose qui dépassait leur imagination : le fait que leur père ait pu tomber amoureux. C'était impensable pour eux, et ils le réprouvaient, car leur père était marié. Mais ils n'en parlaient pas, car leurs postulats théoriques de l'amour libre et de la suppression de la famille bourgeoise étaient sacrés pour eux. Ils cachaient donc leurs préjugés derrière des arguties pseudo-progressistes. Ils affirmaient par exemple que leur père, en hypocrite qu'il était, menait une double vie. Il avait à la fois une épouse et une maîtresse, ce qui n'était pas répréhensible en soi, mais il n'avait pas le courage de l'avouer. Il était évidemment trop lâche pour divorcer. Officiellement, Jankl jouait les pères de famille sévères, les patriarches irréprochables, mais en secret, il entretenait une maîtresse, une concubine qui avait quarante ans de moins que lui.

On peut tout acheter avec de l'argent, disaient ses fils, même une actrice adolescente. C'était d'ailleurs probablement une cocotte, pas une artiste, mais une fille de mauvaise vie sortie tout droit d'une maison close quelconque. Et ce vieillard lubrique, ce Casanova vieillissant avec des poches sous les yeux et des taches sur la peau n'en éprouvait aucune honte. Il devait pourtant savoir que la jeune fille le trouvait repoussant et qu'elle le trompait avec de jeunes gaillards. Et si ce n'était pas le cas, que devait-on penser d'une fille qui couchait avec un Mathusalem, père de seize enfants ? Elle n'était pas plus âgée que son fils cadet, et quand il mourrait elle hériterait de toute sa fortune. C'était évidemment le but qu'elle recherchait, elle ne voulait rien d'autre. Elle était certainement jolie, le vieux lui passait tous ses caprices et lui laisserait tout ce qu'il possédait. Les cinq filles de leur père en seraient pour leurs frais. Il était tombé dans le piège et était trop bête pour la démasquer. Il n'avait en fait que ce qu'il méritait. Il avait exploité les autres sa vie durant, il était puni dorénavant. Et de toute façon, ses fils pensaient qu'on ne pouvait pas être le père de seize enfants et les renier ensuite. Il abandonnait leur mère, leurs cinq sœurs également. Cela ressemblait bien à ce vieux scélérat sans scrupule ni conscience morale.

Les fils de Jankl avaient un quotient intellectuel supérieur à la moyenne. La plupart d'entre eux avaient fait des études, lisaient des livres savants et se posaient des questions sur le sens de la vie. Ils avaient aussi une idée assez précise du monde qu'ils voulaient construire un jour, mais il leur manquait le grain d'imagination qui leur eût permis de comprendre ce qui se passait dans l'âme de leur père. L'âme humaine leur posait d'ailleurs un problème. Ils se demandaient si elle existait vraiment. On ne pouvait prouver son existence scientifiquement et aucun chercheur n'était jamais parvenu à la mettre en évidence. Les anatomistes avaient déjà disséqué d'innombrables cadavres sans trouver le siège de l'âme. Dans les écrits de Marx et de Engels elle était décrite comme une sécrétion hormonale produite par différentes glandes, ce qui semblait régler le problème. L'âme de Jankl était la sécrétion d'un protoplasme amorphe — le sous-produit d'une association de protéines dégénérées. Il se comportait comme un organisme primaire, comme un vulgaire protozoaire sans conscience morale. Il était comme une machine qui ne s'adonnait qu'aux activités qui pouvaient être utiles à son métabolisme : manger, boire et forniquer. Ce monstre, donc, était capable de tomber amoureux et de parler de sentiments alors même que son existence ne consistait qu'à faire des affaires et à accomplir des méfaits. Tout cela ne correspondait pas au psychogramme de cette brute, car premièrement, il n'en avait pas le droit, et deuxièmement — s'il ne pouvait vraiment pas s'en empêcher — il n'avait qu'à le faire avec sa femme, un point c'est tout ! Personne ne s'était posé la question de savoir si Noémie aimait son mari. Noémie Kaminska était leur mère et on la plaçait donc au-dessus de tout soupçon. On l'idolâtrait, on parlait d'elle comme d'une sainte.

Les fils de Jankl méprisaient certes les principes bourgeois et les commandements de la religion, mais en réalité, ils étaient des gardiens de la loi, des protecteurs de la morale et de l'ordre. Ils étaient aussi l'équipe de football de Dieu, mais leur Dieu n'était pas aux cieux, c'était la révolution prolétarienne. Ils étaient en fait onze rabbins impitoyables animés par le message des saintes écritures de Marx et de Engels. Au cours de leur exil américain, la colère que leur inspirait Jankl s'était peu à peu apaisée. Leurs réserves de haine s'étaient portées sur d'autres ennemis : le président Howard Taft, le percepteur, la Bourse de New York et tous les gredins qui y spéculaient sur le dos de l'humanité souffrante. Il en alla ainsi jusqu'au jour où ils reçurent cette fameuse lettre, inattendue comme une catastrophe naturelle qui leur rappelait cruellement qu'ils avaient un père. Si l'équipe adverse, ce jour-là, avait été constituée de onze Jankl Kaminski, ils l'auraient sans aucun doute écrasée, mise en pièces et déchiquetée. Mais ce n'était pas leur père qui les attendait sur le terrain, c'était une équipe d'étudiants issus d'une université célèbre dans le monde entier. Pour la vaincre il leur manquait la motivation nécessaire, et ni Uri Taubenschlag ni Jim Weissplatt ne purent y changer quoi que ce fût.

Le match fut une véritable débâcle, et soixante mille spectateurs furent les témoins d'un anéantissement. Des hurlements enthousiastes venaient des places chères, en bas des gradins, un concert de sifflets retentissait en haut, là où les places étaient bon marché, mais rien n'y fit. La loi mac-snowienne du refus immanent du succès fut à nouveau prouvée. Dans les vestiaires du stade de Brooklyn, Jim Weissplatt était assis, les jambes croisées, sur un lavabo à la propreté douteuse. Il releva son col, l'air résigné, et poussa un profond soupir. Cinq minutes plus tard, sa ruine serait une réalité. C'est alors qu'arriva Uri Taubenschlag, hors d'haleine. Il avait suivi la deuxième mi-temps depuis les tribunes. On eût dit que quelqu'un lui avait arraché toutes ses dents, et il ne put dire un mot pendant un moment. Puis il se mit à hurler comme un possédé :

« Huit à zéro, Mr. Weissplatt ! Voilà ce que sont vos neveux !

— Que voulez-vous, Mr. Taubenschlag ? répondit l'entrepreneur avec mélancolie. Nous avons misé sur la justice et nous avons perdu.

— Qui a misé sur la justice ? Moi peut-être ? Non ! C'est vous, parce que vous n'êtes qu'un rêveur... Moi, je suis parfaitement normal, *Sir,* je peux vous l'assurer.

— Vous avez été complice, cher ami. Si l'on me pend, on vous pendra aussi. J'y veillerai personnellement.

— Dieu a décidé de nous couper nos bijoux de famille. Il est omniscient, il sait ce qu'il fait.

— Il vient de nous donner un avertissement, Mr. Taubenschlag. Il veut que nous tirions une leçon de cette expérience : le socialisme n'est pas un *good business* pour les juifs.

— Et pour les goïm non plus. Huit à zéro, Mr. Weissplatt ! Que le diable emporte vos neveux et toute votre famille ! »

Au même moment, une clameur formidable ébranla le stade. Les spectateurs des meilleures places hurlaient leur joie, ceux des places bon marché leur colère. Deux minutes avant le coup de sifflet final, le *FC Philadelphia* avait marqué son neuvième but. Weissplatt dit dans un râle :

« Neuf à zéro, mon cher entraîneur olympique, vous le dieu des stades. Je vais me pendre, et aujourd'hui même.

— Pourquoi aujourd'hui, Mr. Weissplatt ? Pourquoi ne l'avez-vous pas fait il y a deux ans ? Vous m'auriez épargné ce jour funeste qui va me faire perdre ce qui me reste de cheveux. La voilà, votre motivation !

— Une belle idée et une mauvaise affaire...

— Vous vouliez que je motive cette bande d'idiots. Je vous ai écouté et je leur ai tenu des discours. Je leur ai raconté des fadaises politiques, conformément à vos souhaits. Et de quoi avons-nous l'air, maintenant ? De deux ratés dans une pissotière.

— J'ai perdu un demi-million de dollars.

— C'est par votre faute, Mr. Weissplatt. Qui a montré cette lettre à vos neveux ? C'est vous ou c'est moi ?

— Cette lettre, dit l'oncle en essayant sans succès d'allumer sa pipe, est une affaire privée qui ne regarde que moi.

— Neuf à zéro, et tout cela parce que le vieux Kaminski s'est trouvé une jeune cocotte ! »

Le désordre qui marqua la fin de la partie fut indescriptible. Les sirènes hurlaient, le peuple était déchaîné et refusait de quitter le stade. Les frères Kaminski retournèrent aux vestiaires, épuisés et sales : tout le contraire de ce qu'ils étaient. Mordechaï s'avança vers Weissplatt et dit d'une voix morne :

« Oncle Jim, nous avons perdu.

— Non, c'est *moi* qui ai perdu. D'abord, vous allez me rembourser, et ensuite, je vous mettrai dehors. »

Weissplatt venait à peine de terminer sa phrase que la porte s'ouvrit brusquement. Un vendeur de journaux se précipita dans le vestiaire en criant :

« Stolypine assassiné ! Le Premier ministre du tsar a été abattu de trois balles ! »

Herschele sauta au cou de l'oncle, fou de joie :

« Nous avons gagné, la Russie est à la veille de la révolution !

— Et moi à la veille de la banqueroute. Vous me devez cinq cent mille dollars, je me fiche éperdument de la Russie. »

Moïche intervint alors. Il parlait rarement, mais quand il prenait la parole, il étonnait son auditoire par la logique de ses raisonnements.

« Oncle Weissplatt, tu sais pourtant compter ! Réfléchis un peu. Dans quelques années, le socialisme vaincra. Il arrivera tôt ou tard, avec la ponctualité d'une éclipse solaire.

— Tu l'as dit : ce sera une éclipse solaire ! », soupira Weissplatt.

« La science est la science, mon oncle. Ce qui doit arriver arrivera, avec une précision astronomique. On peut même calculer des siècles à l'avance le moment exact où cela se produira, que cela te plaise ou non.

— Puisque tu sais si bien raisonner, tu peux peut-être me dire aussi ce que cela me rapportera.

— Rien du tout. Au contraire. Tu vas perdre tous tes dollars, de même que tes affaires, tes immeubles, tes usines. On nationalisera jusqu'à ton dernier cent. Il ne te restera rien. Alors, qu'en dis-tu ?

— Quand elle arrivera, votre éclipse solaire, vous m'aurez remboursé mon investissement, sinon, je vous ferai jeter en prison ou bien je vous ferai expulser. »

Herschele prit alors la parole.

« Inutile de me faire expulser, oncle Weissplatt. Je m'en irai tout seul.

— Tu resteras.

— Je partirai.

— Et où veux-tu aller sans papiers ? Veux-tu aller jouer les cow-boys dans le *wild west* ? Ou devenir chercheur d'or en Alaska ?

— Je serai milieu de terrain, mais en Russie. Là-bas commence la finale de la coupe, mais de la coupe de l'avenir. Je pars dès demain ! »

XII

Dans les annales de ma famille, le 14 septembre de l'année 1911 est resté un jour mémorable. A New York, les frères Kaminski perdirent la finale contre le *FC Philadelphia,* à Kiev un certain Dimitri Bogrov abattit le Premier ministre du tsar, Piotr Stolypine, l'homme le plus haï de Russie, et à Vienne, les Rosenbach descendirent du train qui les amenait de Galicie pour commencer une nouvelle vie dans la capitale autrichienne. Leo portait un pied en bois très lourd sur l'épaule, sur lequel il avait fixé son appareil antédiluvien : il était le seul capital de la famille. Le photographe de la Cour ordonna aux deux femmes de s'arrêter sur les marches de l'escalier de la gare de l'Est et de ne pas bouger, car il allait fixer sur la pellicule cet instant historique. Depuis sa plus tendre jeunesse, Leo était à l'affût des moments historiques : d'abord lorsqu'il était au service de Louis II de Bavière, ensuite en tant que compagnon de son bouffon de frère et enfin, en tant que rêveur indépendant sur les marches de la gare de l'Est, à Vienne.

« Malwa, mon enfant, enlève donc ce chapeau de paille, car je ne veux pas voir la moindre ombre sur ton visage, surtout pas aujourd'hui. Et toi, Jana, sois gentille de t'appuyer nonchalamment sur ton ombrelle. Voilà ! C'est parfait. Nous voici donc arrivés au cœur du monde, au bord du beau Danube bleu. C'est ici que vit notre empereur François-Joseph, Dieu le préserve ! Prenez votre respiration et... souriez ! »

« 27 septembre 1911

Voilà plusieurs nuits que je refais constamment le même rêve. Je me promène dans les rues, sans but et amoureuse. Soudain, je me sens observée par un homme mystérieux qui me donne la chair de poule. Je voudrais l'appeler, mais à chaque fois, je n'arrive pas à me souvenir de son nom. Je l'ai pourtant sur le bout de la langue, mais il échappe à ma mémoire. Ensuite, je me le rappelle, mais c'est la voix qui me fait défaut. Et pourtant, je sais parfaitement de qui il s'agit. C'est mon amant immortel, l'escroc de droit divin qui ne peut vivre nulle part ailleurs qu'à Vienne où tout n'est qu'illusion et mirage. Les rues scintillent comme si elles étaient couvertes d'or. Mille paillettes brillent aux fenêtres. Personne ne semble pressé, mais tous sont à la poursuite d'aventures et d'illusions. Les femmes laissent des bouffées de parfum sur leur passage, les hommes se retournent et vous admirent comme si vous étiez une apparition surnaturelle. Tous prennent leur temps. Des nuées de nostalgie s'accrochent aux toits des maisons. Je sais que c'est ici que je le rencontrerai, j'en suis persuadée. Je le sens quand je me promène dans les rues. Je le vois derrière tous les buissons, je l'entends, je le sens me baiser la main. Les chanteurs ambulants fredonnent leurs chansons sentimentales, et j'en ai les larmes aux yeux. C'est ridicule, je le sais.

J'admire les vitrines de la Kärntnerstrasse, les chapeaux extravagants du marché au charbon, les merveilleuses robes du Graben, et je suis sûre qu'il me suit. Des sons suaves me parviennent de tous les cafés : “ Garçon, un mélange s'il vous plaît ! Ou un capucin ! Ou un moka, avec de la chantilly ! ” Ici, je goûte un beignet à la crème, là un *strudel* aux pommes, et quelqu'un ne cesse de m'observer. Ce n'est peut-être que le fruit de mon imagination, c'est peut-être moi qui le cherche, et non l'inverse. Mais je sais qu'il est là, qu'il se cache quelque part, dans l'un de ces incomparables immeubles, ou derrière une table d'albâtre chez Kugler, Dehmel ou Sacher.

Je suis tellement amoureuse que je ne sais plus s'il fait jour ou s'il fait nuit. Je vais jusqu'au Prater, voir la grande roue ou les montagnes russes. Je pourrais jurer qu'il est là , et à côté de lui se trouve un ange au regard triste. Je crie : “ Henner ! Regarde-moi ! ” Il se tourne vers moi, mais c'est un inconnu qui croit que je suis complètement folle.

Le monde se traîne à mes pieds parce que j'ai vingt ans. Hier, je suis allée à Schönbrunn avec Papa. Il m'a montré le temple des nymphes amoureuses. A l'intérieur, on voyait des centaines de perroquets dans des cages argentées, qui faisaient un vacarme d'enfer. Des glaces dépolies renvoyaient le reflet de leur plumage resplendissant. Ces curieux oiseaux se tournaient et se reflétaient partout comme de fastueux courtisans qui me poursuivaient avec insolence. L'un d'eux me suppliait de le libérer. Il disait qu'il était mon amoureux, le plus grand inventeur de tous les temps que le destin avait métamorphosé en perroquet.

Ô mon Dieu ! J'ai vingt ans, je suis à Vienne, dans la ville de toutes les villes, dont le charme réside précisément dans sa futilité. Elle rayonne de témérité, de dépravation et de joie de vivre. Je pense à toi, merveilleux vaurien. Et à l'autre également, l'homme de granit. Je lis pour la centième fois la nouvelle qui me brise le cœur : “ Grâce à un faux billet d'entrée, l'anarchiste nommé Dimitri Bogrov a pu pénétrer dans le théâtre où se trouvait également le Premier ministre Stolypine. Avant même le début de la représentation, Bogrov s'est précipité sur le Premier ministre et tira trois coups de feu. Gravement blessé, Stolypine a été transporté à l'hôpital le plus proche où il mourut peu après. Le meurtrier a été arrêté et condamné à mort. Il a été exécuté à l'aube du 26 septembre.” Un anarchiste notoire. Ce ne pouvait être que Baltyr. Ou bien s'agissait-il de quelqu'un d'autre ? Un autre homme de granit ? C'était le but de sa vie de tuer ce chien sanguinaire. Il avait essayé par deux fois, mais en vain. Par deux fois on avait arrêté des suspects qui furent fusillés par la suite. Lequel d'entre eux était Baltyr ? On ne le saura jamais. Ils portent tous de faux noms. Un jour, ils s'appellent Dimitri, ensuite Pavel, et enfin Baltyr. Ils ont des douzaines d'identités, mais toi, tu es le meilleur d'entre eux. Tu fais partie des hommes que l'on crucifie et qui ressuscitent le troisième jour. Hier matin, ils t'ont fusillé. Demain tu ressusciteras des morts et tu viendras me chercher. Tu frapperas à ma porte et tu m'ordonneras de te suivre. Tu sais que je te suivrai, sans hésiter, mais ta place n'est pas ici. Tu dois vivre dans une ville grise et terne, à Novgorod, par exemple, ou à Zaryin. Tu me raconteras comment tu as tiré, comment ils t'ont arrêté et t'ont mis dans les chaînes. Je saurai ce que tu as crié devant le tribunal militaire. C'est la vérité qu'ils ont entendue. La grande vérité pour laquelle on meurt avec joie. Je t'aime, Baltyr. Tu leur as lancé ton rêve à la figure. Tu me raconteras comment ils t'ont emmené sur les lieux de ton supplice, tu me diras ce que tu as ressenti à ce moment précis, à quoi et à qui tu pensais. Peut-être pensais-tu à moi ou à une belle journée de printemps, au muguet ou bien aux œillets rouges. Ah ! Baltyr ! Pourquoi ne viens-tu pas enfin me rejoindre ? Voilà si longtemps que je t'attends et que je rêve de tes bras puissants. Je ne veux appartenir à aucun autre que toi. Tu me prendras, tu baiseras mes yeux, sur les rives du fleuve, près du talus. Je m'ouvrirai pour toi comme un nénuphar. Je te cajolerai pour te faire oublier toutes les souffrances que tu as dû subir... Mais qu'arrivera-t-il si tu ne descends pas de ta croix ? S'ils t'ont tué pour toujours ? Qu'adviendra-t-il alors ? J'attendrai ton successeur. Ce vaurien qui invente depuis des années la photographie en couleurs et qui s'est enfui avec notre diamant. Où peut-il bien être, ce merveilleux faux-monnayeur ? Pourquoi ne donne-t-il pas de ses nouvelles ? Il a certainement mauvaise conscience, l'imbécile. Il vit dans les nuages, comme Baltyr. Il prend ses désirs et ses rêves pour la réalité et il a honte d'être fou. Si seulement il savait que nous le sommes tous. Nous ne sommes qu'une famille de cinglés. Comment pourrions-nous lui en vouloir ? De quel droit ? Cela fait longtemps que nous lui avons pardonné. Maintenant, nous attendons impatiemment son retour. Nous donnerions n'importe quoi pour le voir tout à coup devant la maison. Je suis amoureuse. Je suis à Vienne. J'ai vingt ans... »

XIII

L'oncle Henner avait lu quelque part que l'Angleterre était le pays le plus libre de la terre — et il y croyait. Et comme il était persuadé qu'on cherchait à entraver ses activités d'inventeur, que l'humanité tout entière n'avait qu'un seul but, à savoir lui mettre des bâtons dans les roues, et que des douzaines d'envieux voulaient lui voler son idée, il s'était installé à Londres dans l'espoir d'y trouver son bonheur. Il disposait d'une certaine somme d'argent que lui avait procurée la vente du diamant fatal et habitait dans un immeuble de Skull Street, au numéro 13. Il y partageait avec son fils Nathan une mansarde qui lui servait à la fois de laboratoire, de cuisine, de salon et de chambre à coucher. Le seul avantage de cette habitation était la vue qu'elle offrait. Quand on regardait par la lucarne, on pouvait voir la Tamise, *London Bridge, St. Paul's Cathedral* et le Parlement. Le fleuve roulait ses eaux brunes comme l'argile vers la mer.

Depuis les derniers jours hystériques de Stanislau, l'inventeur était tombé bien bas. Son smoking, qui autrefois avait été bleu, avait perdu tant sa couleur que sa forme. Auparavant, ses chemises étaient blanches ; dorénavant, il était impossible de savoir si Henner portait quelque chose sous son gilet ou non. Il attachait toujours une grande importance aux cravates, mais ce qu'il portait autour du cou ressemblait plutôt à un ver de terre. Henner était devenu une caricature de lui-même, mais il était toujours capable de fasciner les hommes aussi bien que les femmes, et surtout Miss Popper, sa logeuse, qui l'adorait et lui pardonnait beaucoup de choses, même son mauvais anglais, langue qu'il ne maîtrisait toujours pas, malgré les cinq années d'exil qu'il avait déjà passées en Grande-Bretagne.

Cet après-midi-là, il la charma avec un discours qui éclipsa tous ceux qu'il avait déjà pu lui faire par le passé.

« Dans votre maison, Miss Popper, au milieu de ce désert de pierres qu'est Lambeth, une ère sans précédent va commander...

— Commencer, Mr. Rosenbach, et cela fait trois mois que vous n'avez pas payé votre loyer.

— Je vous jure sur les cloches de la cathédrale Saint-Paul que vous retrouverez au centuple ce que je vous dois...

— J'aimerais bien savoir quand ! Combien de temps me ferez-vous attendre et que me donnerez-vous ? Vous m'évitez constamment, votre fils également. J'admets qu'il joue du violon comme un ange, mais je ne peux malheureusement pas en vivre.

— Vous recevrez ce que je vous dois aujourd'hui même. Dans quelques instants débutera l'ère nouvelle dont je vous parlais, car j'ai enfin prouvé ce que j'ai cherché pendant des années.

— On ne dit pas « prouvé », mais « trouvé ». Il faut que vous vous exprimiez de façon plus correcte, Mr. Rosenbach. L'anglais est la langue de Shakespeare et elle mérite un peu plus d'égards...

— Ces grains de résine, murmura Henner, au comble de l'excitation, en répandant sur la table une poudre jaunâtre, sont la constellation chimique...

— La combinaison, Mr. Rosenbach, je vous prie.

— ... la combinaison chimique qui ébranlera le monde. Croyez-moi !

— Je suis prête à croire tout ce que vous voudrez, Mr. Rosenbach, bien que vous ne le méritiez pas.

— Je vais les fondre, ici même, dans cette misérable chambrette.

— Je préfère ne pas avoir entendu ce mot. Cette chambre n'est pas du tout misérable. Elle se trouve à Londres, et Londres se trouve en Grande-Bretagne.

— Et grâce à cette poudre qui n'a l'air de rien, Madame, la substance sensible à la couleur verra le jour avant la tombée de la nuit, et elle portera mon nom pour l'éternité...

— Je vous le souhaite de tout cœur, *Sir*. Je prie le Seigneur que vous y parveniez. Votre bonheur sera également le mien.

— Vous êtes mon charmant témoin, Miss Popper. Vous verrez. Avec vos yeux bleus comme la viole...

— Comme la violette, le corrigea la logeuse en rougissant.

— ... Avec vos yeux bleus comme la violette vous verrez apparaître des contours colorés dans cette émulsion incolore : du vert, de l'orange, du violet, une copie naturelle de la création de Dieu.

— Je crois en toi, mon magicien, susurra Miss Popper en posant sa main sur l'épaule de Henner. Dans la Bible, il est écrit que les derniers seront les premiers. Veux-tu ?

— Quoi ?

— Veux-tu être mon premier ?

— Bien sûr, Miss Popper. Nous retournerons triomphalement en Autriche...

— Qui cela, *darling* ?

— Mon fils Nathan et moi. L'empereur nous recevra à Schönbrunn. Et mon frère Leo me pardonnera, car je serai rèche, infiniment rèche.

— Pas “ rèche ”, Mr. Rosenbach, “ riche ” !

— L'homme le plus riche d'Angleterre... »

Henner s'approcha de la fenêtre et ferma les volets. Puis il prit un réchaud à gaz dans l'armoire, y plaça une éprouvette dans laquelle il avait versé la poudre et alluma le réchaud. Ensuite, il versa de l'eau dans l'éprouvette au moyen d'un entonnoir, et dit d'une voix mièvre :

« J'ai péché, chère mademoiselle, mais ceux auxquels la chance sourit verront leurs péchés pardonnés. Nous sommes en train de vivre un moment historique. Vous pourrez raconter à vos enfants...

— Je n'ai pas d'enfants, Mr. Rosenbach.

— ... vous raconterez à vos enfants et à vos petits-enfants que vous y étiez, qu'à part Henner et Nathan Rosenbach, vous seule étiez présente lors du grand événement. Regardez bien, maintenant, Miss Popper. Le liquide commence à bouillir. Une vapeur rougeâtre s'élève. Sentez-vous cette odeur de savon ? Maintenant, nous y sommes. Attention, c'est terminé... »

A ce moment, une explosion ébranla la mansarde, et une partie du plafond s'effondra dans un vacarme d'enfer.

Ce qui restait de mon grand-oncle, de son fils Nathan et de Miss Popper fut transporté par la police à Scotland Yard. Les deux étrangers avaient les menottes aux poignets, la vieille demoiselle était assise sur le siège avant de la voiture et sanglotait doucement. Un chauffeur robuste était au volant. Il parlait de temps en temps, mais semblait constamment hors d'haleine. Entre lui et Miss Popper trônait un gardien de la paix qui cherchait à comprendre les circonstances de l'accident.

« Les trois individus ont subi des brûlures, Mac. Les cheveux et les sourcils ont complètement grillé. Les vêtements ont eux aussi souffert. Que faut-il en conclure, Mac ? Il faut en conclure que quelque chose a explosé.

— Ton raisonnement est parfait, vieux !

— Les deux hommes parlent un anglais exécrable, Mac. J'en conclus que ce sont des étrangers. Des étrangers indésirables, qui plus est. Des anarchistes russes de la rue Sydney, je suppose.

— Il s'agit certainement d'anarchistes russes, vieux, mais si j'en crois mon flair, ils parlent allemand.

— Dans ce cas, ce ne sont pas des Russes, ce sont de satanés Allemands, Mac. Des socialistes pourris qui sont à l'origine de notre grève des chemins de fer.

— Tu as raison, mon vieux, mais que fait cette fille un peu fanée avec eux ? Elle est d'ici, pourtant.

— Je suppose que oui, mais pour l'instant, elle a plutôt l'air d'une saucisse grillée.

— C'est bien dit ça, vieux.

— Et j'ai même une hypothèse, Mac. Ces gens sont des Irlandais, de simples Irlandais qui veulent la ruine de notre pays.

— C'est génial, vieux. Ce sont des Irlandais qui parlent allemand. Quand je pense que nous croyions qu'il s'agissait de Russes...

— Et la vieille fille est une suffragette, Mac. Elles mettent le nez partout. Il y a quelques jours, ces gourdes ont fait sauter le câble du téléphone, la ligne principale qui relie Londres à Glasgow. Et qui s'en est réjoui ? Les Irlandais, bien sûr. C'est pourquoi nous te conduirons à la potence, salope irlandaise ! », dit-il en lançant à la demoiselle un regard méchant.

« Je suis anglaise depuis quarante générations, dit Miss Popper en sanglotant, depuis le roi Arthur et la bataille de Hastings. Vous allez regretter d'avoir parlé de salope irlandaise, *Sir*.... »

Miss Popper avait à peine fini sa phrase qu'elle se tourna légèrement vers le gardien de la paix et lui donna deux gifles.

L'homme ne réagit pas. Il avait probablement compris qu'il était allé trop loin et dit l'air penaud :

« C'est bien possible que mademoiselle ne soit pas une salope irlandaise, mais ces deux individus sont des anarchistes russes. »

Henner, n'y tenant plus, se redressa comme il put, et dit avec la dignité d'un diplomate de carrière :

« J'ai la chance incomparable d'être un sujet de Sa Majesté François-Joseph d'Autriche, mais je suppose que vous ne connaissez même pas son nom...

— Ici, on exécute les terroristes, *son of a bitch* d'étranger. Et ton empereur, nous lui arracherons les c...

— L'Autriche répond par la guerre aux insultes à son honneur. Messieurs, vous pouvez vous attendre au pire ! »

Après deux semaines de détention préventive, Henner et Nathan furent déférés devant le juge. La salle était pleine de magistrats en robe noire. L'avocat général trônait sur un fauteuil rouge. Il s'ennuyait manifestement et gribouillait de curieux dessins sur ses dossiers. L'avocat était près de lui. Il avait un sourire amer et brandissait un bec Bunsen, tandis que Miss Popper se tenait la tête dans les mains et pleurait. L'avocat déclamait non sans un certain pathos :

« Et ceci serait le corps du délit, messieurs ? C'est une bagatelle ridicule qui va faire de vous la risée de l'Empire britannique... »

L'avocat général leva les yeux de ses papiers comme s'il se réveillait d'une anesthésie prolongée et dit d'une voix lasse :

« Cette bagatelle ridicule a provoqué un dommage substantiel, à hauteur de dix-sept mille livres sterling.

— L'accusation affirme donc sérieusement que mon client préparait avec ce jouet des attentats mettant en danger la sécurité de l'État ?

— Absolument, *Sir.* Une dame à la réputation irréprochable y a presque laissé sa peau...

— Mais les faits, messieurs — et l'expertise psychiatrique le confirme —, prouvent que l'accusé, Mr. Rosenbach, est un peu détraqué. En tant qu'Anglais et juristes, vous vous discréditeriez si vous le preniez au sérieux, messieurs.

— La science nous enseigne, cher collègue, que nous sommes

tous un peu détraqués, à des degrés divers. Mais ce n'est pas une raison pour vouloir faire sauter toute l'Angleterre...

— Sans aucun doute, monsieur l'avocat général, mais mon client ne l'a pas fait sauter. Il serait souhaitable de garder un peu les pieds sur terre. Dans le rapport de police, je lis même, c'est écrit noir sur blanc, que l'accusé nous a menacés d'une intervention militaire. Nous ne pouvons tenir compte de cette menace puisqu'il n'a pas, à ce jour, ouvert les hostilités. Dieu merci, nous vivons dans un État de droit, nous ne réprimons que les délits effectivement commis. Voilà sept siècles à présent que nous n'avons plus l'habitude de poursuivre un individu à cause de ses seules intentions...

— Vous vous trompez, mon cher confrère. Il ne s'agit en aucun cas de simples intentions. Mr. Rosenbach a déjà commencé la destruction de notre royaume insulaire. »

A ces mots, l'avocat général sortit de sa poche un petit flacon qui contenait une poudre dorée. Il le brandit au-dessus de sa tête, sûr de sa victoire.

« Voici la substance fatale, messieurs les jurés, grâce à laquelle cet étranger a détruit trois étages d'un immeuble londonien. Et c'est ce que monsieur l'avocat appelle une bagatelle !

— Ce sont des grains de résine, messieurs. Des produits naturels tout à fait inoffensifs qui possèdent des propriétés photosensibles — c'est d'ailleurs la raison pour laquelle ils se trouvaient chez Mr. Rosenbach. L'accusé cherche depuis des dizaines d'années une formule magique qui lui permettrait de réaliser la photographie en couleurs. Malheureusement, et à son grand désespoir, il ne l'a pas encore trouvée. Miss Popper, la logeuse de mon client, vous confirmera que son locataire n'était animé que d'intentions pacifiques. Ai-je raison, Miss Popper ?

— C'est moi qui suis la victime, messieurs, et je devrais donc logiquement être un témoin à charge, mais je ne peux en dire que du bien. J'adore cet homme, c'est un génie.

— Cela signifie-t-il que vous l'aimez, Miss Popper ?

— Cela signifie ce que cela signifie, messieurs les jurés, dit la logeuse en étouffant ses sanglots.

— Messieurs les jurés, si cela signifie ce que cela signifie, la déposition du témoin n'a aucune valeur juridique, Miss Popper ne serait plus objective et je me verrais dans l'obligation de questionner l'accusé personnellement.

— Je me tiens à votre disposition, Votre Honneur.

— Savez-vous, Mr. Rosenbach, qu'il est strictement interdit dans ce pays de détenir des explosifs. Vous avez abusé ainsi de l'hospitalité que la Grande-Bretagne vous offrait.

— Je le sais, bien sûr, mais je proteste contre l'affirmation selon laquelle j'aurais abusé de l'hospitalité de votre pays.

— Donc, vous saviez que vous vous rendiez coupable ?

— Non, Votre Honneur.

— Comment, non, Mr. Rosenbach ?

— Parce que je ne pouvais prévoir que ma substance allait exploser si on la chauffait.

— Et pourquoi ne pouviez-vous pas le prévoir ? Vous prétendez être savant, que je sache.

— Je n'ai jamais affirmé que j'étais un savant, Votre Honneur. Je suis un inventeur, c'est une nuance subtile, mais essentielle.

— On rencontre souvent des gens qui prétendent être des inventeurs. Les uns assurent qu'ils sont Galilée, les autres affirment être Benjamin Franklin ou Isaac Newton. En règle générale on leur met une camisole de force et on les isole dans un endroit adéquat. Comprenez-vous ce que je veux dire, Mr. Rosenbach ?

— Je comprends parfaitement ce que vous voulez dire, Votre Honneur, et c'est précisément la raison pour laquelle je désire quitter ce pays.

— Je ferai tout ce qui est en mon pouvoir pour vous en empêcher.

— Et moi, je ferai tout ce que je peux pour tourner le dos à ce pays. La grandeur du Royaume-Uni est révolue. Un hôte étranger ne peut plus ni respirer ni penser librement.

— L'accusé désire tourner le dos à notre pays, comme il dit si joliment. Il veut nous quitter après avoir tenté en vain de nous détruire. Parfait. Et où donc désire-t-il se rendre, si je puis me permettre cette indiscrétion ?

— A Rome, Votre Honneur.

— Pour être reçu par le pape, je suppose », se moqua l'avocat général qui commençait à comprendre qu'il avait affaire à un psychopathe invétéré.

« Le pape sera honoré de faire ma connaissance.

— Personne n'en doute, Mr. Rosenbach. Et je suppose que vous allez tenter de réduire Saint-Pierre de Rome en cendres, n'est-ce pas ?

— Je comprends, Votre Honneur, que vous cherchiez à faire de l'esprit à mes dépens, mais je n'ai pas la moindre intention d'incendier Saint-Pierre de Rome. Je veux m'y faire baptiser... »

On eût dit que la foudre s'abattait sur l'assistance. Une tempête de rires balaya la salle d'audience. L'avocat général se pencha vers le défenseur et lui dit quelque chose à l'oreille. Mais il parla si fort que toutes les personnes présentes purent l'entendre :

« Cet homme n'est pas détraqué, mon cher confrère, il est fou à lier ! »

De sa voix la plus calme, Henner répondit :

« Je suis en parfaite santé, monsieur l'avocat général. En tout cas, je suis aussi sain d'esprit que vous, mais cela n'empêche qu'il me faut un certificat de baptême.

— Pour des raisons scientifiques, j'imagine.

— Parce que je suis un inventeur et que la vie s'écoule comme le sable dans un sablier. En tant que juif, vous perdez la moitié du temps qui vous est imparti... »

Henner marqua une pause. Il avait la gorge nouée et ses yeux se mouillèrent de larmes.

« Comment perd-on la moitié de son temps, Mr. Rosenbach ?

— On est obligé de courber la tête, Votre Honneur, de se fondre dans la masse pour ne pas se faire remarquer. Il faut rentrer la tête dans les épaules, sourire en permanence pour qu'on ne vous insulte pas.

— La psychiatrie connaît des obsessions que l'on nomme la paranoïa. Le malade a l'impression que toute l'humanité est contre lui.

— Exactement. Voilà ma maladie. J'ai toute l'humanité contre moi ! »

Miss Popper se leva alors et s'écria :

« Ce n'est pas vrai. Pas toute l'humanité. Moi, je suis de votre côté. Vous faites partie du peuple élu et vous, vous êtes l'homme élu. Dieu vous bénisse. » En disant ces mots, elle se mit à sangloter et, se tournant vers l'avocat général, elle ajouta : « Ne comprenez-vous pas qu'il est le Messie ? Il est innocent, monsieur l'avocat général, et il est aussi pur que les sources du Jourdain.

— Vous cherchez à le protéger, Miss Popper, bien qu'il ait fait exploser votre maison ?

— C'est un saint. C'est moi qui accomplirai sa peine. Mais lui... Laissez-le en liberté ! »

XIV

« Vienne, 10 octobre 1911

Nous sommes pris à la gorge, nous croulons sous les dettes. Papa ne gagne rien parce qu'il n'a pas d'atelier. Cela fait belle lurette que nous n'avons plus d'argent. Maman est allée voir Samuel Teichmann, le charmant rabbin d'à côté. Il l'a envoyée chez la communauté juive. Celle-ci s'est déclarée incompétente et l'a envoyée à la banque Rothschild où on l'a reçue froidement. Le banquier lui a dit qu'un prêt était invisageable, mais que la communauté juive de Stanislau devait se porter garante de la solvabilité de Papa. La solvabilité de Papa ! Il y a de quoi pleurer, et Maman en a eu effectivement les larmes aux yeux, parce qu'elle savait qu'aucun être raisonnable, dans toute l'Autriche-Hongrie, ne serait assez fou pour se porter garant de notre solvabilité. Le banquier interpréta mal cette réaction. Il crut qu'elle pleurait à l'idée de toutes les formalités compliquées exigées par la banque Rothschild et lui conseilla sur un ton beaucoup plus aimable de se présenter chez le baron Gutmann, connu pour sa générosité, et qui avait un faible pour les jolies femmes, ce qui pouvait avoir son importance dans le cas présent. Mais comme Maman continuait de sangloter — elle le faisait en véritable virtuose —, il lui donna une recommandation écrite.

Maintenant, nous nous demandons si Maman doit y aller ou non. Évidemment, le risque n'est pas mince. Nous sommes déjà grillés dans tous les magasins de Floridsdorf. J'en souffre beaucoup parce que c'est toujours moi qu'on envoie faire les courses. Trois boulangeries du quartier — Trnka, Gröger et Grünlich — nous ont déjà menacés de saisie d'huissier si nous ne leur réglons pas nos dettes avant la fin de l'année. La boucherie Hawlitchek en a fait autant. L'épicier Kralik a exposé une affiche jaune dans sa vitrine où l'on peut lire que les personnes dont les noms figurent sur la liste ne seront plus servies tant qu'elles n'auront pas payé leur ardoise et qu'elles sont priées de ne plus pénétrer dans le magasin. Notre nom est en deuxième position, et je n'ose même plus sortir dans la rue...

Nous n'avons jamais été aussi malheureux que maintenant, et pourtant, à dire vrai, je n'ai jamais été aussi heureuse. J'ai un moral d'acier et je me demande sincèrement s'il n'y a pas là un rapport... Qui sait ? Peut-être la pauvreté est-elle une condition de la joie de vivre. Je manque peut-être de sensibilité et d'esprit de solidarité, mais je sens que les soucis matériels de mes parents me laissent indifférente. Nous arriverons bien à nous en sortir d'une façon ou d'une autre, je n'en doute pas un seul instant. D'une certaine manière, cette situation m'amuse même. Chaque jour qui passe est une loterie. On se réveille le matin en se demandant si on sera encore sur pied le soir. De cette façon, l'existence est terriblement passionnante, en tout cas, la vie que nous menons est plus excitante que celle des riches pour qui chaque jour ressemble au précédent comme une goutte d'eau.

Dans dix jours, je me présenterai au baccalauréat. Je le réussirai, bien que je sois trois fois défavorisée. Non. Je le réussirai précisément *parce que* je suis trois fois défavorisée. D'abord en tant que femme. Deuxièmement, parce que je suis la fille d'un juif qui a mal tourné. Et troisièmement, à cause de mes convictions. Je reste solidaire de Baltyr et de Dachynski. Mon cœur bat à gauche et mon sang est rouge. Il faut que je décroche cet examen. C'est une dette que j'ai envers mon héros qui a été pendu à Kiev. Tous mes succès le vengeront, et toutes mes victoires seront également les siennes. Je l'aime par-delà la tombe et je démontre ainsi l'immortalité de l'âme. Certes, je suis faible en mathématiques, mais que puis-je y faire ? Je suis fâchée avec les chiffres. Tous les pharisiens qui savent compter restent rivés au sol et n'ont pas idée de la couleur du ciel. Je mettrai ma robe de soie noire, celle qui a un grand décolleté et dont Papa dit qu'elle me fait ressembler à une écuyère de cirque. Je n'ai rien contre. J'aurai donc l'air d'une écuyère de cirque et je réussirai mon examen.

A propos : aujourd'hui, j'ai assisté sans le vouloir à un miracle. Je rentrais à la maison, dans la rue Freytag, et en entrant dans la cuisine, je vis un spectacle des plus bizarres : mes parents s'embrassaient. Pas à la manière de camarades, mais avec fougue, sur la bouche, comme un jeune couple. J'ai déjà vu beaucoup de choses extraordinaires : j'ai assisté à l'ascension des frères Lilienthal dans leur avion, c'était inouï ; j'ai vu le cinématographe de la veuve Tschauner dans la Nuβdorferstraβe, c'était encore plus extravagant ; j'ai entendu la voix immortelle de la Patti, sur le phonographe, c'était le sommet de l'incroyable. Mais mes parents qui s'embrassaient, cela dépassait mon imagination. Papa tenait Maman dans ses bras et lui murmurait des mots tendres à l'oreille. Elle le laissait faire et pleurait. Elle soupirait doucement quand il l'embrassait dans le cou, comme si un gigantesque iceberg fondait dans sa poitrine. Ils étaient tellement absorbés qu'ils ne remarquèrent pas ma présence. Maman ouvrit délicatement la chemise de Papa et caressa ses épaules en se pelotonnant contre lui. Elle répéta plusieurs fois des mots que je n'aurais jamais imaginé entendre dans sa bouche et qui sonnaient faux :

“ Mon pauvre Leo, pourquoi suis-je si cruelle avec toi ? ”

Papa ne dit rien pendant un bon moment. Il était subjugué par toute cette chaleur et cette tendresse. Mais soudain, sa langue se délia et murmura :

“ Ah, Jana. Tu n'es pas entièrement responsable. Je ne suis pas digne de toi. Tu es mon unique lumière, mon étoile scintillante au firmament. Je t'ai volé ta jeunesse, je t'ai accablée, je t'ai empêchée de respirer parce que je suis égoïste, incrédule et timoré. Tu étouffes avec moi, mon oiseau de feu !

— Mon pauvre Leo, pourquoi suis-je si méchante avec toi ?

— Non, c'est moi qui suis méchant avec toi. Je n'ai jamais su te dire combien je t'aimais, car j'ai peur de toi. Je meurs de honte parce que je suis un nain, un vaurien, un triste personnage, un raté. Tu méritais mieux que moi, Jana !

— Pourquoi suis-je si dure avec toi, mon pauvre Leo ?

— Je rêve de te couvrir de pierres précieuses. Je voulais t'offrir les plus belles robes, je voulais faire des voyages à l'étranger avec toi pour que la terre entière puisse te voir et t'admirer. Je voulais dire à tout le monde que tu es ma reine, que je t'adore, que je suis ton esclave. Je voulais faire tout cela, mais où sommes-nous, maintenant ? A Floridsdorf, dans la banlieue pauvre de Vienne, et toutes les armoires sont vides... ”

Lorsque Papa prononça ces mots, une grande tristesse l'envahit. Il se jeta aux pieds de Maman et se mit à pleurer. C'était un spectacle insupportable pour moi. J'étais décidée à mettre un terme à cette scène humiliante et je m'écriai :

« Maman, Papa, que se passe-t-il, pour l'amour du ciel ? »

C'est alors que Maman sortit de son extase. Elle regarda autour d'elle, m'aperçut et me dit d'un ton sec, digne d'une guichetière de la poste :

« C'est Yom Kippour, aujourd'hui, Malwa, le jour du grand pardon. Ne le sais-tu pas ? Nous nous réconcilions. »

Je me souviens que lorsque j'avais onze ans, j'ai demandé un jour à mon professeur de religion ce que signifiait l'expression Yom Kippour. Il m'a répondu que c'était le dixième jour du septième mois, que l'on appelle Tichri. Ce jour-là, les juifs obtiennent du Seigneur le pardon de tous leurs péchés. Yom Kippour, me dit-il, était d'une certaine façon le jour de l'effacement des péchés. Il me raconta encore deux ou trois choses, mais je ne l'écoutais plus, car il parlait d'une façon très guindée. Cela m'a fait rire — je m'en souviens parfaitement — et j'ai été punie. Je trouvais tout cela ridicule : on efface toutes les fautes un beau jour, et dès le lendemain, on recommence. On se querelle, on se souhaite tous les maux de la terre, on se fait des crocs-en-jambe pour nuire à l'autre. On pèche, mais le dixième jour du septième mois, on passe l'éponge et tout rentre dans l'ordre. Nous sommes un peuple qui a l'esprit pratique. Nous prêchons le possible. Trois cent soixante-cinq jours par an d'amour du prochain, cela serait trop, cela dépasserait les limites de ce qu'il est humainement possible de faire. Ou bien on s'aime soi-même, ou bien on aime son prochain, mais les deux choses à la fois relèvent de l'illusion. Les chrétiens sont des rêveurs. Ils sont obsédés par une seule idée : aime ton prochain comme toi-même. C'est impossible. Ils se sentent donc constamment coupables et courent se confesser : *mea culpa, mea maxima culpa !* crient-ils. Ils s'accusent de leurs péchés parce qu'ils sont des hommes, et non des anges. Ils ne peuvent donc pas aimer leur prochain comme eux-mêmes. Nous, les juifs, nous sommes plus sincères. Nous répandons notre fiel, et ensuite, à l'occasion, nous nous réconcilions, l'espace de vingt-quatre heures. Et le lendemain, nous recommençons comme avant. Moi, je ne crois pas à l'amour du prochain. Il est trop désintéressé pour être sincère. C'est une morale à sens unique. Si je devais croire à quelque chose, ce serait plutôt à l'amour tout court. Il repose sur un principe simple : on donne et on reçoit. On ne doit rien à personne et chacun y retrouve son compte. Il n'y a pas d'amour entre Maman et Papa. Ils se réconcilient de temps en temps, tout au plus. Il n'y a pas de place pour l'amour chez eux parce que c'est toujours Papa qui donne. Il se sent trompé parce qu'il est frustré depuis vingt ans. C'est ce qui explique cette comédie de la réconciliation et la question de Maman : “ Leo, pourquoi suis-je si méchante avec toi ? ” Elle mériterait que Papa la frappe pour cette phrase. Mais au lieu de cela, il donne dans l'humilité chrétienne. Il se charge de toutes les fautes et accentue son humiliation en élevant Maman au rang de reine, de suzeraine toute-puissante. Les choses ne peuvent pas fonctionner de cette manière. C'est de l'autodestruction, et aucun Yom Kippour ne pourra rien y changer. Moi, je vivrai autrement. Ou bien je donnerai et je recevrai, ou bien il n'y aura rien. Je ne veux ni servir ni régner. Le bonheur sans égalité n'existe pas. J'en suis persuadée. »

Depuis leur installation à Vienne, Jana s'était mise à accorder de l'importance aux apparences. Elle avait quarante ans, et elle était plus attirante que jamais. Son goût pour les formes et les couleurs s'affina. Elle allait très souvent au marché aux puces où elle achetait des bouts d'étoffe dont elle faisait des robes qui avaient une certaine allure. On eût dit qu'elle était l'épouse d'un haut dignitaire lorsqu'elle pénétra dans l'antichambre du baron. Un homme rondelet se leva d'un bond, la toisa avec la mine du connaisseur et dit d'une voix nasillarde :

« Madame Rosenbach, si je ne m'abuse.

— Êtes-vous le baron Gutmann ?

— Je suis son secrétaire particulier. Je m'appelle Oppenheim. Puis-je vous introduire au salon ? »

Jana lui tendit sa lettre de recommandation et dit avec un sourire angélique :

« J'avais déjà perdu tout espoir d'être reçue par vous... »

Le secrétaire particulier lança un regard concupiscent à la belle demanderesse, parcourut la lettre de recommandation et invita Jana à s'asseoir.

« Vous êtes originaire de Galicie, à ce que je vois. Que venez-vous chercher dans ce lieu de perdition ?

— Mon mari a malheureusement dû quitter Stanislau.

— Des problèmes d'argent, je suppose.

— On nous a fait des ennuis, parce que nous sommes juifs.

— Nous aussi sommes des juifs, madame Rosenbach, mais nous ne pouvons pas nous plaindre.

— On a provoqué mon mari en duel.

— Et alors ?

— Il a une famille à nourrir, monsieur Oppenheim.

— Cela signifie donc qu'il a fui, si je comprends bien. Jusqu'à Vienne. Et vous désirez que le baron Gutmann le sorte de ce mauvais pas.

— Ce n'est pas la faute de mon mari, je peux vous le jurer.

— Ce n'est pas non plus la faute du baron Gutmann, je peux le jurer également. »

Jana n'eut pas la force de se laisser humilier plus longtemps. Elle se leva, mit ses gants et dit d'une voix toute différente :

« Je vois que je n'ai rien à attendre de vous. Adieu ! »

Oppenheim sembla surpris par une réaction aussi intempestive et tenta de la retenir.

« A-t-il un métier ce monsieur... Comment s'appelle-t-il, déjà ?... ce monsieur Leo Rosenbach ?

— Il fut pendant des années le photographe de la cour de Louis II de Bavière.

— Que ne me l'avez-vous dit tout de suite, chère madame ? Cela change tout.

— Si vous étiez disposé à lui accorder un prêt », dit Jana en mettant au service de sa cause tous ses charmes et en lançant à Oppenheim des regards provocateurs, « si vous pouviez lui avancer quelques milliers de couronnes, tout au plus, il pourrait ouvrir ici, à Vienne, un atelier défiant toute concurrence. Et vous rentreriez rapidement dans votre argent, avec les intérêts en sus. »

Le secrétaire particulier se leva à son tour et s'approcha de Jana.

« Vous seriez donc prête, madame...

— Je m'appelle Jana, monsieur Oppenheim.

— Vous seriez donc prête, madame Jana, à garantir personnellement et sur votre honneur que nous retrouverons notre argent ?

— Qu'entendez-vous par “ personnellement et sur mon honneur ” ?

— Très exactement ce que j'ai dit. Vous vous portez garante de M. Rosenbach, et vous engagez votre personne et votre honneur. Et comme vous êtes une personne fort désirable, madame Jana...

— Quel serait le délai de remboursement de cette dette ?

— Le 31 décembre de l'année prochaine. Vous avez quinze mois.

— Cela fait donc six mille couronnes, remboursables jusqu'à la fin de 1914... »

Oppenheim se dirigea vers le coffre, l'ouvrit et en sortit soixante billets de cent couronnes. Il les compta en les posant un à un sur la table.

« Cinquante-huit, cinquante-neuf, soixante. En contrepartie, je ne vous demanderai qu'une seule chose, pour l'instant... »

Jana sursauta. Cet homme lui faisait horreur. Elle répliqua d'un ton sec et hautain :

« A savoir ? »

Oppenheim eut un sourire mielleux.

« Votre signature, ma charmante dame ! »

« Vienne, 30 octobre 1913

Eurêka ! J'ai obtenu mon baccalauréat, bien que je sois une femme et que je me sois préparée toute seule à l'examen, malgré notre religion et mes opinions subversives. Teichmann m'a félicitée en hébreu, je n'ai pas compris un traître mot de ce qu'il m'a dit. Ensuite, il a ajouté en allemand que je ne devais ma réussite qu'à ma robe de soie noire. Il s'est moqué de moi en disant qu'avec un décolleté pareil, il l'aurait réussi lui aussi. Teichmann me plaît, c'est vrai, mais c'est un rabbin et il est un peu ingénu. Il est grand et mince, il a une peau très blanche et une barbe drue, mais en tant qu'homme, c'est un véritable fossile. Sa place est au musée. Il est constamment par monts et par vaux, il va de maison en maison, mais il est incapable de dépasser ses propres limites. Il est incapable d'apprendre quoi que ce soit parce qu'il passe son temps à enseigner. C'est pour cette raison que les professeurs sont si bêtes. Il disait qu'une femme ne devrait pas faire d'études, que les choses de l'esprit étaient une prérogative des hommes. J'ai pourtant déjà rencontré beaucoup d'hommes qui ne mettent pas en avant cette prérogative, à l'exception de Baltyr, évidemment, et de Henner. Et de Dachynski. Si l'esprit était un privilège des hommes, le monde serait différent. Tout est un privilège des hommes, mais moi, je vais m'efforcer de changer cela. Les hommes font la politique, les guerres, aussi. La course à l'argent et au prestige est une invention des hommes. A l'examen, on m'a demandé quel était le héros de la littérature qui méritait toute notre admiration. Je répondis que ce héros était une héroïne et qu'elle s'appelle Lysistrata, la belle Athénienne, qui avait proclamé une grève de l'amour pour contraindre les hommes à conclure la paix avec Sparte. L'examinateur eut un sourire et me demanda si je savais également qui avait écrit cette pièce absurde. Je répondis qu'elle n'était pas absurde du tout, au contraire, qu'il s'agissait d'un sujet terriblement actuel et que son auteur s'appelait Aristophane. L'examinateur sourit à nouveau en disant que je ne pouvais pas nier qu'Aristophane était un homme. Je répondis qu'effectivement, je ne pouvais le nier, mais que ce n'était pas le fait du hasard si Aristophane avait choisi de faire d'une femme le personnage central de son œuvre, parce qu'un homme n'aurait jamais pu avoir une idée pareille. Et j'ajoutai que, de toute façon, Aristophane était né d'une femme, qu'une femme l'avait élevé, et que l'humanité aurait disparu depuis longtemps sans les femmes. J'expliquai en outre que la paix était plus importante à mes yeux que toute l'époque de Périclès. Quel profit l'humanité peut-elle tirer des frises du Parthénon et de la sagesse de Platon si les hommes n'arrêtent pas d'inventer de nouveaux moyens de destruction ? Le visage de l'examinateur rayonna de joie :

“ Vous avouez donc que les guerres ne sont pas les seules choses que les hommes sont capables de faire, mais que les arts et les sciences, la littérature et la philosophie sont également leur œuvre...

— Certainement, répliquai-je, mais Praxitèle et Socrate, Phidias et Aristote sont l'œuvre des femmes. Ils sont tous nés d'une mère qui leur a appris à parler et à penser. ”

L'examinateur me dit qu'il me mettait vingt sur vingt parce que je possédais une culture étonnante, mais il me mit en garde :

“ Les femmes intelligentes ne sont pas heureuses en amour, mademoiselle Rosenbach.

— Je le sais. Les hommes se battent pour obtenir les faveurs des femmes sottes, ce qui prouve bien à quel point ils se contentent de peu de chose. ” »

XV

Herschele avait beaucoup changé, du moins physiquement. Par prudence politique et pour des raisons dont nous reparlerons plus loin, il avait supprimé la dernière syllabe de son nom de famille et s'appelait dorénavant Henryk B. Kamin. Il avait coupé ras sa longue chevelure et avait remplacé ses lunettes cerclées de fer par d'autres en écaille qui lui donnaient l'allure d'un homme d'affaires américain. Dans les dernières années, il s'était transformé en un superbe jeune homme : il avait des cheveux noirs et soyeux, des yeux bleu turquoise et, à ce qu'on disait, des lèvres irrésistibles. Il n'avait nul besoin de faire de grands discours pour séduire les gens. Il suffisait qu'il souriât — de ses pupilles jaillissaient alors des étincelles d'argent — et il avait déjà conquis tous les cœurs. Les hommes et les femmes se disputaient ses faveurs.

Même les matelots du cargo allemand *Königsberg* recherchaient sa compagnie. Tandis qu'à l'extérieur les éléments se déchaînaient et que les vagues balayaient le pont, tout l'équipage était assis autour de lui, dans le carré de l'équipage. Les hommes racontaient des histoires ou jouaient aux cartes. Tous le trouvaient formidable et le traitaient comme l'un des leurs. Un seul parmi eux gardait ses distances, un homme nommé Rottmeister, qui ne cessait de tirer les vers du nez à Herschele alias Henryk.

« Pourquoi ne veux-tu pas faire une autre partie, mon pote ?

— Donne-moi l'adresse, et je jouerai jusqu'à demain matin.

— Tu as perdu trop de pognon, hein ?

— Je t'ai déjà dit que nous reprendrions la partie demain.

— Tu as l'air d'un prétentieux, tu parles comme un prétentieux, mais tu joues comme un prolétaire. Je n'y comprends rien.

— Désolé. Bonne nuit.

— Si tu n'as pas d'argent, tu peux jouer ta montre.
— J'ai dit : demain matin. Et nous jouerons de l'argent.
— Et pourquoi pas ta montre ?
— Parce que c'est un cadeau de ma mère.
— Où vit-elle ? En Amérique ?
— En Russie. Je vais dormir.
— Mais tu as un nom américain. Il y a quelque chose de louche là-dessous.
— Comment se fait-il que tu connaisses mon nom ?
— Il est inscrit sur ta valise.
— J'ai des papiers russes, je suis Polonais, je porte un nom américain et je vais en Autriche. Ce sont des choses qui arrivent. Veux-tu savoir autre chose ?
— Si je te recommande, mon vieux, il faut que je sache qui tu es.
— Maintenant, tu le sais. Si cela ne te plaît pas, je ne peux rien y changer.
— Combien veux-tu pour ta montre ?
— Je t'ai déjà dit qu'elle n'était pas à vendre.
— Mon passeur non plus n'est pas à vendre. Pourquoi as-tu besoin de lui ?
— Parce qu'il faut que je passe en Russie.
— Et pourquoi n'achètes-tu pas un billet de train ?
— Je ne peux pas.
— Tu n'as pas la conscience tranquille, hein ?
— Si je me fais coincer, je suis perdu. Donne-moi cette adresse.
— Combien me proposes-tu en échange ?
— Cent marks.
— C'est peu.
— Deux cents, pas un sou de plus.
— Et qui me dit que tu n'es pas un indicateur ?
— Et toi ? Ton passeur me fera rejoindre l'autre rive du fleuve. Qui me dit qu'un flic russe ne viendra pas me cueillir à l'arrivée ?
— Fais voir ta montre, camarade.
— Que lui veux-tu, à cette montre ?
— Je voudrais savoir d'où elle vient.
— De Suisse. Et alors ?
— Ce qui vient de Suisse est classique, à ce qu'on dit.
— Pas tout.

— Ce dont je parle est super-classique.

— Où veux-tu en venir ? », demanda Herschele qui commençait à se rendre compte qu'on lui faisait passer un véritable examen.

« Connais-tu un Russe qui s'appelle Oulianov ?

— Je n'ai pas la moindre idée de ce dont tu parles.

— Dommage, dit Rottmeister, parce qu'il est en Suisse et tire les ficelles.

— Tu parles de Lénine, mon vieux. Mais il n'est plus en Suisse, il est en Autriche.

— Tu en es sûr ?

— Absolument sûr. Il habite à Poronin, non loin de Cracovie... »

Rottmeister se leva alors, lui tapa sur l'épaule et grogna :

« Tu es reçu, collègue. Je vais te donner l'adresse de mon passeur. Et pour toi, ce sera gratuit.

— Tiens, je te donne ma montre, en souvenir de Hersch Kaminski. C'est comme cela que je m'appelle en réalité.

— Écoute-moi bien, Hersch Kaminski. Notre homme habite à Vienne, dans le vingt et unième arrondissement, Schloβhoferstraβe... »

XVI

Le jour où cette conversation eut lieu, quelque part entre New York et Bremerhaven, Leo Rosenbach ouvrait son nouvel atelier dans l'arrière-cour d'un immeuble situé au numéro 3 de la Freytagsgasse, l'une des constructions les plus curieuses du quartier industriel de Vienne qui s'appelait Floridsdorf. L'atelier avait la forme d'une rotonde surmontée d'une verrière. Une passerelle en marbre vert y conduisait. Une plaque apposée sur la porte indiquait : « Leo Rosenbach, ancien photographe à la Cour royale de Bavière. Portraits et travaux photographiques en tout genre. »

L'inauguration des lieux fut marquée par une fête modeste, vu les circonstances. Seuls quelques amis étaient venus. Deux tantes éloignées de Galicie, quelques cousines, le propriétaire, avec lequel on voulait évidemment entretenir de bonnes relations, un célibataire au teint jaunâtre qui habitait au troisième et qui s'appelait Samotny, ce qui signifie « seul ». Il faisait une cour désespérée à Jana et ne cessait de lui jeter des regards humides. Samuel Teichmann était venu lui aussi, et c'est lui qui tint le discours traditionnel, un discours qui devait rester longtemps dans toutes les mémoires :

« Le but et la fonction de cet atelier, mesdames et messieurs, est d'immortaliser la vanité humaine. La présomption féminine et l'ambition masculine s'y donneront rendez-vous chaque jour. Ici, on exploitera la fatuité et la prétention, la suffisance et l'arrogance humaines, mais ceci, mes chers amis, ne signifie aucunement que l'art de Leo Rosenbach soit une infraction aux principes fondamentaux de notre religion. Il faut fixer pour l'éternité la présomption de l'homme, car tôt ou tard, le péché d'orgueil sera puni. Dans quelques années, nous contemplerons notre portrait et nous constaterons avec horreur qu'il est resté bien peu de chose de notre beauté et de notre magnificence passées. La vilenie et le vice marqueront les traits de notre visage, que nous le voulions ou non. En comparant la nouvelle réalité d'aujourd'hui à celle d'hier, nous comprendrons l'ampleur de notre déchéance. Cela peut sembler absurde, mais il fallait que ce fût dit : béni soit ce lieu, car les photographies qui verront le jour ici nous inciteront à respecter les commandements divins et à vivre dans la crainte et le respect de Dieu. »

Leo Rosenbach était superstitieux, même s'il était persuadé d'être un homme ouvert et sans préjugés. Il était convaincu que le premier client qui franchirait le seuil de son atelier déciderait de l'avenir de sa boutique. Son nom, son origine, son apparence seraient les signes visibles d'un oracle déterminant pour l'avenir. L'ancien photographe de la cour de Bavière attendait donc avec une impatience fiévreuse l'instant où celui que le destin aurait choisi pénétrerait dans la rotonde. Leo avait fait paraître une annonce dans *La Nouvelle Presse Libre* et pensait pouvoir espérer s'attirer les faveurs d'une clientèle aisée.

Le matin du troisième jour, on sonna à la porte, et Malwa, qui faisait fonction d'hôtesse, alla ouvrir. Il était donc enfin venu, celui que la Providence avait envoyé : un capitaine de cavalerie au visage barré de balafres récentes, un personnage fier comme un paon, sûr de lui et qui portait monocle. Il s'adressa à Malwa sur un ton nasillard et charmant :

« Mes hommages, mademoiselle. J'ai l'honneur de me présenter : Joseph von Schischkowitz, 11e régiment de hussards. Comme vous l'avez certainement remarqué, je porte sur le visage quelques blessures que j'aimerais immortaliser grâce à une photographie, comme on dit si joliment.

— Rien de plus facile, mon capitaine. Donnez-vous la peine d'entrer et remettez-moi votre manteau. Vous avez eu un accident, je suppose ?

— Une bagatelle, chère mademoiselle, une affaire d'honneur entre hommes qui a eu une issue tragique...

— Mais vous êtes encore en vie, il me semble...

— Moi, oui, comme vous l'avez fort justement constaté, mais l'autre n'a pas eu de chance... »

A cet instant, une porte s'ouvrit au fond de la boutique, et Leo, qui avait observé la scène depuis la chambre noire, fit son apparition. Affichant un sourire enjoué, il s'avança vers l'officier, s'inclina devant lui avec modestie et dit :

« Cher monsieur, vous porterez bonheur à notre nouvel atelier de photographie.

— Avec joie, monsieur... Comment vous appelez-vous, déjà ? Vous êtes le photographe de la Cour, si j'en crois l'inscription que j'ai lue...

— Je l'ai été, à la cour du roi Louis II de Bavière. Vous serez pour nous une double bénédiction, mon capitaine. Nous venons d'ouvrir notre nouvel atelier et vous êtes notre premier client, ici, à Vienne. De plus, vous vous êtes battu courageusement et vous avez survécu...

— Si je comprends bien, vous aimeriez me récompenser. Je vous porte chance et vous voudriez prendre votre revanche.

— J'en serais très heureux, mon capitaine. Je vous photographierai gratuitement, cela va de soi.

— Dans ce cas, je vous demanderai de me photographier deux fois, afin que je vous porte chance doublement. J'aimerais une photographie du profil gauche et une autre du profil droit. Et, si possible, une troisième en compagnie de cette délicieuse personne.

— Si vous y tenez, dit Malwa à contrecœur, mais je veux savoir d'abord si l'autre est encore en vie.

— Quel autre, charmante demoiselle ?

— Celui qui n'a pas eu de chance, comme vous l'avez dit.

— Les blessures de mon visage attestent qu'il s'est fort bien battu. Mais il est malheureusement resté sur le tapis.

— Et vous dites cela sans sourciller, mon capitaine ?

— Pour un officier autrichien, mademoiselle, la vie est l'exception, c'est la mort qui est la règle. Nous laissons à nos ennemis le soin d'avoir peur.

— Je considère que la peur est un signe d'intelligence, alors que l'héroïsme n'est que l'expression de la bêtise. »

Le photographe de la Cour sursauta en entendant ces mots. Il se rappela la fuite de Stanislau et craignit, non sans raison, que l'impertinence de sa fille ne provoquât une nouvelle catastrophe. Il tenta donc d'intervenir avec autant de diplomatie et de doigté que possible :

« La jeunesse d'aujourd'hui n'a rien dans la tête, monsieur von Schischkowitz. Il est inutile de perdre son temps à discuter avec elle. Venez vous asseoir dans ce fauteuil, nous allons nous préparer pour la photographie. » Leo voulait effacer la moindre dissonance et il ajouta : « Notre hôte d'honneur a-t-il un souhait particulier ? »

Le capitaine répondit :

« Votre hôte d'honneur aimerait que la charmante demoiselle l'accompagne au bal de la Saint-Sylvestre, et il s'engage à la ramener saine et sauve à la maison. »

Leo répondit d'un ton soumis :

« Mais bien sûr, mon capitaine. Nous sommes heureux et honorés de cette aimable proposition. Les désirs d'un capitaine de hussards sont des ordres pour nous. »

Malwa était de plus en plus méchante humeur. Elle n'avait pas la moindre intention de se prêter à cette comédie et dit d'un ton sec :

« De quels ordres parles-tu, Papa ? Je n'autorise personne à m'imposer celui avec qui je dois danser le soir de la Saint-Sylvestre. »

Leo en eut le souffle coupé. Il fit mine de ne pas avoir compris :

« Tu n'as pas dit que tu refusais l'invitation du capitaine, n'est-ce pas ?

— Non, je n'ai pas dit cela. J'ai simplement fait remarquer que les désirs d'un capitaine de hussards ne sauraient en aucune manière constituer des ordres pour moi, ni aujourd'hui ni à l'avenir.

— Donc, tu acceptes, si j'ai bien compris ?

— Tu as mal compris, Papa. Je n'accepte pas et je ne refuse pas. Je veux réfléchir. »

« 12 décembre 1913

Dieu seul sait à quoi je m'expose. Ce capitaine est tout le contraire de l'idée que je me fais d'un homme. Certes, il est mignon, c'est indéniable, mais il est insipide et manque totalement d'humour. Il porte un uniforme sur le dos, mais aussi dans sa tête. Je n'arrive même pas à reproduire ici les idées qu'il exprime, tant elles sont médiocres. Je vais bientôt avoir vingt-deux ans, et j'ai acquis la conviction qu'on pense à contre-courant ou pas du tout. Il a choisi la deuxième solution. Il vit dans le confort et s'y sent bien. Il ne se pose pas de questions et approuve le monde tel qu'il est. Il refuse de remettre quoi que ce soit en question. Que Dieu lui pardonne d'avoir un horizon aussi limité. Il répète toutes les banalités qui ont cours dans son régiment : pour un officier autrichien — il dit cela sans rougir — la vie constitue l'exception, et la mort est la règle. Dieu que c'est stupide ! Pourquoi est-il venu au monde, dans ce cas ? Pour servir l'empereur, répond-il. Et pourquoi sert-il son empereur ? Parce qu'il le faut. L'a-t-il choisi ? Bien sûr que non, mais de telles questions le dépassent. Il obéit aux ordres qu'on lui donne. C'est un soldat de plomb avec lequel Sa Majesté joue à la guerre. Et malgré tout cela, je sors avec lui. Suis-je moi aussi un soldat de plomb, une dame, sur un échiquier, que l'on pousse d'une case à l'autre ? Pendant vingt-deux ans, j'ai vécu comme je l'entendais, je n'en ai fait qu'à ma tête, mais le 31 décembre, on m'emmènera à l'abattoir. C'est cela, la tradition. Je vais danser avec lui, il pensera que je lui donne ainsi un blanc-seing et se croira autorisé à me tripoter. Non pas par amour, ni par tendresse, mais simplement parce qu'il se croit obligé de prouver sa virilité. Le fringant hussard fera la conquête d'une jeune fille juive pour pouvoir ensuite s'en vanter. Pourquoi ai-je accepté cette proposition ? Parce qu'il est mignon — Papa dit que c'est un sacré gaillard — et parce qu'il porte l'uniforme. Je devrais pourtant savoir que le sabre fait partie de la tenue du soldat et qu'il sert à tuer des gens, comme ça, sans même y penser. Il n'a pas eu de chance, voilà tout, dit-on après coup, et l'affaire est classée. Sa façon de parler me rend malade. Il ne sait pas demander, il ordonne. Papa est prêt à le photographier gratuitement, mais cela ne lui suffit pas. Il exige trois photographies, avec la charmante demoiselle, et tout cela sans bourse délier, bien sûr, parce que c'est normal quand on s'appelle von Schischkowitz, on appartient à la race des seigneurs. Qu'a-t-il en commun avec Baltyr ? Avec Henner ? Avec Dachynski ? Son sexe, mais rien de plus. A ce sujet, je me demande parfois si ces choses n'ont vraiment pas d'importance. Surtout la nuit, quand je suis seule dans mon lit, quand je sens que je suis une femme et que je me languis d'un homme, d'un homme de chair et de sang qui pourrait me rendre heureuse, qui pénétrerait mon corps et me posséderait.

Est-ce cela que je veux ? Ce capitaine me déflorerait et ferait de moi une femme. Ou une esclave. Quel comportement adopter ? Dois-je m'abandonner au désir ou écouter ce que me dicte mon bon sens ? Prends garde, Malwa ! Ne te laisse pas abuser ! Pense à Lysistrata. Nous autres femmes avons une arme secrète qui nous rend fortes : le refus. »

Le lendemain eut lieu un événement tout à fait déterminant pour la suite de cette histoire. C'était une froide matinée d'hiver, les rayons pâles du soleil arrivaient à peine à percer les nuages chargés de neige qui s'étaient amassés dans le ciel de la ville. Les Rosenbach affichaient un optimisme mesuré. Depuis quelques jours, les premiers clients commençaient à venir dans l'atelier. Les premiers gains permettaient d'espérer que les années de vaches maigres allaient prendre fin. Jana et Malwa étaient occupées à préparer des pâtisseries pour Noël et Chanuka. Étant donné que la famille ne priait ni Jésus-Christ ni Moïse — on ne priait jamais chez les Rosenbach —, on célébrait les deux fêtes le même jour et ce de façon très peu religieuse, comme l'exigeait la mode de l'époque. Une douce odeur de cannelle et de sucre émanait de la cuisine et envahissait toute la maison. La table était couverte de raisins de Corinthe, d'amandes grillées et de fruits confits. On sonna à la porte. Malwa courut ouvrir. Son visage se figea lorsqu'elle se trouva face à un homme d'une beauté hors du commun, un mélange entre l'Éros de Piccadilly et le penseur de Rodin, debout dans le couloir. Il devait avoir vingt-cinq ans et regardait Malwa comme s'il s'agissait d'une apparition surnaturelle. Ni l'un ni l'autre ne purent prononcer un mot. Tous deux se regardaient, étonnés, comme subjugués. Au bout d'un moment qui avait semblé une éternité, Malwa bredouilla :

« Que désirez-vous ? »

L'archange répondit d'une voix veloutée :

« Rien. Rien du tout. J'ai complètement oublié ce que je voulais.

— Mais vous avez bien sonné, non ? Qui êtes-vous ?

— Avez-vous peur de moi ?

— Oui, répondit la jeune fille en rougissant.

— Il ne faut pas avoir peur, je ne suis... comment dire ? Je ne suis qu'un nuage en pantalons. »

La stupéfaction de Malwa allait grandissant. Elle regarda avec étonnement ce jeune homme qu'elle aurait volontiers serré dans ses bras, mais elle sut dominer son tempérament et murmura :

« Vous venez pour la chambre, je suppose ?

— Oui, c'est cela. Je suis venu pour la chambre. J'ai vu l'annonce sur votre porte, et j'ai pensé... » Il la regarda droit dans les yeux et sa voix lui fit défaut. « J'ai oublié ce que j'ai pensé.

— Inventez quelque chose, dans ce cas.

— J'ai pensé qu'il fallait absolument que je sonne ici parce qu'il m'a semblé que je mourrais foudroyé si je ne le faisais pas. Je ne crois pas au destin, mais... »

Malwa comprit que ce serait une bêtise de continuer à parler à ce jeune homme dans le couloir. Elle le fit entrer.

« Maman, il y a quelqu'un qui est intéressé par la mansarde.

— Par la quoi ? », demanda Jana.

Malwa se précipita dans la cuisine et, tout excitée, lui dit à voix basse :

« Va voir dehors, Maman. Il y a un Apollon dans l'entrée !

— Que dis-tu, Malwa ? As-tu perdu la tête ?

— Il ne vient pas de ce monde, je te le jure. Va voir et tu pourras t'en convaincre par toi-même.

— Calme-toi, Malwa ! Exprime-toi plus clairement. Est-il jeune ou vieux, ou quoi ?

— C'est un nuage en pantalons. C'est ainsi qu'il s'est présenté.

— Dieu fasse qu'il ne nous apporte pas la tempête », marmonna Jana.

Elle se lava les mains, jeta un bref regard dans le miroir et sortit pour voir de ses yeux le phénomène. Son visage se figea comme auparavant celui de sa fille. Elle ne sut pas quoi dire. Elle tenta donc de masquer son trouble par une attitude distante et froide.

« C'est pour la chambre ?

— Je pourrais habiter ici, n'est-ce pas ? Permettez-moi de me présenter. Je m'appelle Kamin. Henryk B. Kamin, de New York. Je viens d'arriver à Vienne...

— Très heureuse, monsieur Kamin », répliqua Jana qui eut alors tout le loisir de contempler le jeune homme. De ses yeux jaillissaient des étincelles argentées et un déluge de curiosité et d'exubérance émanait de toute sa personne. Jana ne put s'empêcher de lui sourire et lui demanda : « Qu'est-ce qui vous amène à Vienne, si je peux me permettre de vous poser cette question ?

— Je suis étudiant en médecine, et je suis de passage.

— Pourquoi voulez-vous habiter cette chambre si vous ne comptez pas rester, et où irez-vous ensuite ? demanda Jana un peu brusquement.

— Nous parlerons de mes problèmes plus tard, répliqua Herschele avec un sourire mystérieux, mais maintenant, je vous serais reconnaissant de me montrer la chambre. »

Jana ferma derrière elle la porte du salon et conduisit le jeune homme à la mansarde. En ouvrant la porte, elle dit d'une voix un peu embarrassée :

« Il n'y a pas grand-chose à voir, monsieur Kamin — si c'est là votre véritable nom. Il s'agit plutôt d'un débarras que d'une chambre et je crains que vous ne vous y plaisiez pas. »

Le jeune Apollon entra et s'assit sur le lit, tandis que Jana restait près de la porte. Il ne semblait pas s'intéresser particulièrement à la pièce. Il alluma une cigarette et dit :

« Laissez-moi décider tout seul si ce " débarras ", comme vous disiez, me plaît ou non. Je prends cette chambre, tout de suite. C'est exactement ce que je cherche. Mais dites-moi, qu'est-ce qui vous fait douter de l'authenticité de mon nom ? Faut-il que je vous montre mes papiers ? »

Jana rougit violemment et répondit en bredouillant :

« Je suis désolée, je ne voulais pas vous blesser, mais des gens comme vous sont parfois obligés, comment dirais-je, de se camoufler. D'autre part, vous avez un accent slave et c'est pourquoi je pensais...

— Me prenez-vous pour un faux-monnayeur, madame Rosenbach, ou pour un mauvais payeur ?

— Appelez-moi Jana. Je sais que vous n'êtes pas un escroc. Au contraire...

— Que suis-je, alors ? », demanda Hersch, et ses yeux jetaient des étincelles cristallines.

« J'ai l'impression que vous vous cachez.

— Et vous me faites confiance tout de même ?

— Oui, peut-être justement pour cette raison. Je suis du côté de ceux que l'on persécute.

— S'il en est ainsi, je vais vous révéler qui je suis, madame Jana. En réalité, je ne nomme Hersch Kaminski, mes frères m'appellent Herschele, et je veux retourner en Russie. Ou plus exactement à Varsovie, mais clandestinement.

— C'est à peu près ce que je m'étais imaginé. Combien de temps pensez-vous rester ?

— Cela ne dépend pas de moi, mais nous le saurons rapidement. En tout cas, je me sens bien dans cette maison... »

Jana était fascinée. Elle sentait que ce garçon ne serait pas un locataire habituel. Ce qu'il lui disait lui semblait si familier, si proche, ses paroles lui rappelaient l'époque où elle allait avec Malwa chez Dachynski. Herschele était de la même race. Sa voix avait la même détermination tranquille, le même pouvoir de conviction. On eût dit quelqu'un qui était persuadé de vivre pour la bonne cause. Jana était sûre que ce jeune homme avait été envoyé chez elle par la Providence. Elle s'approcha du mur, rectifia la position du miroir, et s'y regarda rapidement, avant de dire en polonais :

« *Bardzo niechetnie,* c'est à regret que je me prive de cette chambrette, cher monsieur Kaminski, car elle était pour moi une sorte de refuge.

— Vous n'aurez aucun problème avec moi, chère madame. Dans la journée, je serai à l'université, et le reste du temps, je verrai mes amis.

— Je ne la loue que parce que j'y suis contrainte par des difficultés matérielles. Cela me coûte, mais comme vous m'êtes sympathique...

— J'ai fait quelques économies en Amérique, dit l'étudiant avec un sourire enfantin. J'aimerais vous aider...

— Je vous remercie du fond du cœur, répondit Jana en rougissant, mais il suffira que vous payiez votre loyer tous les mois.

— Vous avez des ennuis, m'avez-vous dit ?

— Mon honneur est en jeu... mais je me débrouillerai d'une façon ou d'une autre.

— Je vais vous donner une avance, d'accord ? Je vous verse douze mois d'avance. Je vous prie d'accepter », dit-il en tendant à Jana une liasse de billets qu'elle refusa, horrifiée, d'un geste de la main. Ses yeux se mouillèrent de larmes et elle dit à voix basse :

« Nous vivions mieux, autrefois. Qu'êtes-vous venu chercher chez nous ? Cette maison est affreuse et glaciale. Pourquoi vous obstinez-vous à vouloir habiter chez nous ? On voit bien de quel milieu vous êtes issu. Ceci n'est pas un endroit qui vous convient. Je suis très gênée...

— J'habiterai ici, madame, et pour différentes raisons : par exemple à cause de vos yeux.

— Mes...

— Nous avons tous deux le regard des exclus, dans nos cœurs brûlent la colère et la tendresse. Nous sommes une armée de rêveurs. C'est pourquoi nous nous reconnaissons. Partout. Même dans l'obscurité. La passion brûle dans notre voix et dans notre âme...

— Quel curieux discours, monsieur Kaminski. Vous êtes un véritable alchimiste du verbe, comme les prédicateurs itinérants qui affirment vouloir améliorer le monde dans lequel nous vivons.

— Est-ce condamnable ?

— J'aimerais savoir quel est votre but. Que cherchez-vous ? »

Herschele sourit malicieusement.

« Je veux payer le loyer de cette chambre. Et je veux vous régler douze mois d'avance.

— Vous ne le pouvez pas.

— Je peux bien d'autres choses encore.

— Premièrement, vous ne savez même pas si je vais vous louer cette chambre...

— Et deuxièmement ?

— ... Combien je vais vous demander.

— Je sais tout cela, madame Jana. Je sais lire dans les yeux.

— Essayez un peu ! dit Jana avec coquetterie.

— Tenez-vous vraiment à le savoir ?

— Certainement !

— Vous aussi, vous êtes contrainte de vous cacher. Et votre fille également.

— Quel procès me faites-vous là ?

— Vous vous adonnez à la même alchimie que moi.

— Comment pouvez-vous le savoir ?

— Je le vois à vos yeux, comme je vous le disais. L'alchimie de vos pupilles... Je sais que nous faisons partie du même monde. Tous deux... »

Tandis que Herschele parlait, Jana sortit la chaîne à laquelle pendait le médaillon que lui avait donné Dachynski. Elle l'ouvrit. Un soleil d'or flamboyait dans un ciel de pourpre.

« Je suis heureuse de vous avoir rencontré, monsieur Kaminski. Les hasards de la vie sont comme des comètes qui tombent du ciel. »

Il était là, le demi-dieu, le nuage en pantalons qui avait investi à l'improviste la maison et dont les yeux répandaient une pluie d'étincelles argentées. Herschele saisit la main de Jana, la baisa et murmura :

« Je vous demande de rester discrète, camarade. Je suis recherché. » Il posa la liasse de billets de banque sur la table — il y avait six cents couronnes — et se dirigea vers la porte en ajoutant : « Vous ne m'avez pas dit si vous m'acceptiez et combien d'argent vous vouliez, mais je sais que j'habiterai ici, que vous le vouliez ou non. »

Le 31 décembre 1913 fut une journée d'hiver froide et désagréable. Un vent d'est glacial soufflait dans les rues, et une partie du vieux Danube était déjà gelée, ce qui n'était pas bon signe. Quelques centaines de milliers de Viennois s'apprêtaient à faire leurs adieux à une année des plus banales. Personne ne pouvait se douter que cette Saint-Sylvestre serait la dernière d'une ère révolue. Celui qui aurait pu savoir ce que la nouvelle année allait apporter et quels événements il allait vivre, aurait gravé dans sa mémoire le moindre instant de cette journée fatidique.

Au lieu de cela, les Viennois, et plus particulièrement les femmes, passèrent leur après-midi à se prédire l'avenir à l'aide des accessoires les plus curieux qu'ils avaient sortis du fond de leurs armoires. Les uns cherchaient la vérité dans les cartes du tarot ou dans un jeu de dés, les autres dans des livres orientaux et dans les potions magiques les plus diverses. Les juifs avaient coutume d'ouvrir au hasard la Tora et d'interpréter le sens du premier mot de la page de droite. Les Rosenbach se trouvaient dans leur salon bien chauffé. Ils s'amusaient à faire fondre du plomb qu'ils jetaient ensuite dans de l'eau froide. Ils posaient les formes obtenues sur un plateau en porcelaine et mettaient leur imagination à contribution pour en expliquer la signification. Malwa, à qui l'avenir réservait le plus de choses, ouvrit la séance. De son premier essai, il résulta un monstre qui ressemblait plus ou moins à une boule hérissée de cinq pointes de longueurs différentes, mais qui partaient toutes dans la même direction. Après plusieurs minutes de discussion, on en vint à la conclusion que ce pouvait être une étoile, mais cette interprétation ne satisfaisait vraiment personne. C'est pourquoi Jana proposa de consulter la Tora, pour plus de sécurité, ce qui semblait être la solution la plus raisonnable. On demanda à Leo d'aller prendre sur l'étagère le livre si rarement utilisé et de l'ouvrir au hasard au cours d'une prière rapidement récitée. Le résultat fut étonnant : le premier mot de la page de droite était *Jad,* ce qui signifie « main ». La boule à cinq pointes était donc de toute évidence une main. Il ne restait plus qu'à trouver ce qu'elle signifiait. Jana, qui s'était toujours plu à jouer le rôle d'une femme douée de dons surnaturels, mit ses mains sur ses yeux et murmura une prophétie qui correspondait probablement plus à ses propres vœux qu'à une quelconque inspiration magique.

« Je vois une main qui te cherche, Malwa. Quelqu'un va venir et demander ta main. Il posera la main sur les saintes écritures et te jurera fidélité. Il prendra une plume et signera un document. Il te passera ensuite la main dans les cheveux et te montrera le chemin que tu dois suivre... »

Les Rosenbach se flattaient d'être au-dessus de toute forme de superstition. Ils se moquaient de la magie noire, qu'ils considéraient comme des vestiges du Moyen Age obscurantiste. Ils pratiquaient également la religion avec une certaine distance ironique, et quand Leo lisait exceptionnellement un passage de la Tora, il le faisait en gloussant de sa voix de fausset, Jana et Malwa l'écoutaient en ricanant. Mais ce soir-là, il en alla tout autrement. La neige commençait à tomber, on se sentait bien dans la maison où régnait la douce chaleur d'une étable. La prophétie de Jana qui, d'ordinaire, gardait toujours la tête froide, contredisait certes tous les principes de la pensée moderne, mais elle semblait étonnamment convaincante et plongea toute la famille dans la plus grande perplexité. Selon Leo, il y avait un mariage dans l'air, et il se demandait simplement qui serait l'heureux élu. Malwa était agacée. Elle n'avait pas l'intention de se laisser abuser plus longtemps par ce petit jeu douteux et déclara soudain d'une voix calme, sans le moindre humour :

« Il veut me montrer le chemin que je dois suivre ? Qu'il s'en garde, car je ne permettrai pas qu'on m'impose la voie que je dois suivre, que ce soit avec la main ou autre chose. »

En disant cela, elle saisit la boule à cinq pointes et la jeta par terre, où elle se brisa en mille morceaux. Un silence consterné s'ensuivit. Le charme était rompu. Jana enleva les objets de plomb. La douce quiétude avait disparu, mais Leo ne semblait pas remarquer la tension qui régnait dans la maison. Il demanda innocemment :

« A quelle heure doit-il venir, notre capitaine de hussards ? »

Il ne doutait pas un instant que la prophétie de sa femme ne pouvait concerner que la main du fameux M. von Schischkowitz. Avec un sourire qui en disait long, Jana répondit :

« Entre 8 et 9 heures, Leo, mais cela m'étonnerait beaucoup que ce soit *lui* l'élu.

— Qui d'autre veux-tu que ce soit ? », demanda le photographe de la Cour d'un air soupçonneux, mais il n'obtint pas de réponse.

Malwa s'était lassée de leur petit jeu. Elle était décidée à mettre fin à ces spéculations et dit avec insolence :

« Si vous voulez me marier, faites-le, mais, de grâce, laissez-moi en dehors de tout cela. »

Leo fronça les sourcils et demanda d'une voix morose :

« Qu'est-ce qui se mijote ici ? Est-ce qu'on prendrait sous mon toit des décisions sans m'en aviser ?

— Absolument, Papa, répondit froidement Malwa. Je décide seule de ma vie privée et je ne vous autorise pas à vous en mêler. »

A 8 heures précises, il sonna à la porte, avec une ponctualité toute militaire et l'impatience d'un officier de la garde impériale. Leo était aux anges. On pouvait donc avoir confiance dans ces gaillards-là. Un homme d'honneur n'a qu'une parole. Comme il l'avait promis, M. von Schischkowitz était venu chercher Malwa pour la conduire au bal de la Saint-Sylvestre. Il avait l'allure d'un mannequin, on eût dit une sorte de maréchal sorti tout droit d'un livre d'images. Même Jana fut grandement impressionnée ! Tout sur lui miroitait et scintillait : les médailles, les épaulettes, les boutons de la veste, les bottes et même ses yeux, où brillait une lueur bestiale. Malwa était flattée, mais pas le moins du monde fascinée. On pouvait faire bonne figure avec lui, pensa-t-elle, mais il était tout à fait exclu de se laisser aller dans ses bras ou de s'appuyer contre son épaule. Il ressemblait un peu à un animal aquatique, avec ses yeux de grenouille. Il était beau, froid, et semblait aussi gluant au toucher qu'une anguille. Le capitaine von Schischkowitz faisait moult révérences, mais derrière cette humilité de façade, on sentait flamboyer une suffisance des plus banales. Il semblait dégouliner de dignité dans cet équipage, et lorsqu'il porta la main à sa tempe pour le salut militaire, on eût dit qu'il rendait les honneurs à une altesse impériale. Il avait des manières tellement impeccables que Leo ne savait comment exprimer sa gratitude. Quand le capitaine aida finalement Malwa à enfiler son manteau de fourrure, la fierté paternelle explosa et Leo s'écria d'une voix tremblante :

« Nous nous sentons anoblis ! »

Le mess des officiers, sur le Schottenring, est mentionné dans le *Baedeker* de 1913 qui lui attribue deux étoiles pour son incomparable salle de bal. Il y est dit expressément que cet édifice, érigé sous le règne de Marie-Thérèse, est tout particulièrement conseillé en raison de sa grâce architecturale et de son orchestre de valse, fondé en 1834 par Joseph Lanner qui sut lui donner ses lettres de noblesse.

Dès 9 heures, il y régnait une ambiance de fête. Joseph von Schischkowitz avait réservé une table. Son nom, en lettres ornementées de mille fioritures, figurait sur un carton. En dessous, on pouvait lire : « accompagné de Mlle M. R. ». Malwa fut surprise de se voir évoquée simplement par ses initiales, et ce d'autant plus que le nom des dames assises aux tables voisines était inscrit en toutes lettres.

« C'est un malentendu, dit le capitaine de hussards avec un sourire charmant, je vais arranger cela sur-le-champ. »

Malwa resta debout tandis que von Schischkowitz sortait précipitamment afin de faire rectifier cette regrettable erreur. Avec sa robe rose et son diadème doré, Malwa ressemblait à une sorte d'Esmeralda irréelle, à une orchidée au sang bleu. Un jeune dandy ne tarda pas à s'approcher d'elle. Il s'inclina profondément et murmura :

« Dans trois heures commencera la nouvelle année, mademoiselle. Le comte Ferenz von Karoly vous demande s'il peut espérer passer minuit en votre compagnie.

— Dites au comte que je ne suis pas seule », rétorqua Malwa sèchement.

Elle se retourna et n'accorda plus le moindre regard au jeune homme. Mais celui-ci ne s'avouait pas encore vaincu. Il s'inclina une deuxième fois et dit d'un ton pressant :

« Il m'est tout à fait impossible de transmettre un tel message, cruelle demoiselle, car... »

A cet instant précis, l'orchestre se fit entendre, et les dernières paroles du jeune homme furent couvertes par les flots mielleux de la musique. Joseph von Schischkowitz revint avec un sourire pincé. De la main, il fit signe à Malwa de le suivre sur la piste de danse. Tous deux étaient des danseurs émérites, ce que les uns remarquaient avec envie et les autres avec reconnaissance. Des couples de plus en plus nombreux s'approchèrent peu à peu pour admirer ce fringant hussard et sa mystérieuse partenaire. Un cercle se forma bientôt autour d'eux, et lorsque les dernières notes se furent éteintes, les spectateurs firent ovation au couple. L'infortuné prétendant s'approcha alors pour la troisième fois de la jeune fille hors d'haleine et dit si fort que tout le monde put l'entendre :

« Vous êtes sans conteste la reine de la nuit, chère demoiselle, mais cela n'empêche qu'il m'est impossible d'informer le comte Ferenz von Karoly que vous êtes accompagnée. »

Malwa eut un sourire condescendant, car ce jeune homme commençait à l'irriter profondément.

« Tant pis pour lui, il ne saura donc jamais la vérité, répondit-elle.

— Il la connaît déjà, car je suis le comte Ferenz von Karoly. Et vous, impitoyable demoiselle, qui êtes-vous ?

— Je m'appelle Rosenbach. Ni plus ni moins. »

Le silence qui s'instaura alors était chargé d'une tension qui, telle une boule de feu, sillonnait la salle sans pouvoir exploser. Dans le sanctuaire de la caste aristocratique qu'était le mess des officiers, l'un des lieux les plus élégants de toute l'Autriche-Hongrie, une juive malpropre avait l'audace de s'exhiber et de se présenter en prononçant ce misérable nom qu'on avait tenté de masquer pudiquement en ne mentionnant que ses initiales. L'orage éclata tout à coup. Le comte offensé comprit qu'il devait réagir s'il voulait éviter que la double monarchie ne s'écroule sous le coup de cette impudence sans nom. Son visage s'empourpra, le sang se mit à battre dans ses tempes, et Ferenz von Karoly, certain de lui donner le coup de grâce, lança à Malwa :

« Je comprends tout, désormais, mademoiselle Rosenbach...

— Que voulez-vous dire, fâcheux personnage ?

— Je veux dire que l'on avait de bonnes raisons de réduire votre nom à ses initiales, et je trouve que même cela, c'était encore trop. »

Malwa blêmit. Elle se tourna vers le capitaine et exigea réparation immédiate de l'affront qui lui avait été fait. Mais celui-ci lui demanda à voix basse de ne pas provoquer de scandale. C'en était trop pour Malwa. Elle répondit que s'il en était ainsi, elle se chargerait elle-même d'obtenir réparation. Elle s'avança vers le comte et le souffleta à plusieurs reprises. Von Karoly ne sourcilla pas, sortit une carte de son portefeuille et la tendit sous le nez de Schischkowitz, qui n'en crut pas ses yeux, en disant d'un ton arrogant :

« Faites déguerpir sur-le-champ cette garce de juive, ou bien nous nous battrons ! »

Le capitaine de hussards choisit une solution à la mesure de la faiblesse de son caractère. Il prit Malwa par le bras, la conduisit vers la garde-robe et dit avec un sourire compassé :

« Suivez-moi, mademoiselle Rosenbach, nous quittons cet endroit. »

Assez fort pour que le comte offensé pût l'entendre, Malwa répondit :

« Pourquoi n'avez-vous pas donné une correction à ce rustre, monsieur Joseph ? Il me semble que c'était votre devoir d'homme et d'officier. Ai-je tort ?

— Bien sûr que vous avez tort, mademoiselle Malwa. Je ne suis qu'un vulgaire capitaine. Lui, en revanche, est colonel. La hiérarchie militaire, cela existe en Autriche ! »

« Vienne, 8 janvier 1914

Dear Ber, dear brothers,

Je suis à Vienne, pour ainsi dire à quelques mètres de la frontière russe. J'attends un signal qu'on doit me donner, de l'autre côté, mais il ne vient pas. Je sais que la révolte gronde dans l'Empire du tsar, mais cela fait des dizaines d'années qu'il en est ainsi. Théoriquement, l'éruption du volcan aurait dû avoir lieu depuis longtemps, mais les informations qui me parviennent ici sont terriblement décevantes.

Hier, j'ai parlé avec Radek. Il est encore plus myope qu'avant, ses lèvres sont devenues encore plus minces. Il parle comme toujours de sa voix froide et autoritaire. Notre conversation m'a mis dans un état de grande confusion. Jusqu'à présent, j'étais décidé à franchir le grand mur dans les jours qui viennent. Mais maintenant, je suis complètement désorienté, et c'est pourquoi je vous écris. Il faut que vous me disiez ce que je dois faire. Radek m'a dit que l'Empire tsariste était une bombe à retardement qui pouvait exploser à tout moment et qu'il était inadmissible de traîner en Autriche et de faire des études oiseuses — il parlait de mes études de médecine. Il connaissait tous les détails de notre fuite en Amérique et m'a dit que le parti nous considérait comme des déserteurs. Je lui ai répondu que Lénine avait fui lui aussi à l'étranger, et plus d'une fois. Radek s'est mis à crier. Il m'a traité d'imbécile parce que j'avais l'arrogance de me comparer à Lénine qui était notre chef, notre guide, un géant, la tête de notre mouvement, alors que nous, nous n'étions rien de plus qu'une ridicule équipe de football qui faisait dans sa culotte au moment décisif. Il sait tout sur nous, il a l'air terriblement bien informé. Il m'a jeté au visage que je m'étais amouraché d'un joli minois et que j'avais ainsi manqué à mes obligations révolutionnaires. D'où peut-il tenir tout cela ? Même la jeune fille en question n'est pas au courant, car je n'ai encore trouvé ni le temps ni le courage de le lui dire. Je sais que Radek est un grand manitou du parti, mais je ne peux pas le supporter. Il parle sur un ton que ne justifient ni son savoir ni son passé politique. Il s'exprime avec la chaleur et la passion d'un propagandiste. Tout ce qu'il dit semble logique et cohérent, mais cela sonne faux d'une certaine manière. Je n'ai rien su lui répondre parce que j'étais déconcerté par les subtilités formelles de son discours. Je lui ai donc demandé ce que le parti attendait de moi. Ce fut une erreur, car c'était une façon de reconnaître son autorité et de lui accorder le droit de me donner des ordres. Et c'est précisément ce qu'il a fait. Il m'a enjoint de partir pour Varsovie pour éradiquer — c'est le terme qu'il a employé — les points d'interrogation qui entachent le nom de notre famille. J'en ai eu le souffle coupé. Je n'ai pas su quoi lui répondre non plus lorsqu'il m'a fait la leçon en me disant que je devais prouver par un engagement total qu'on pouvait me faire confiance malgré notre désertion et notre fuite à l'étranger, entreprise sans l'assentiment des camarades. Il me demande donc de quitter Vienne avant la fin du mois et de me présenter aux camarades polonais compétents, il dit que c'est un ordre et qu'il n'a rien d'autre à ajouter.

Je vous écris donc, mes chers frères, pour vous demander ce que vous en pensez. Qui est-il exactement, ce Radek ? Est-il un ami de Lénine, comme il le crie sur tous les toits, ou bien son ennemi, comme l'affirment les bruits inquiétants qui circulent à son sujet ? En tout cas, je ne vois pas de quel droit il décide du cours de ma vie. Lui non plus n'est pas à Varsovie. Il se trouve dans son exil doré de l'Ouest et joue les éminences grises. Comment peut-il parler au nom du parti, ce prétentieux ? A-t-il reçu des instructions ? L'a-t-on chargé d'une mission ? Qui l'a choisi ? Autant que je sache, personne ne l'a investi de quelque mandat que ce soit. Et malgré cela, il n'hésite pas à me donner des ordres. Mais je suis décidé à n'écouter que ma conscience. Qu'en pensez-vous ? Je veux terminer mes études et c'est en tant que médecin diplômé que je veux retourner à Varsovie. Je n'ai pas la trempe d'un révolutionnaire professionnel. C'est pour cette raison que je dois apprendre un métier. Ce sera ma façon de servir notre cause.

Vous me direz peut-être que je choisis la facilité, que je me sens bien à Vienne et que tout le reste n'est qu'un mauvais prétexte. Tout ce que je peux répondre à cela, c'est que cette ville est effectivement une sorte d'*Eldorado,* le lieu à la fois le plus agréable et le plus dépravé du globe. La débauche, le vice et la perversion que l'on trouve ici dépassent l'imagination. Vienne est un marécage fétide, mais croyez bien que je n'ai pas l'intention d'y sombrer. Bien au contraire. Cette réalité répugnante me repousse et ne fait qu'affermir ma conscience révolutionnaire. Mes convictions sont plus fortes que jamais. C'est vrai que je suis tombé amoureux, mais non pas d'un joli minois, comme l'a dit Radek : il s'agit de la plus merveilleuse fille du monde. Est-ce une trahison ? Je vous ai déjà dit que je ne lui ai pas encore déclaré mon amour. Je ne sais d'ailleurs pas du tout comment elle va réagir, mais cela n'a pas d'importance. Il faut qu'elle soit mienne, absolument, morte ou vive ! Bien sûr, il n'est pas question que mes devoirs révolutionnaires en pâtissent. Elle devra épouser notre cause, ou bien je l'oublierai. Si vous me prouvez que ma place est en Pologne, je partirai aussitôt, et elle viendra avec moi. Je ne doute pas un seul instant qu'elle acceptera. Je ne l'ai vue qu'une seule fois, dans la cage d'escalier de son immeuble, mais je sais qu'elle sera ma femme et qu'elle me suivra à l'autre bout du monde. Si tel n'était pas le cas, ma vie n'aurait plus de sens. Écrivez-moi vite ! Je sens que d'importants événements sont sur le point de se produire.

Herschele. »

XVII

Des événements importants attendaient tous les habitants de la planète, même l'oncle Henner qui, jusque-là, avait vécu en marge de l'histoire du monde. C'est vers cette époque qu'il arriva dans la Ville Éternelle. Il avait déjà oublié qu'il avait fait sauter un immeuble londonien et brisé le cœur d'une *lady* anglaise. Comme je l'ai souligné à plusieurs reprises, c'était un rêveur, pour ne pas dire un escroc ou, plus simplement, un écornifleur rien moins que banal. Nous le sommes tous d'une manière ou d'une autre. Mais il devint la honte de la famille, car il était parti à Rome pour se faire baptiser. C'est une chose qui ne se fait pas, même quand on a la corde au cou. Pour dire la vérité, nous sommes loin d'être pieux, nous sommes une famille d'écervelés, et si nous appartenons au peuple élu, c'est le fruit d'un pur hasard, mais tout ceci n'est pas une raison pour devenir un renégat. D'accord, nous ne croyons pas à la Providence divine, nous jurons, nous blasphémons et nous péchons sans arrêt, mais pour rien au monde, nous ne changerions de camp. Le rapport que nous entretenons avec les commandements de Dieu est plutôt élastique. Nous mangeons de la viande de porc sans sourciller, mais nous ne sommes pas des déserteurs. Une fois par an, nous nous rendons au temple, mais jamais nous n'irions à l'église des goïm qui cherchent à nous exterminer depuis deux mille ans. Seul Henner est capable de faire une chose pareille, et c'est pourquoi nous l'avons renié, pour reprendre le terme utilisé par mon grand-père.

Bien sûr, mon grand-père exagère. Chez nous, on exagère toujours. On crie et on soupire, on se tord les mains de désespoir, on s'arrache les cheveux et on se mord la main, mais cela ne va guère plus loin. Nous sommes des extrémistes de la parole, des zélateurs du verbe, mais nous n'avons encore jamais vraiment renié quiconque. En réalité, nous nous sommes contentés de nous détourner temporairement de Henner, mais même cela n'est pas tout à fait exact, car il n'a pas cessé d'être notre vieil oncle cinglé, appellation qui chez nous autres juifs équivaut à peu près à un surnom affectueux. Je suppose qu'on lui en a voulu un peu, et peut-être même pas cela. On lui reprochait d'être passé à la concurrence sans s'assurer en contrepartie un avantage intéressant. C'était une mauvaise affaire, et l'on ne pardonne à personne de faire de mauvaises affaires, même pas à un ange. On condamna donc le faux pas de Henner, mais on espérait en même temps trouver une occasion de se réconcilier avec lui. Finalement, ce raté de Henner qui nous avait trompés, volés et livrés en pâture à l'opprobre public était le frère de sang de Leo Rosenbach. Mais il faisait partie de notre famille, et c'était finalement ce qui comptait le plus.

Henner arriva donc dans la Ville Éternelle, pieds nus, conformément aux exigences de son tempérament théâtral, et vêtu d'un habit de pèlerin gris cendre. Il traînait avec lui Nathan, son fils silencieux, qui portait son violon sous le bras. Tous deux faisaient grande impression. C'était un dimanche des Rameaux ensoleillé, le Tibre scintillait dans la lumière matinale, les magnolias bourgeonnaient dans les jardins et un parfum enivrant de jasmin flottait dans les rues. Henner et Nathan se dirigèrent vers la place Saint-Pierre. Ils passèrent à côté du *Castel Sant'Angelo.* Dans un état proche des transes, ils remontèrent la via Crescenzia quand ils entendirent tout à coup des cloches sonner. Henner, au bord de l'extase, regarda le ciel, leva les mains et s'écria d'une voix étouffée par les sanglots :

« Ce sont les cloches de Saint-Pierre, mon fils. Prends ton violon et joue l'*Ave Maria.* Que le Dieu des chrétiens nous entende ! »

Nathan posa le coffret sur les pavés, accorda son instrument, puis, la tête légèrement penchée sur le côté, se mit à jouer avec une tendresse et une douceur inouïes. Ce n'était plus un enfant prodige. Il parvenait à tirer de son instrument des sons qui semblaient pétris d'expérience et aussi mélancoliques qu'une prière. Une foule compacte se massa bientôt autour des deux pèlerins. Les Italiens se recueillirent pour écouter la cantilène qui s'élevait vers les cieux, au son des cloches, en un concert dominical presque surnaturel. La foule était sous le charme. Les femmes surtout admiraient le jeune homme qui avait des yeux si tristes et des mains si blanches. Mais soudain, Nathan s'arrêta de jouer. Il abaissa son violon. Des larmes coulaient sur ses joues. Surpris et déconcertés, les gens regardaient le violoniste qui pleurait. Ils ne savaient pas ce qu'ils devaient faire pour qu'il continue de jouer. C'est alors que l'oncle Henner fit un geste discret en direction du coffret, resté par terre. Les gens comprirent. Ce truc marcha comme il avait marché au cours de tout le voyage qui les avait menés d'Angleterre en Italie, en passant par la France. Des centaines de pièces de monnaie, grandes et petites, tombèrent aux pieds de Nathan. Il y avait même quelques pièces d'or que Henner se hâta de faire disparaître dans sa poche. Nathan se remit à jouer et termina l'*Ave Maria.* La foule manifesta alors bruyamment son enthousiasme et nos deux compères se remirent en route. Il était 9 h 30 du matin lorsqu'ils arrivèrent au terme de leur périple. La plus imposante place du monde s'étendait devant eux, et à leur gauche s'élevait la banque de l'Esprit Saint, dont on dit qu'elle est le centre de l'univers chrétien.

Le futur inventeur de la photographie en couleurs et son fils virtuose s'avancèrent, profondément émus, vers le portail principal de la basilique Saint-Pierre. Ils avaient enfin atteint la porte du ciel, ils voyaient s'accomplir le vœu de leurs cœurs découragés. Des gardes en uniformes multicolores se trouvaient de part et d'autre de la *Porta santa.* Ils toisèrent d'un air méfiant les deux visiteurs qui voulaient pénétrer dans le saint des saints pour recevoir la grâce du Tout-Puissant. Henner s'approcha de l'un de ces soldats et dit d'une voix tremblante :

« Vous êtes un garde suisse, n'est-ce pas ?

— Circulez, s'il vous plaît.

— J'admire les Suisses, parce qu'ils vivent en altitude, dans les montagnes, près de Dieu.

— Que désirez-vous ?

— Me laver de mes péchés, servir Dieu et me confesser.

— Si Monsieur désire entrer ici, il faudra d'abord qu'il change de tenue.

— Mais je suis un pèlerin, j'arrive tout droit d'Angleterre, j'ai fait mille milles à pied.

— J'ai dit : changez de tenue. Je ne peux pas vous laisser entrer habillé ainsi.

— Mais dans la Bible, il est dit : " Laissez venir à moi les déshérités. "

— Cherchez-vous quelque chose de précis ?

— Le Saint-Père », répondit Henner en s'inclinant profondément.

Le soldat comprit de quelle sorte de pèlerin il s'agissait et dit :

« Ah bon, vous voulez voir le Saint-Père ? Cela fait longtemps déjà qu'il vous attend. Il a les pieds tout gelés d'avoir attendu si longtemps. »

Henner ne releva pas l'ironie du suisse et répliqua fièrement :

« Il a certainement entendu parler de moi. Je suis un inventeur béni de Dieu, et voici mon fils. »

Le garde commençait à perdre patience et dit :

« Le pape n'habite pas ici, il habite là-bas, de l'autre côté. Et seuls les gens correctement habillés peuvent pénétrer dans cette église. Circulez ! »

Henner tenta alors une autre méthode et murmura :

« Loué soit Jésus-Christ !

— Pour les siècles des siècles. Amen », répondit le garde sèchement.

Henner se méprit sur le sens de cette réponse. Il crut qu'il avait l'autorisation d'entrer, mais le garde le saisit au collet et lui dit d'un ton sévère :

« Ce n'est pas ici, c'est là-bas, de l'autre côté, je vous l'ai déjà dit. Et maintenant, déguerpissez ! »

La première tentative pour se faire baptiser venait donc d'échouer lamentablement. Abattus, les deux hommes retraversèrent la place Saint-Pierre. Un marchand d'objets de dévotion se trouvait près de la fontaine. Il vendait des croix en bois, en ivoire et en argent. Henner eut alors une idée. Il avait oublié l'essentiel : il fallait qu'il porte une croix, une croix de bois, comme l'imposait la pauvreté du pèlerin qu'il était. Elle devait être aussi grande et lourde que celle que le Sauveur avait portée sur le chemin de croix.

Chargé de ce fardeau, Henner s'approcha du porche qui, pensait-il, devait mener aux appartements du Saint-Père. Un homme qui devait bien mesurer plus de deux mètres sortit alors par le portail. C'était un prêtre en soutane violette que Henner prit immédiatement pour le chef de la chrétienté, à cause de sa grande taille. Sans réfléchir, Henner se jeta aux pieds du géant, le regarda d'un air extasié et s'écria :

« Un mendiant se jette à vos pieds, Votre Sainteté, et vous supplie de lui accorder la bénédiction apostolique. »

D'une voix douce, le géant répondit en français :

« Vous faites erreur, mon fils, vous devez vous adresser à quelqu'un qui parle votre langue. »

Henner ne douta pas un instant qu'il se trouvait face au Saint-Père en personne. Il s'accrocha à ses jambes et cria :

« Je suis un fils du péché, Votre Sainteté. Laissez-moi entrer dans les légions du Sauveur et pardonnez-moi mes origines ! »

En disant ces mots, il baisa les souliers du prêtre avec une fougue qui aurait dû attendrir les cœurs les plus durs, mais le géant répondit d'un ton froid et distant :

« Que Dieu vous pardonne, mon fils. Levez-vous de la poussière. N'avilissez pas ce lieu sacré ! Vous êtes dans la Ville Éternelle ! »

A ces mots, il tourna les talons et disparut dans la foule bigarrée de la place Saint-Pierre. Henner, qui ne comprenait pas le français, ne s'en était pas aperçu. Il était toujours agenouillé et répondit en pleurant d'émotion :

« Je vous remercie, Très Saint-Père, vous m'avez libéré de l'infamie d'Israël. Je suis baptisé, la grâce du Dieu catholique descend sur moi et sur l'œuvre que je veux accomplir. »

Plein de reconnaissance, Henner serra sur son cœur la croix de bois qu'il venait d'acheter, leva ensuite les yeux et constata que celui qu'il avait pris pour le pape avait disparu. Il semblait s'être littéralement évanoui. Un miracle venait de se produire, et Henner en conclut que Dieu l'avait accepté. Il regarda autour de lui, émerveillé, rayonnant de joie, et s'écria avec la ferveur d'un authentique catholique :

« Laudetur Jesus Christus ! Per omnia sæcula sæculorum ! »

XVIII

Avant de poursuivre le récit des aventures de mon oncle baptisé — et c'est peu de chose que de dire qu'elles sont extraordinaires —, il me faut raconter ce qui s'est produit dans l'intervalle à Vienne, car la maison de la Freytagsgasse était devenue peu à peu le théâtre d'événements déterminants pour moi et mon destin. A la fin du mois de mars, Henryk B. Kamin reçut une lettre qui ne devait pas rester sans conséquences. Elle disait ceci :

« New York, février 1914
Dear brother,
J'ai reçu ta lettre du 8 janvier et je l'ai lue aux frères. Ce que je t'écris est le résultat d'une discussion de plusieurs heures. Tu nous as demandé de te donner un conseil. Le voici : nous sommes surpris d'apprendre que tu es tombé amoureux de la plus merveilleuse fille du monde, mais que tu n'as trouvé ni le courage ni le temps de le lui dire. Que se passe-t-il, Herschele ? Tu as toujours été un fabuleux milieu de terrain. Qu'est-il arrivé ? Aurais-tu peur d'une femme dont tu es persuadé qu'elle te suivra jusqu'au bout du monde ? Il y a là quelque chose qui ne va pas. Ou bien serait-ce Vienne qui t'a rendu faible au point de faire de toi un lâche ? Et quel rapport y a-t-il entre ton courage et le manque de temps ? Tu ne veux tout de même pas nous faire croire que tu étudies la médecine jour et nuit ? Si tel était le cas, Radek aurait raison, et tu ferais mieux de te rendre à Varsovie. Les études de médecine ne sont certes pas une activité oiseuse, bien au contraire, mais elles ne valent pas qu'on s'abêtisse à cause d'elles. Il n'existe aucune chose au monde — même pas la révolution socialiste — qui vaille la peine qu'on perde la raison pour elle.

Tu nous écris que tu es déboussolé et que tu ne sais pas si tu dois passer la frontière ou non. Pourquoi devrais-tu le faire ? Tu dis que la révolte gronde en Russie et que théoriquement, le volcan devrait être entré en éruption depuis longtemps. Mais comme tu l'écris toi-même, la révolte gronde depuis cent ans en Russie, et les choses n'en ont pas changé pour autant. Avec ou sans notre aide, tout est resté comme avant. Les informations qui te parviennent depuis la Russie sont décevantes — ce sont tes propres termes. C'est pourquoi nous sommes d'avis que ta présence à Varsovie n'est pas indispensable au point que tu abandonnes tes études pour t'y rendre. Radek t'a donné l'ordre d'y retourner sur-le-champ afin que tu y rétablisses l'honneur perdu de notre famille. Notre réputation ne le regarde pas. Radek est une grande gueule notoire. Il se sent bien en Occident, mais toi, il veut t'envoyer sur le front. Pourquoi toi et pas lui ? Quand les choses commenceront véritablement à bouger dans l'Empire du tsar, nous reviendrons nous aussi, c'est certain. Nous avons prouvé que nous étions prêts à risquer notre vie pour le parti. Quand nous défendions notre barricade, rue Piwna, il y a neuf ans, Radek n'était pas là. Il n'était pas là non plus la deuxième fois, rue Rynek, ni lors du mitraillage de la place du Château. Dans la citadelle, nous avons vu des dizaines et des dizaines de prisonniers, lors de notre transfert en Sibérie, nous étions en compagnie de centaines de révolutionnaires, mais Radek, lui, brillait par son absence. Notre vie est dédiée à la grande cause, et nous sommes prêts aussi à mourir pour elle s'il le faut. Mais seulement si c'est vraiment nécessaire. Radek n'est qu'un petit gibier qui aime donner des ordres afin de remplir les pages blanches de sa biographie. Nous n'avons que faire de ses instructions.

Nous avons aussi discuté de cette merveilleuse jeune fille dont tu nous as parlé et qu'il te faut absolument, morte ou vive. Là aussi, nous avons décidé de te donner des conseils apaisants : tant qu'à faire, si tu penses vraiment que tu ne peux absolument pas vivre sans elle, nous pensons qu'il vaudrait mieux qu'elle fût vivante. Nous ne voyons pas pourquoi, à cause de ta passion, tu irais l'assassiner. Sois un vrai bolchevik et garde la tête froide. Comprends enfin que notre vie n'est rien d'autre qu'un gigantesque championnat de football : un jour, on gagne, le lendemain, on perd. Dans ce cas précis, il nous semble probable que tu vas gagner. Mais pour cela, il faut que tu acceptes de jouer. Celui qui reste chez lui part perdant. Va la voir et explique-lui ton point de vue, et si possible sans faire de grands discours, mais par des actes. Comment s'appelle-t-elle, à propos, ta fabuleuse jeune fille ? Ce serait gentil de ta part de nous en informer à l'occasion.

Au nom de tous les frères, je t'embrasse,

Ton frère Ber. »

Tandis que Herschele lisait cette missive, dans sa mansarde, Leo Rosenbach, au rez-de-chaussée, décachetait une lettre tout aussi importante, même si elle était rédigée en termes beaucoup plus nets. Cette lettre disait :

« Monsieur le Photographe de la Cour,

Les ennuis dans lesquels votre charmante fille m'a entraîné me contraignent à quitter le quinze de ce mois la capitale autrichienne pour prendre quartier à Presbourg, en Hongrie. En haut lieu, on m'a demandé de poursuivre ma carrière en province, où les contraintes sociales ne sont pas observées avec la même rigueur qu'à Vienne.

Cependant, je désire premièrement épouser Mlle Rosenbach, et ce sans délai, en raison de la situation délicate dans laquelle je me trouve et des sentiments ardents que j'éprouve à l'endroit de Mlle Rosenbach, et deuxièmement, j'ai l'intention de me fiancer officiellement avec votre fille avant ma mutation d'office et de rendre publiques ces fiançailles par une annonce dans la gazette officielle de Vienne. Troisièmement, je me permettrai de me présenter à votre domicile cette semaine, samedi après-midi, à 3 heures, pour demander officiellement sa main en présence des membres de votre famille.

P.-S. : Il va de soi que Mlle Rosenbach devra se convertir à la foi catholique avant le mariage.

Veuillez agréer, Monsieur, l'expression de mes salutations distinguées.

Joseph von Schischkowitz. »

Après avoir pris connaissance du contenu de cette lettre, Leo la lut à haute voix au cours du déjeuner. Quand il eut fini, Malwa fracassa son assiette de soupe contre le mur et fit savoir que ce capitaine de hussards pouvait aller au diable, qu'il s'imaginait pouvoir décider de son avenir sans lui demander son avis et qu'elle ne voulait plus entendre parler de lui. Leo ramassa les débris, l'air soucieux, et déclara qu'il était chez lui ici et qu'aucune décision ne serait prise sans son accord. Il déclara qu'il avait donc l'intention de recevoir M. von Schischkowitz, et ce dans les formes qu'il considérait comme appropriées. Jana intervint alors et fit remarquer sur un ton pincé qu'elle avait elle aussi son mot à dire dans cette maison, qu'elle trouvait que cet officier avait trop tiré sur la corde et qu'il était donc désormais exclu de l'accepter comme gendre. Il n'était pas question en outre pour Malwa de renier sa foi juive. L'époque de l'Inquisition était terminée, Dieu merci, et exiger de sa fille qu'elle se convertisse à la foi catholique était une prétention inqualifiable et inacceptable, en tout état de cause, surtout si c'était l'empereur qui exigeait une telle démarche. Personne, de nos jours, ne pouvait contraindre une femme majeure à abandonner sa confession, et Jana demandait donc à Leo de répondre sur-le-champ à cet individu qu'il était indésirable dans la maison des Rosenbach. Comment pouvait-il se permettre, ajouta-t-elle, enflammée par la colère, après s'être comporté comme un pitoyable couard, de resurgir un an plus tard, comme si de rien n'était, et de lancer un tel ultimatum ? Cet individu n'avait plus aucun droit, selon elle, de franchir le seuil de la maison des Rosenbach, un point c'est tout. Leo rétorqua que Jana allait un peu vite en besogne et qu'elle se laissait aveugler par ses émotions. Lui, en tout cas, ne pouvait se permettre de se mettre à dos un officier de l'armée autrichienne. Une fois dans sa vie déjà, il avait perdu tous ses biens à cause de l'impertinence de sa fille et avait été contraint de quitter précipitamment Stanislau. Où pourraient-ils aller se réfugier, cette fois, si on les chassait de Vienne, demanda-t-il tristement. Si Malwa n'avait pas commis l'imprudence de gifler le comte, les choses n'en seraient pas là. Le vin était tiré, Malwa devait le boire. A ce point de la conversation, Malwa aurait dû faire une scène, comme à son habitude. Mais ce ne fut pas le cas. Elle se dirigea vers la porte et dit en se tournant vers Leo :

« Reçois-le, Papa. Moi, je sais ce qui me reste à faire... »

« Vienne, 5 juin 1914

Samedi prochain, les dés seront jetés. Mon chevalier servant du bal de la Saint-Sylvestre viendra voir Papa pour lui demander ma main. Je vais bientôt avoir vingt-trois ans, et ma main ne va pas tarder à acquérir la valeur d'une antiquité. Si je ne me marie pas bientôt, je resterai vieille fille, et c'est la pire des choses qui puisse arriver à une femme. Le capitaine est un bon parti, comme on dit. Il perçoit sa solde sans faire quoi que ce soit. On le paye pour qu'il fasse bonne impression, s'habille avec élégance et représente dignement l'Autriche, ce qu'il fait d'ailleurs sans nul doute. Il a l'air d'un baron tsigane. Il est ce que l'on a coutume d'appeler l'homme idéal, et j'aurais probablement tort de le repousser sans autre forme de procès. Honnêtement, je dois avouer que je suis un peu blessée qu'il n'ait pas donné de ses nouvelles depuis la nuit du Nouvel An. L'autre non plus ne s'est pas manifesté, bien qu'il habite dans la même maison que moi, dans notre mansarde, et bien que j'aie eu le coup de foudre pour lui au premier regard.

Pourquoi suis-je si malheureuse en amour ? Est-ce que je ne plais pas aux hommes ? Ou ai-je sans le savoir un défaut, une imperfection ? Le hussard s'est comporté comme un lâche, mais de quel droit puis-je exiger de quelqu'un qu'il risque sa vie pour moi ? Ce n'est pas un héros, voilà tout. Ou bien c'en est un, mais qui n'est pas prêt à tout pour la moindre bêtise. Il est possible qu'il se ménage pour des occasions plus importantes, comme pour sa patrie, par exemple. Mais sa façon de parler m'énerve, je ne supporte pas cette manière qu'il a de donner des ordres constamment : “ Il va de soi que Mlle Rosenbach devra se convertir à la foi catholique. ” Je n'ai aucune obligation. Qu'est-ce qu'il se croit, au juste ? S'il commence à me parler sur ce ton, on imagine sans peine ce qu'il adviendra lorsque je ne serai plus une “ charmante demoiselle ”. Non, très peu pour moi. Et d'ailleurs, je ne suis pas si sûre qu'il me plaise. Au fond, il est très loin de correspondre à mon idéal. Il n'est ni un rêveur comme Henner, ni un révolté comme Baltyr et encore moins un philosophe comme Dachynski.

Mon cœur ne bat pas la chamade quand je pense à lui, il ne frémit même pas, pour dire la vérité.

Il n'y en a qu'un seul qui me fait tourner la tête : il loge sous notre toit et reste invisible. Peut-être cherche-t-il à m'éviter, car nous ne nous sommes regardés qu'une seule fois. Quand c'est arrivé, j'ai bien cru que j'allais mourir sur place. S'il me demandait d'escalader l'Everest avec lui, de plonger au fond de la mer ou de traverser la jungle, je dirais oui sans hésiter, et plutôt mille fois qu'une. Mais il ne me le demande pas. Je suppose qu'il ne m'a même pas remarquée. Mais peut-être attend-il un signe de ma part. Dans quelques jours, il sera trop tard. Il est peut-être tout simplement réservé et hésite à faire le premier pas. Qui sait, il est peut-être timide, bien qu'il soit encore plus beau que la plus belle nuit d'été. Il m'a dit qu'il était un nuage en pantalons. Les nuages ne parlent pas. Pourquoi ne dit-il rien ? Samedi prochain, le hussard viendra adresser son ultimatum. Il me déclarera son amour, me demandera en mariage, et tout sera fini. Ma vie d'être libre aura pris fin. Finis mes rêves, envolés mes caprices, mes humeurs, mes lubies et mes foucades ! Je n'aurai plus le choix. Si, il me restera à choisir entre Joseph von Schischkowitz et une existence de vieille fille. Si j'accepte, et je suppose que je n'ai guère d'autre choix, je deviendrai son épouse, ou plus exactement sa bonne à tout faire, et je passerai le restant de mes jours à Brünn ou à Töplitz. Quelle horreur ! Je me sens mal rien que d'y penser. Pourquoi ne vient-il personne d'autre ? Pourquoi faut-il que ce soit ce petit-maître prétentieux ? Suis-je responsable de mon propre destin ? Qui peut le savoir ? J'ai pourtant d'innombrables soupirants, mais je les repousse tous avec mépris. Pas un seul ne ressemble aux idoles que j'adore. C'est la raison pour laquelle aucun d'eux n'ose me faire la cour. Ils m'évitent, même, par peur d'essuyer un refus. Et quel est le résultat de tout cela ? Je meurs de solitude, je me languis en rêvant d'un homme. Peut-être devrais-je faire le premier pas ? Il faut que je me hâte, car il ne reste que quatre jours, mais je n'en aurai jamais le courage. Des centaines de générations de femmes patientes et soumises et des milliers d'années de morne passivité, considérée comme la preuve de la vertu féminine, marquent mes chromosomes. Les hommes ont tous les droits. Plus ils sont libertins et plus on les admire. Ils prennent ce qui leur fait envie. Nous, en revanche, nous avons le droit de pleurer, rien de plus. C'est le seul droit qui nous est concédé. J'en ai assez. Je ne veux plus jouer cette comédie, même si je devais être la première qui enfreindra la tradition. Je vais oser l'indicible, je vais lui écrire un mot que je glisserai sous sa porte. Peut-être se passera-t-il ainsi quelque chose, peut-être pas. Au pis, cela provoquera un scandale, mais j'aurai au moins la satisfaction d'avoir fait quelque chose. Il reste seulement à savoir quelle forme donner à cette lettre :

“ Cher mystère, bel inconnu, nuage en pantalons ! Je m'adresse à vous ou à toi, qu'importe, pour vous informer ou te dire que je me trouve devant un choix décisif et que je ne serai probablement pas à même d'y échapper. Samedi prochain, un officier de la garde impériale doit rendre visite à mon père — en présence de toute ma famille — pour demander officiellement ma main. A la suite de cette visite, je deviendrai très probablement sa femme, ce qui m'emplit d'effroi. Pour toutes ces raisons, je vous demande, non, je te demande de me conseiller, bien que nous ne nous connaissions pas. Nous ne nous sommes aperçus qu'une seule fois, et je prie Dieu que tu donnes enfin de tes nouvelles... ”

Mais ceci n'est pas une lettre, c'est une déclaration d'amour. Il m'est impossible de lui écrire une chose pareille. Il se moquerait certainement de moi ou, pis encore, il comprendrait ma manœuvre, et tout espoir serait perdu. Mais de toute façon, quoi que je fasse, tout est perdu. Que puis-je faire, pour l'amour du ciel ? »

Quand les juifs se trouvent dans une situation inextricable, ils font venir les membres de leur famille et leur donnent à manger. Plus la situation est désespérée et plus le repas est copieux. Plus les circonstances sont graves, plus les invités sont nombreux. Pour le 7 juin de l'année 1914, Leo Rosenbach avait invité toute la parenté, tout ce qui, de près ou de loin, avait un lien avec sa famille ou celle de sa femme avait été convié par télégramme.

Dès la fin de la matinée, l'appartement de la Freytagsgasse était rempli d'une foule bigarrée de juifs des deux sexes. Il y avait là les cousins et les cousines de Malwa, dont un certain nombre étaient déjà mariés. On vit arriver les riches Wertheimer de Cracovie et Moritz Rosenbach, le célèbre chirurgien de Tchernovitz. Les parents les plus pauvres arrivèrent de Galicie par le train de midi.

Parmi eux se trouvaient les frères Feinstein de Tarnopol et les Werfel, venus de Brody, dont on disait qu'ils se livraient à des affaires un peu louches. Vers 1 heure de l'après-midi, plus de trente personnes étaient déjà arrivées, et tous brûlaient de curiosité. Leo avait formulé l'invitation en des termes assez mystérieux, il fallait donc s'attendre à quelque événement sensationnel. Leo restait très discret et ne donnait que de maigres renseignements sur l'objet de la réunion. Il déclara qu'un capitaine de hussards viendrait à 3 heures pour demander officiellement et en présence de toute la famille la main de sa fille. La fierté brillait dans son regard tandis qu'il parlait, et il était évident pour tout le monde que cet événement serait pour le photographe de la Cour une immense satisfaction. Le sang des Rosenbach allait être d'une certaine manière anobli. C'était un grand jour, peut-être le plus grand dans la vie de Leo, même s'il sentait dans la région de l'estomac un malaise qui ne lui disait rien qui vaille. Il était tout à fait clair qu'un événement exceptionnel allait se produire, mais personne ne savait lequel.

Le capitaine se présenta à 3 h 00 mn. A la main gauche, il tenait un bouquet de vingt-cinq roses rouges. De la main droite, il fit le salut militaire et s'inclina devant Leo auquel il s'adressa dès le premier moment en l'appelant « mon très honoré beau-père ». Un silence pesant suivit cette entrée en matière : aucune décision, orale ou écrite, n'avait en effet encore été prise, et, fort heureusement, l'héroïne du jour, Malwa, n'avait pas encore prononcé un seul mot. M. von Schischkowitz affichait une suffisance qui fut à l'origine d'un rafraîchissement sensible de l'atmosphère. Les fenêtres étaient bien grandes ouvertes, des flots de senteurs estivales s'engouffraient dans l'appartement, mais une fraîche réserve n'en régnait pas moins chez les Rosenbach. Près de cinquante personnes attendaient, comme pétrifiées, le moment où quelqu'un romprait la glace. Finalement, le chevalier à la rose prit son courage à deux mains et débita quelques formules de politesse compassées :

« En tant que citoyen et officier de Sa Majesté impériale, j'ai l'honneur de faire ma révérence à cette noble assistance. »

Leo répondit sur un ton sec qui n'échappa à personne :

« Comme vous pouvez le constater, tout l'honneur est pour nous. »

Le capitaine de hussards poursuivit pompeusement :

« J'offre ces roses rouges à l'incomparable demoiselle qui a ruiné ma carrière et mon cœur par son indomptable tempérament. » A ces mots, dans lesquels on pouvait déceler tant un compliment qu'un reproche, M. von Schischkowitz s'avança vers Malwa, lui remit le bouquet de roses et lui baisa la main. « Je suis cependant convaincu que je trouverai largement dans vos bras réparation du dommage militaire et de la blessure sentimentale que vous m'avez infligés, et je ne doute pas que la famille Rosenbach sera disposée à considérer avec bienveillance la demande que j'ai formulée par écrit... »

Leo s'inclina légèrement, comme il convenait de le faire. Il avait compris où l'officier voulait en venir et dit avec un soupçon de morosité dans la voix :

« Le dommage que vous avez subi doit sans nul doute être réparé, mon capitaine. Nous sommes vos obligés et n'aurons de cesse que vous n'obteniez un dédommagement. Mais nous aussi avons subi une injustice, car ma fille a été offensée en votre présence de la manière la plus immonde qui soit. Son attitude avait pour but de défendre tant votre honneur que celui de toute sa famille. C'est pourquoi il vous faut admettre que nous ne désirons prendre aucune décision qui irait à l'encontre des désirs de notre enfant. Il nous faut également savoir si Malwa est prête à renier sa religion pour se convertir au catholicisme. Si tel devait être le cas, rien ne s'opposerait à vos souhaits. Mais si elle refusait, vous devriez bien entendu renoncer à cette exigence. »

M. von Schischkowitz pâlit, ses pupilles se dilatèrent. Il ne s'attendait pas à pareille réaction de la part de ce nain. En fait, il ne s'attendait à rien, car dans son milieu, on tourne toujours ses regards vers le haut. De la part des subalternes, on n'attend guère que de l'obéissance et rien d'autre. Il était persuadé qu'il pourrait conquérir sans combattre le bastion Rosenbach, et ce d'autant plus que le commandant de la forteresse n'était qu'un pauvre juif timoré de Galicie, un nain sans nom, sans rang ni titre, qui faisait des courbettes en souriant et qui, d'ordinaire, obéissait sans broncher. Mais pour son plus grand malheur, le capitaine avait oublié que chez nous autres juifs, la famille constitue une sorte de réserve stratégique. Le capitaine n'avait pas la moindre idée de la solidarité qui unit les clans familiaux chez les juifs quand l'honneur de l'un de leurs fils ou de leurs filles est en jeu. Certes, on dit que nous sommes un peuple d'envieux, une meute d'intrigants méchants et querelleurs, ce qui est parfois vrai, comme partout ailleurs. Mais lorsque l'ennemi s'approche, quand le danger menace, nous décuplons nos énergies. Comme Gédéon, qui a anéanti cent mille Madianites avec ses trois cents fidèles compagnons, nous écrasons l'adversaire avec le petit doigt de la main gauche. Nous n'avons besoin ni de canons ni de grenades. C'est l'œuvre de la colère de la famille tout entière. Il est bon de le savoir quand on cherche à nous provoquer. Mais le capitaine de hussards ne le savait apparemment pas, ou ne voulait pas le savoir. Il sous-estimait donc le rapport de force réel et tentait naïvement d'influer à son avantage sur le cours du destin. D'une voix enrouée, il déclara :

« Je suppose que vous avez remarqué, mesdames et messieurs, que la passion que j'éprouve pour votre fille m'a contraint à faire quelques sacrifices — il me semble y avoir déjà fait allusion. A cause du tempérament fougueux de Mlle Rosenbach, je me suis vu contraint d'accepter à contrecœur une mutation en province, à Presbourg, ville dont vous avez peut-être déjà entendu parler. Il serait donc tout à fait équitable que vous fassiez certains sacrifices à votre tour... »

Le capitaine y allait fort, Jana se sentit offensée et rétorqua :

« Vous oubliez, mon capitaine, que ce n'est pas ma fille qui vous a invité à aller au bal de la Saint-Sylvestre, mais l'inverse. Ma fille était votre hôte et se trouvait sous votre protection. »

Il n'y avait rien à répondre à pareil argument. Le hussard eut besoin d'un moment de réflexion avant de trouver une réplique adéquate, mais quand il l'eut trouvée, il répondit sur un ton aimable, mais qui ne souffrait pas de contradiction :

« Il est évidemment exact que j'ai prié votre charmante fille de m'accompagner au mess des officiers, mais elle n'était pas censée gifler l'un de mes supérieurs hiérarchiques. Je suppose que vous pouvez comprendre cela ?

— Je ne peux le comprendre », intervint Malwa, malgré la décision qu'elle avait prise de ne pas adresser la parole au capitaine et d'attendre la suite des événements. « Celui que vous appelez votre supérieur hiérarchique a eu l'amabilité exemplaire de me traiter de garce juive, et il ne s'est trouvé personne pour me protéger. Je dis bien : *personne.*

— Je vous ai expliqué pourquoi je ne pouvais vous prendre sous ma protection, mademoiselle Malwa. Je ne voulais pas risquer de me faire renvoyer de l'armée autrichienne pour une banale histoire de femmes. »

Helli intervint alors dans la conversation. C'était une cousine de Cracovie, une jeune fille passionnée de quinze ans, mais elle avait déjà le sens de la mise en scène si caractéristique des Rosenbach. Elle parla avec la dignité d'une comédienne :

« Je ne connais pas Vienne, mais la maison dans laquelle vous vous trouvez actuellement n'est pas un mess d'officiers. Si vous considérez votre liaison avec Malwa comme une " histoire de femmes ", vous vous êtes trompé d'adresse. »

L'oncle Moritz, le célèbre chirurgien de Tchernovitz, cousin de Leo, fit une moue dégoûtée. Cette querelle le mettait mal à l'aise.

« Dans mon métier de chirurgien, je suis constamment contraint de prendre des décisions. La moindre hésitation peut conduire au désastre. C'est pourquoi je suis partisan des prises de position claires. Ne temporisez pas plus longtemps ! Si votre réponse doit être positive, dites oui. Dans le cas contraire, répondez non, mais ne vous plaignez pas d'avoir dû faire des sacrifices. Tout le monde en fait, la vie entière n'est qu'un sacrifice... »

Le vieux Werfel, de Brody, se sentit obligé lui aussi d'ajouter son grain de sel :

« Quel que soit votre métier, vous serez toujours contraint de prendre des décisions. J'en fais autant dans le mien. Certes, dans mon cas, il n'y va pas de la vie de ma clientèle, mais de la survie de mon entreprise. C'est pourquoi je me pose toujours une question très simple : est-ce rentable ou non ? Si vous trouvez que vous ne faites pas une bonne affaire avec nous, reprenez vos roses et partez à Presbourg ! »

M. von Schischkowitz se rendit compte alors qu'il devait faire face à une armée aux rangs serrés. Sa déception était immense. S'il voulait gagner cette bataille, il fallait qu'il se batte. De sa voix de fausset, il murmura :

« Je ne suis pas venu pour conduire à l'autel toute la famille Rosenbach. C'est Mlle Malwa qui m'intéresse et personne d'autre.

Ma réponse est donc : oui. Et je déclare ici sans ambages que je suis prêt à m'engager pour la vie. Bien sûr, on a toujours le loisir de se demander s'il est rentable d'épouser un officier muté d'office en province ou la fille d'un photographe juif de banlieue. Mais j'ai horreur de ces mesquineries. Je suis animé exclusivement par un sentiment de tendre dévouement et par la passion dévorante que j'éprouve. »

Malwa restait obstinément silencieuse. C'est Jana qui répondit à sa place :

« Vous posez comme condition préalable au mariage que ma fille se convertisse au catholicisme. Si vous ne renoncez pas à cette prétention nous ne pourrons envisager ni d'accepter ni de refuser de donner notre accord à ce mariage. Depuis la fuite en Égypte, nous adorons Jéhovah et nous continuerons de le faire, que cela vous plaise ou non...

— Mais madame Rosenbach, un officier autrichien ne saurait se marier ailleurs que devant l'autel de l'Église catholique. Il m'est impossible d'y changer quoi que ce soit.

— Dans ce cas, mariez-vous devant l'autel de l'Église catholique », rétorqua Leo qui commençait à ne plus supporter cette conversation, « mais sans nous !

— Je me marierai certes sans vous, monsieur le photographe de la Cour, mais certainement pas sans Mlle Rosenbach. Finalement, je dispose des moyens de pression nécessaires pour obtenir... »

C'est alors que l'événement se produisit. Tandis que le vaillant capitaine von Schischkowitz jetait ses dernières forces dans un ultime assaut contre la forteresse des Rosenbach, un homme s'introduisit discrètement dans l'appartement en passant par la fenêtre. A l'abri d'un rideau, il suivait avec amusement la fin de ce combat de titans. Sa chemise était déboutonnée, il avait les cheveux en bataille, et dans ses yeux brillait l'envie irrésistible de déclencher un ouragan. Au beau milieu du discours menaçant du capitaine, il poussa un cri d'Indien, sauta du rebord de la fenêtre et se retrouva au beau milieu du salon.

Les dames poussèrent des cris horrifiés, les hommes blêmirent. Le hussard impérial, pour sa part, espéra que le moment était venu de redorer un peu son blason. Il porta la main à son sabre et demanda d'une voix qui avait retrouvé toute son assurance :

« A qui avons-nous l'honneur, sale voyou ? »

L'intrus écarta d'un geste de la main la mèche de cheveux qui lui barrait le visage et répondit d'un air jovial :

« Modérez vos propos, *Sir,* sinon, je me verrai dans l'obligation de vous pulvériser. »

Le visage du capitaine s'empourpra, et il se mit à hurler :

« Qui est ce moins que rien, mademoiselle Malwa ? »

L'inconnu s'inclina et se présenta :

« Ce moins que rien est le locataire des Rosenbach. Je viens de New York et je m'appelle Kamin. Je paye régulièrement mon loyer et vous demande à mon tour : qui êtes-vous ? »

Les origines américaines de l'intrus avaient fait une impression telle sur l'ensemble des membres de la famille que l'officier se vit contraint de donner l'assaut décisif pour ne pas risquer de perdre complètement la face.

« Cet individu me demande qui je suis. Je suis officier de la garde impériale et je vais vous renvoyer sur-le-champ par le chemin que vous avez emprunté pour venir.

— Essayez toujours, si vous en êtes capable, répliqua l'Américain, mais dites-moi auparavant ce que vous êtes venu faire ici. »

Le capitaine fit tinter son sabre dans le fourreau et se mit à vociférer :

« Je suis venu pour ramener chez moi Mlle Rosenbach. Je vous conseille de disparaître, car votre seule présence ici est une offense à mon honneur.

— Vous ne repartirez pas avec Mlle Rosenbach, soyez-en sûr !

— Pour la dernière fois, je vous ordonne de disparaître, si vous tenez à votre peau.

— Je vous conseille de ne pas venir vous frotter à moi, *Sir.* J'attache beaucoup d'importance à l'hygiène. » En disant cela, Herschele sortit une botte de carottes de sa poche et la tendit cérémonieusement à Malwa : « Accepte ces légumes, céleste créature, en témoignage de mon admiration sans bornes. »

C'en était trop. M. von Schischkowitz perdit son sang-froid et se mit à hurler :

« Vous offensez une dame. Vous allez lui présenter vos excuses sur-le-champ ! »

Mais Malwa répondit avec un sourire :

« Me présenter ses excuses ? Mais pourquoi, mon capitaine ?

Son cadeau me fait particulièrement plaisir. On m'a déjà offert des centaines de roses dans ma vie, mais jamais encore de carottes.

— Vous appelez cela un plaisir, mademoiselle Malwa ? C'est une insulte que je ne saurais tolérer ! » Il se tourna vers son rival et lui lança : « Je vous provoque en duel, espèce de sauvage ! Citez-moi le nom de vos témoins ! »

L'Américain chaussa ses lunettes, s'approcha jusqu'à deux ou trois pas du hussard, scruta attentivement son visage et lui demanda sur un ton plein de compassion :

« Mais d'où vous viennent toutes ces marques de petite vérole ?

— Ce sont des balafres, ignorant que vous êtes. Chacune d'entre elles est une preuve de mon intrépidité. Je vous répète que je veux me battre avec vous, à l'arme blanche. »

Herschele eut un sourire méprisant :

« Votre invitation m'honore, mais je la décline.

— Je me doutais bien que vous n'étiez qu'un poltron... »

En prononçant ces mots, le hussard sortit son sabre du fourreau et se mit en position. Herschele ne bougea pas d'un pouce, mais dit avec un haussement d'épaules plein de condescendance :

« Vous n'allez tout de même pas vous attaquer à un civil désarmé, ou bien est-ce là l'honneur dont vous parliez ?

— Absolument, ce sabre représente l'honneur d'un officier autrichien.

— Vous m'en voyez ravi, *Sir,* mais moi, je suis socialiste et je désapprouve le recours à la violence.

— Parce que vous n'êtes qu'un lâche !

— A une exception près, cependant...

— Voilà qui est intéressant, dit l'officier, laquelle ?

— J'admets le recours à l'arme de la classe ouvrière : le poing. »

Et en disant cela, il lui assena un coup du droit qui fit tomber le hussard à terre. L'école d'Uri Taubenschlag venait une fois de plus de faire ses preuves, et Herschele salua alors son public :

« *Shalom aleïchem,* mesdames et messieurs. N'ayez aucune crainte. »

L'Américain souleva le glorieux Joseph von Schischkowitz qui était tombé sans connaissance entre le buffet et le canapé et l'emporta dans le couloir. L'affrontement entre la caste des officiers et le prolétariat révolutionnaire avait pris fin au profit de ce dernier. Le morceau de bravoure du locataire des Rosenbach fut ressenti par l'ensemble des membres de la famille comme un acte de patriotisme. Le coup du droit dans la mâchoire inférieure du capitaine faisait figure de revanche, de mesure de représailles en réponse aux brimades que l'on avait dû subir des années durant, souvent sans pouvoir opposer la moindre résistance. Des soupirs de soulagement, suivis d'applaudissements hystériques et enfin d'une ovation passionnée acclamèrent l'archange venu de New York lorsqu'il emporta le corps inanimé du capitaine qui avait osé traiter Leo Rosenbach de « photographe juif de banlieue ». L'excitation était à son comble, la famille donna libre cours à son enthousiasme et Jana était complètement subjuguée. Elle posa une bouteille de cognac et des liqueurs fines sur la table et invita ses hôtes à arroser copieusement l'heureuse issue de cette comédie. La porte s'ouvrit à nouveau, et Herschele revint dans le salon. Il souriait, faussement modeste, mais ses yeux rayonnaient comme s'il venait d'abattre un dragon. D'un air détaché, il demanda qu'on lui apportât des compresses froides, car il avait infligé à son adversaire quelques contusions. Le gaillard n'était toujours pas revenu à lui et faisait pitié à voir. Il fallait le tirer de son coma, car sinon, il rentrerait en retard à sa caserne et il ne pouvait pas se permettre ce luxe, vu les circonstances.

Avec l'aide du célèbre chirurgien de Tchernovitz, on pansa le hussard et on le mit dans un fiacre. Leo Rosenbach, complètement dépassé par les événements, demanda à Herschele de se présenter. Certes, il était très reconnaissant à son locataire de ce qu'il avait fait, mais il ne le connaissait pas. L'archange répondit d'une voix grave :

« Je suis le *Tomahawk* rouge de l'*Hudson river*, la hache de guerre des déshérités et des offensés. J'ai traversé les grandes eaux afin de prendre pour *squaw* la fille du chasseur d'images. Celui qui voudrait s'y opposer sera attaché au totem et sera scalpé. *Hugh*, j'ai parlé ! »

Une pareille chose ne s'était encore jamais produite, et c'est peu de dire que l'assistance était surprise. Finalement, on était une famille respectable qui acceptait les demandes en mariage, quand elles étaient présentées dans les formes, ou bien les refusait. Mais cet homme était un véritable typhon, une terrible tornade, un chevalier de l'Apocalypse qui brisait tout ce qui se mettait en travers de son chemin. Il avait mis *knock-out* le capitaine de hussards, il avait rétabli l'honneur des Rosenbach et mis fin avec dignité à une situation humiliante. Bien. Mais pénétrer ainsi dans l'appartement par la fenêtre, sans s'annoncer, sans sonner ni frapper, et prétendre sans autre forme de procès que l'on va épouser la fille de la maison, cela dépassait les bornes. Pour éviter que Leo ne fasse le moindre faux pas, Jana se leva, frappa sa coupe de champagne avec sa fourchette et déclara :

« Si j'ai bien compris, jeune homme, vous désirez devenir notre gendre. Vous seriez donc le second aujourd'hui qui nous fait part d'une telle intention. Expliquez-nous ce que vous voulez !

— Je ne veux rien, je ne désire rien. Je suis entièrement comblé et je vais épouser cette jeune fille.

— Vous avez l'air bien sûr de vous, Mr. Kamin. Mais il reste encore une inconnue de taille.

— Il n'y a aucune inconnue. Je veux votre fille.

— Et si notre fille n'était pas d'accord ? Que feriez-vous ? »

Le silence se fit dans l'assemblée. Tous les regards se portèrent sur Malwa qui de sa vie n'avait jamais été aussi belle qu'en cet instant. Elle s'avança vers Herschele et déclara :

« Je devrais te gifler, espèce de *Tomahawk* rouge, pour ta belle assurance et ton insolence. Nous nous voyons aujourd'hui pour la deuxième fois, mais toi, tu crois déjà avoir gagné et tu prétends me posséder. Comment peux-tu savoir quelles sont mes intentions ?

— Je les connais parce que tu me les as écrites noir sur blanc, Œil-de-paon. J'ai trouvé ton billet aujourd'hui, il y a une heure.

— J'ai effectivement glissé un billet sous ta porte, mais je n'y avais inscrit que deux mots. »

C'en fut trop pour le photographe de la Cour qui se mit à hurler :

« Tu corresponds avec des étrangers, Malwa ? Derrière le dos de ton père, si je comprends bien, et sans que ta mère le sache ! Qu'as-tu écrit sur ce billet ?

— Je suis majeure, Papa, et j'écris à qui je veux ce qui me chante de lui écrire.

— Je veux savoir ce que tu as écrit sur ce billet », cria Leo, ivre de rage.

« Je peux te le dire, grand chef, répliqua l'Américain, il n'y avait effectivement que deux mots : “ Au secours ”, suivis de la signature de ce merveilleux papillon, de la date et de l'heure.

— Je t'ai appelé à l'aide, c'est exact, mais cela s'arrêtait là.

— Cela ne s'est pas arrêté là, car je suis venu et je t'ai aidée.

— C'est juste, mais qu'est-ce qui te fait croire que tu vas pouvoir m'épouser ? »

L'Américain sauta alors sur la table. Il ferma les yeux d'un air mystérieux et murmura, en écartant les bras :

« Je suis sorcier, je sais tout, je peux lire les pensées d'Œil-de-paon. Œil-de-paon est amoureuse comme un singe enivré !

— Arrête tes facéties », s'écria Malwa qui appréciait de moins en moins cette comédie. « Descends de cette table ! Nous ne sommes pas chez les Indiens, ici !

— Pourquoi ? », demanda Herschele, et le ton de sa voix avait changé. « Pourquoi devrais-je descendre, ma rose sauvage ?

— Parce que je ne pourrai pas t'embrasser si tu restes perché là-haut... »

XIX

Le 28 juin 1914 décida du destin de l'humanité en général et de celui de Henner Rosenbach en particulier. Il s'approchait en effet de la frontière autrichienne — en compagnie de son fils — animé de la ferme intention de réaliser enfin son rêve de toujours. Les deux pèlerins avaient un aspect passablement négligé. Ils n'étaient pas rasés et leurs vêtements étaient en loques. Ils arrivèrent en nage au sommet d'une colline où un panneau indiquait que la patrie n'était plus qu'à quelques milles de distance. Un sentiment de joie s'empara d'eux. Il ne leur restait rien qu'une croix de bois, un violon et une grande incertitude pour ce qui les attendait à la frontière. Henner s'imaginait un accueil triomphal. Nathan était moins optimiste et craignait des complications, car bien des années auparavant, ils avaient pris la fuite à l'étranger avec un diamant volé. Certes, le temps avait passé depuis, mais qui pouvait savoir si ce faux pas était oublié et prescrit. Henner leva les yeux au ciel, confiant, et dit que la situation avait considérablement changé. Ils étaient partis, juifs damnés et méprisés, et revenaient maintenant en chrétiens, forts de la bénédiction du pape. Ce qui était défendu aux descendants d'Abraham, on le pardonnait aux enfants de Jésus, et il était donc permis de regarder l'avenir sans crainte.

Telles étaient les réflexions de Henner le jour précis où l'héritier du trône d'Autriche fut touché par une balle serbe à Sarajevo. Mais Henner ne s'occupait pas de la politique mondiale. Il termina la harangue qu'il adressait à son fils par ces mots :

« Courage, mon fils ! Cette fois, nous irons voir l'empereur en personne. Il faudra bien qu'il nous accorde une audience puisque nous vénérons le même Dieu que lui. Pendant que tu joueras du violon, je lui expliquerai l'invention du siècle. Avec ma photographie en couleurs, l'Autriche s'octroiera une avance décisive sur ses ennemis. Notre Père, aux cieux, nous accordera son soutien. »

C'était une chaude journée d'été. Au loin, on apercevait les méandres du fleuve Isonzo. Sur l'autre rive commençait la patrie avec ses vertes forêts et ses grasses prairies. Mais de ce côté-ci de la frontière, les forêts n'étaient pas moins vertes, les prairies n'étaient pas moins grasses. Ici et là on découvrait des anémones, de la sauge des prés et de l'arnica. Des parfums suaves montaient des champs entourés de barbelés et d'installations de défense. Un étranger au pays n'aurait jamais pu croire que cette vallée était coupée en deux, qu'une frontière passait ici et que des hécatombes allaient y avoir lieu : des milliers de jeunes gens allaient mourir pour leur patrie. Sans se douter de tout cela, les deux pèlerins se dirigeaient en boitillant vers le pont de Gradisca, le poste frontière le plus laid qui soit entre l'Italie et l'Autriche.

Dans le bureau régnait une odeur insupportable de phénol et de transpiration, comme dans la plupart des locaux administratifs du vieux monde. Malgré la chaleur de ce milieu de journée, les fenêtres étaient closes. Au mur du fond, des pièces de monnaie en argent aux origines les plus diverses étaient accrochées à des fils de soie. Le commandant Pawlik, chef du poste frontière, se tenait devant une chaise et s'entraînait à tirer au pistolet. Son adjudant était assis au bureau. Il ne semblait pas être incommodé par le bruit et continuait tranquillement à rédiger le rapport de la veille. Le commandant tira. Un rouble d'argent tomba sur le linoléum, et Pawlik grogna d'un air satisfait :

« Un Russe de moins à chaque coup. Vive l'Autriche ! »

L'adjudant trempa sa plume dans l'encrier, l'air songeur. Puis il toussota et demanda :

« Que dit-on au mess des officiers, mon commandant ? Y aura-t-il la guerre, oui ou non ? »

Pawlik réarma son pistolet et tira sur le fil auquel pendait un franc or. Le visage de Pawlik se mit à rayonner de bonheur :

« A chaque tir, un Français de moins ! Si nous avons de la chance, il y aura la guerre. »

L'adjudant continuait de gribouiller son rapport et dit tout à coup :

« Mais les Serbes sont des salopes. »

Le commandant leva son pistolet et vérifia le canon à la lumière.

« Ce qui ne signifie pas qu'ils soient mauvais tireurs. Ils savent tirer, il faut bien l'avouer. »

Le scribouillard sembla quelque peu déconcerté par la louange que l'on venait de faire à ces sous-hommes. D'une voix à peine audible, il grommela :

« Ils ont assassiné le prince héritier, ces porcs. Maintenant, la balle est dans notre camp. La Serbie doit mourir ! »

Pawlik tira pour la troisième fois, et c'est une livre anglaise qui alla rouler sur le sol du bureau.

« A chaque balle, un Anglais de moins. Mais si nous n'avons pas de chance, les Serbes sont capables de présenter leurs excuses et il n'y aura pas de guerre. Si ça continue, nous allons moisir dans ce fichu poste frontière. »

L'adjudant venait de découvrir un poil accroché à sa plume et tandis qu'il faisait des efforts désespérés pour le retirer, il continuait de faire part de ses réflexions mélancoliques :

« Si ça n'éclate pas cette fois-ci, ça n'éclatera jamais. Sauf si nous nous arrangeons pour trouver quelque chose, sur les rives de ce maudit fleuve. A Vienne, les civils prient pour la paix... »

Pawlik tira sa quatrième balle. Il fit mouche pour la quatrième fois, et une lire d'argent tomba à terre. C'est alors que la porte du bureau s'ouvrit. Un douanier entra, claqua des talons et cria :

« J'ai l'honneur de vous informer, mon commandant, que cette racaille a été arrêtée au passage de la frontière. La tenue de ces deux hommes les rend hautement suspects. »

Pawlik ne semblait pas l'écouter. Il démonta soigneusement son arme, débarrassa le canon de la poudre qui y restait et demanda négligemment si ces deux individus venaient de Belgrade. Henner ne lisait pas le journal. Il ne se doutait pas le moins du monde de la sournoiserie de cette question et répondit :

« Non, nous venons de Rome, mon commandant, nous arrivons de la sainte ville des bords du Tibre.

— Des gueux pareils ne sauraient arriver de Rome. Ils ne peuvent venir que de Belgrade.

— Que nous vaut cet outrage, mon commandant ?

— Vous le savez aussi bien que moi. C'est parce que les Serbes ont assassiné notre prince héritier.

— Je suis tout à fait désolé qu'il soit arrivé malheur à Monsieur l'héritier du trône, mais c'est la première fois que j'en entends parler.

— Vous en êtes désolé ? On abat l'archiduc et tout ce que vous trouvez à faire, c'est d'en être désolé ? Vous allez nous payer ça, maudits Serbes.

— J'aimerais rectifier quelque chose, mon commandant. Je ne suis pas Serbe, je suis un fidèle sujet de Sa Majesté François-Joseph d'Autriche, que Dieu le protège ! »

Le commandant fit une moue dégoûtée et rangea son arme en disant sèchement :

« Vous m'avez tout l'air d'être un fidèle sujet du chef de l'État. Et vous vouliez passer nu-pieds la frontière ? Pour qui nous prenez-vous, au juste ?

— Je suis un pèlerin chrétien, mon commandant, et je prie pour notre monarchie.

— Un pèlerin chrétien ! Il y a vraiment de quoi rire. Vous êtes juif, même un aveugle s'en rendrait compte. Comment vous appelez-vous, à propos ?

— Je me nomme Henner Rosenbach, et voici mon fils Nathan. »

Un sourire sarcastique se peignit sur le visage du tireur d'élite.

« Ah, mais c'est tout différent dans ce cas. Vous vous appelez Henner Rosenbach, et je suppose que vous êtes l'archevêque de Galicie. Vous arrivez probablement tout droit du Saint-Siège et vous rapportez un message secret...

— Nous n'arrivons pas tout à fait directement de Rome, mais il est exact que j'étais chez le pape Pie X qui a béni cette croix et nous a baptisés. »

Pawlik saisit une cartouche et la plaça dans le chargeur tout en fixant Henner de son regard. Il poursuivit l'interrogatoire :

« J'imagine que vous n'avez pas de métier ?

— Je suis inventeur, mon commandant. Ce n'est pas un métier, c'est une vocation. »

Le commandant se tourna vers l'adjudant et dit d'un air cynique :

« Notez-moi ça, adjudant. Voilà qui est intéressant. Rosenbach Henner, pèlerin juif en provenance de Rome, muni de la bénédiction du Saint-Père. Se promène pieds nus en Autriche et a l'intention... Que voulez-vous faire, au juste ?

— J'ai l'intention de demander audience à l'empereur, et le plus vite possible. »

Pawlik en resta bouche bée. Une ironie méchante brillait dans son regard lorsqu'il cria :

« Vous avez l'intention d'être reçu en audience par l'empereur, et le plus tôt possible ? C'est extraordinaire ! Nous ne nous attendions pas à la visite d'un personnage aussi important.

— J'ai fait une invention qui bouleversera le monde et c'est pourquoi je vais demander audience à l'empereur.

— Il veut même bouleverser le monde. C'est tout à fait extraordinaire. Vous voulez le faire sortir de ses gonds, en d'autres termes. C'est une invention explosive, si je comprends bien.

— Extrêmement explosive, mon commandant.

— Et cette invention, vous avez l'intention...

— ... d'en faire la démonstration devant l'empereur ! Absolument, mon commandant ! »

Pawlik leva dangereusement le canon de son pistolet et dicta à l'adjudant le texte suivant :

« Cet individu parle l'allemand sans accent, ce qui est suspect en soi, parce que les espions étrangers en général et les agents serbes en particulier maîtrisent notre langue d'une façon étonnante, ce qui leur permet d'échapper à notre contre-espionnage. Seuls des agents secrets parlent aussi parfaitement notre langue, et ce pour éviter d'attirer nos soupçons. Point. En outre, l'individu avoue qu'il a l'intention d'assassiner notre empereur.

— Je proteste, mon commandant. Je n'ai pas dit cela, j'ai dit simplement que je voulais faire la démonstration de mon invention devant l'empereur.

— Je sais mieux que vous ce que vous avez dit. C'est un espion qui doit être traduit devant la cour martiale, ce dont il va amèrement se repentir. Point. Allez ! Emmenez-moi cette racaille ! »

XX

« Vienne, le 1er juillet 1914

Aujourd'hui commence la deuxième moitié de ma vie. Depuis cet après-midi, 3 h 55 mn, je suis une femme. Ce dont je rêvais depuis dix ans est enfin arrivé, de la façon la plus plus bizarre qui soit.

J'ai pris mon courage à deux mains et je suis montée dans sa mansarde. Je savais que Papa était à Sankt Pölen pour affaires et qu'il ne doit revenir que demain. Maman fait une cure de deux semaines à Baden, près de Vienne. J'avais trouvé un prétexte, rien de très futé, mais un prétexte tout de même. Comme la vague de chaleur de ces derniers jours commençait à prendre des proportions impressionnantes, je décidai de porter à mon amoureux une carafe de citronnade. Je lui demandai à travers la porte s'il avait soif. Il me répondit d'un ton faussement indifférent qu'il n'avait pas compris ce que je disais et que je ferais mieux d'entrer. C'est ce que je fis, mais lorsque je franchis le seuil, la carafe m'échappa des mains et se brisa sur le sol... Le verre cassé porte bonheur, dit-on, et ce fut effectivement le cas. Henryk B. Kamin, ce nuage en pantalons, était allongé sur son lit, complètement nu, et lisait un gros livre qu'il plaqua immédiatement sur son visage. J'étais tellement choquée qu'aucun son ne sortit de ma bouche. Lui, cependant, semblait être d'excellente humeur. Il me demanda si la vue de la nudité de son nez m'avait rendue muette. Normalement, j'aurais ri d'une telle plaisanterie, mais cette fois, j'avais perdu mon sens de l'humour. Ce n'était pas son nez que je regardais, mais le curieux balancier qui commençait à bouger entre ses cuisses et qui grandissait comme un champignon. J'étais littéralement hypnotisée. La décence eût voulu que je prenne mes jambes à mon cou, mais mon instinct m'ordonnait de rester et de goûter au fruit défendu. Dans ma gêne, je dis que je devais ramasser les débris de la carafe, ce qui m'obligea à m'approcher tout près de l'être aimé. Henryk cachait toujours son visage derrière son gros livre et me demanda si je n'avais pas chaud. Je retrouvai alors l'usage de la parole et répondis d'une voix qui cliquetait probablement comme un piano désaccordé que la chaleur, dans cette maison, était tout à fait insupportable, sous les toits plus encore qu'en bas, et que je ferais donc mieux de redescendre chez moi. Mon idole répondit qu'il ne verrait aucun inconvénient à ce que je me déshabille également, que je n'avais aucune raison d'être gênée puisqu'il était nu lui aussi et qu'il ne pouvait rien voir à cause du livre qu'il avait posé sur son visage. Je lui fis promettre de ne pas me regarder et je me déshabillai. Un agréable frisson traversa tout mon corps. Lorsque je lui demandai où je pouvais m'asseoir, pour me reposer un peu — à l'heure où j'écris, je me rends compte de la bêtise sans bornes de mon comportement —, il saisit ma main et m'attira doucement sur le lit.

J'écris tout cela comme s'il s'était agi pour moi d'un après-midi d'été tout ce qu'il y a de plus banal, mais en réalité, je tremblais des pieds à la tête. Mes pensées étaient confuses, les mots mouraient sur mes lèvres, car je savais que le grand jour était arrivé. Je le désirais ardemment, il fallait que cela arrive à tout prix, et même si j'avais dû en mourir. Voilà des années que j'attendais cet instant. J'avais rêvé de Henner, de Baltyr et de Dachynski, et même de notre rabbin, mais je voulais attendre l'élu, le véritable amant selon mon cœur qui viendrait et allumerait un grand feu d'artifice dans mon corps. J'avais lu quelque part que la défloration provoquait des douleurs terribles, que c'était un acte de violence humiliant qui bafouait la dignité de la femme. Ce n'est qu'un mensonge ridicule. Je n'ai pas pleuré. Au contraire, j'ai ri. Lui aussi.

D'abord, il caressa délicatement mon ventre et mes hanches. Puis il prit un pinceau sur la table de nuit, il le trempa dans un petit pot de peinture et se mit à faire des dessins sur mon corps : deux oiseaux sur mes seins, une gigantesque fleur de tournesol tout autour de mon nombril, et finalement, un panneau sur chacune de mes cuisses. Sur le premier, il inscrivit : “ Grotte de Calypso, quinze centimètres. ” Sur l'autre : “ Jardin des plaisirs, quinze minutes. » Lorsque je lui demandai pourquoi c'était si long, il répliqua que tout cela était si agréable qu'il ne fallait rien précipiter. Je lui fis comprendre que je n'aurais jamais la patience d'attendre ce qui me semblait être une éternité. Il me répondit que quinze minutes n'étaient qu'un tout petit bout d'éternité, me donna le pinceau et m'invita à faire des dessins sur son corps. Comme je n'avais pas d'idée très originale, il me proposa de décorer sa flèche avec les couleurs de la révolution française, ce que je m'efforçai de réaliser d'une main tremblante. Mais pour ce faire, je devais prendre cette chose curieuse dans ma main, ce qui me mit dans un état d'excitation délicieux. On eût dit le gourdin d'Hercule au milieu de la forêt. J'étais impatiente de me faire transpercer par cette arme. Henryk m'encouragea à la faire entrer tout doucement dans mon calice et à l'embrasser sur la bouche. Je fis tout ce qu'il me disait. Je pressai ardemment mes lèvres sur les siennes, j'embrassai ses yeux et son cou. Je sentis un torrent qui dévalait mes reins, des gerbes d'étincelles me traversèrent le dos, je poussai un cri de plaisir et de délicieuse douleur, car le rêve de toutes ces années se réalisait enfin. Il me serra si fort contre lui que je crus que j'allais perdre connaissance, puis il me sembla que son âme se répandait dans mon corps.

Ce fut le sixième jour de la Création, l'aube de ma vie. Tout ce que j'avais vécu jusque-là n'était qu'enfantillage. Je venais de connaître mon véritable idéal. Dans les bras du plus tendre et du plus bel homme de la terre, je connus enfin le plaisir de la chair. Je l'aime par-dessus tout. Il m'a ouverte avec sa clef aux couleurs de la révolution française, il m'a fait découvrir la félicité : *Vive le son du canon*[1] ! »

1. En français dans le texte (N.d.T.).

XXI

Villach est un chef-lieu, une petite ville perdue dans la province de Kärnten. Elle est célèbre pour son église gothique, ses sources thermales radioactives et l'horrible forteresse qui fut pendant des siècles une pomme de discorde entre les Germains et les Slaves. Rares étaient les prisonniers incarcérés dans la forteresse de Villach qui en ressortaient un jour. Lorsqu'on y transféra l'oncle Henner, on lui demanda s'il préférait la potence ou l'échafaud. Et l'on dit qu'il aurait répondu :

« Ni l'un ni l'autre, messieurs, mais si vous tenez à faire quelque chose, vous pouvez aller vous faire voir ! »

A partir de ce moment-là, il bouda et refusa de donner le moindre renseignement supplémentaire. Il regardait la cour à travers les barreaux. Rien de particulier ne s'y passait, si ce n'est la relève de la garde, quatre fois par jour, et quelques rares exécutions. Mais un beau jour de juillet se produisit un événement. Henner constata qu'une activité fébrile s'était emparée des hommes de la garnison. Il entendait des officiers donner des ordres, et des marches militaires retentissaient partout. Henner supposa que l'empereur venait d'arriver dans la prison pour le raccompagner personnellement jusqu'à Vienne. Vers midi, la porte s'ouvrit soudain. Un sergent entra et se mit à hurler d'une voix hystérique :

« Maintenant, vous allez avoir ce que vous méritez, espèces de porcs slaves ! On vous a déclaré la guerre. On va vous arracher les couilles. Pas une pissotière ne restera debout dans votre royaume. On va vous tirer comme des lapins, et toi, l'espion serbe, on va te transformer en chair à pâté. On va te pendre à la gouttière du toit. Tu t'habilles avec des guenilles d'étranger et nous autres Autrichiens devrions croire que tu es des nôtres ! Tu vas te balancer au bout d'une corde, fais-moi confiance, et nous... »

C'en était trop. Henner décida donc de sortir du mutisme boudeur qu'il s'était imposé.

« J'ai des amis haut placés, à Vienne. Si l'un de nous deux doit se balancer au bout d'une corde, ce sera vous. »

Cette menace eut l'effet voulu, car dans l'Empire austro-hongrois, il n'y avait rien qui fît autant impression sur les gens que des amis haut placés. C'est pourquoi le sergent répondit sur un ton un peu plus conciliant :

« On les connaît par cœur, tes amis. Vous êtes tous des agents, des taupes au service du roi de Serbie. Vous n'êtes que de la vermine de terroristes et de saboteurs. »

Devant cette nouvelle insulte, l'inventeur arracha la chemise qu'il portait sur le dos et montra l'aigle à deux têtes de la dynastie des Habsbourg qu'il s'était fait tatouer sur la poitrine en un moment de faiblesse.

« Et ça, qu'est-ce que c'est, espèce de laquais ?

— C'est notre emblème », répondit le sergent en se mettant au garde-à-vous. « Mais l'aigle est une chose, et ta bande d'espions en est une autre. Au fait, comment s'appellent-ils, tes amis ?

— Mon frère est le photographe de Sa Majesté le roi de Bavière.

— Si tu mens, je te ferai écarteler.

— Je le serai de toute façon, imbécile que vous êtes. C'est pour cette raison justement que je peux me permettre de dire ce que bon me semble.

— Et où habite-t-il, ce prétendu photographe de la Cour ?

— Il n'habite pas dans votre quartier, pauvre idiot. Ce serait trop populaire pour lui.

— Je te demande où il habite.

— A Vienne, à Floridsdorf, Freytagsgasse, numéro trois.

— Crois-tu qu'il donnera sa caution pour toi ?

— C'est à lui qu'il faut le demander, pas à moi.

— Et garantira-t-il la véracité de tes déclarations ?

— Peut-être que oui, peut-être que non. Et s'il ne s'en porte pas garant, qu'adviendra-t-il ?

— On te pendra haut et court, tu comprends ? »

XXII

C'est incroyable, mais vrai : mon grand-père est devenu sur ses vieux jours un profiteur de guerre. Toute sa vie, il avait été malchanceux. La plupart du temps, il dépassait allégrement ses propres limites et s'exerçait dans l'art de vivre au-dessus de ses moyens. Ou plus exactement, c'est sa femme qui pratiquait cet art et qui dépensait plus que Leo ne gagnait. Depuis son mariage, il espérait pouvoir un jour couvrir Jana de cadeaux et obtenir ainsi ses faveurs. Mais il n'y était malheureusement jamais parvenu.

Puis arriva le jour où François-Joseph déclara la guerre à ses ennemis et où Konrad von Hoetzendorff décréta la mobilisation générale. Cette date mémorable signifia également pour les Rosenbach le signal de grands changements. Des centaines de milliers d'hommes durent se rendre sous les drapeaux et prendre congé des leurs. Des files d'attente interminables se formèrent devant les mairies et les ateliers de photographie. Les uns étaient pressés de se marier avant d'être envoyés sur les champs de bataille, les autres voulaient se faire photographier parce qu'ils sentaient que le chemin qui les conduisait à la guerre était une voie à sens unique.

Chez les Rosenbach régnait une activité fébrile. Le flot des clients ne tarissait pas. Floridsdorf était un quartier populaire où le nombre de tués serait selon toute probabilité très élevé, et où le besoin de laisser un souvenir peu coûteux se faisait particulièrement sentir. De tout temps on a envoyé de pauvres hères se faire tuer sur tous les fronts du monde. Les classes dominantes disposent toujours des moyens nécessaires pour placer leur progéniture dans les lignes arrière. C'étaient donc en majorité de pauvres bougres, des crève-la-faim qui se présentaient dans l'atelier du photographe de la Cour. Mon grand-père devint rapidement grossiste en souvenirs dans le vingt et unième arrondissement de Vienne. Il fabriquait des souvenirs à trois couronnes pièce et à trente couronnes la douzaine, et il ne se passa pas de jour où il n'eût fait moins de cent couronnes de bénéfice net. Le bien-être fit son entrée dans l'appartement de la Freytagsgasse, et il entraîna des complications auxquelles on ne s'attendait pas. Dès le premier jour de la guerre, la salle d'attente de Leo fut remplie de soldats qui désiraient se faire photographier une dernière fois, la plupart du temps en compagnie de leur mère, de leur fiancée ou de leur amie. Tard dans la soirée, Leo passa la tête par la porte entrebâillée du studio et demanda d'une voix lasse s'il y avait encore quelqu'un. Il restait un appelé, accompagné d'une jeune fille tremblant de tous ses membres et qui répétait inlassablement en pleurnichant :

« Je vais avoir un enfant de toi. Si tu meurs, je me pends. »

Mon grand-père était un partisan inconditionnel de l'empereur, mais de telles scènes lui brisaient le cœur et lui donnaient mauvaise conscience. Il tenta donc de masquer son émotion en affichant une attitude très professionnelle.

« Votre nom, s'il vous plaît ? grommela-t-il.

— Hawlitchek Anton », répondit le soldat tandis que la jeune fille continuait de pleurer : « J'attends un enfant, Tony. Il ne faut pas que tu meures ! »

Leo était au bord des larmes, mais il se maîtrisa et demanda d'un ton détaché :

« Vous habitez ?

— A cent mètres d'ici, rue Spitz, au numéro trois.

— Je suppose que vous êtes le fils du boucher ?

— Ne posez pas tant de questions ! Nous sommes pressés.

— Vous partez pour le front, j'imagine.

— Où voulez-vous que ce soit ? Nous partirons à six heures, demain matin, pendant que vous dormirez encore dans votre lit. Ma fiancée viendra chercher les photographies. »

La jeune fille était à bout et se mit à pleurer sans la moindre retenue :

« Si tu ne reviens pas, Tony, je me jette par la fenêtre. »

Leo s'éclipsa discrètement et fit venir le jeune Hawlitchek dans le studio.

« Votre père est en droit d'être fier, jeune homme. Il offre à notre empereur un solide gaillard. Prenez place, je vous prie, et souriez !

— Vous voulez que je sourie, monsieur Rosenbach ? C'est plutôt vous qui devriez sourire, car vous restez chez vous, près du feu, bien au chaud. »

Leo cacha sa gêne sous le voile noir de son appareil. Il lui fut alors plus facile de débiter ses platitudes.

« Que Dieu me punisse pour mes péchés, monsieur Hawlitchek. Je n'ai qu'un seul enfant, et c'est malheureusement une fille.

— Ne désespérez pas, monsieur Rosenbach ! Elle aura des enfants, et eux crèveront pour une cause débile.

— Trouvez-vous que notre empereur est une cause débile, jeune homme ?

— Foutez-moi la paix avec votre empereur. Il ne vaut pas mieux que vous et fait des affaires avec les soldats qu'il envoie à l'abattoir. »

Leo comprit que son bavardage ne rencontrait guère de succès et demanda si la jeunesse actuelle était contre l'Autriche.

« Pas contre l'Autriche, monsieur le photographe, mais contre les juifs. Ce sont eux qui nous volent le pain de la bouche. Pendant que je partirai sur le front, mademoiselle votre fille sera assise devant sa coiffeuse et se fera belle. »

Leo sentit la colère monter en lui. Il lança sèchement :

« Cela vous dérange peut-être aussi de vous faire photographier par ma petite personne ?

— De toute façon, quand les photographies seront prêtes, je serai déjà mort. »

Leo comprit qu'il était vain de tenter de poursuivre le dialogue. Il saisit le déclencheur, le pressa et dit :

« Ce n'est pas avec de telles conceptions que nous gagnerons la guerre, monsieur Hawlitchek. »

Trois jours après la déclaration de guerre faite par l'empereur sénile François-Joseph d'Autriche au roi de Serbie, deux jours après la mobilisation générale en Russie et un jour après l'ultimatum adressé par les Allemands à la France, on assassina à Paris un pacifiste célèbre : le dirigeant socialiste Jean Jaurès. Depuis des années, il avait appelé les prolétaires de tous les pays à s'unir et à faire en sorte que la Première Guerre mondiale ne puisse éclater, en organisant une grève générale internationale. Sa recette était simple. Si on l'avait écouté, le monde dans lequel nous vivons serait tout différent. Mais personne ne l'écouta. Jaurès dut le payer de sa vie. Sa voix se tut à jamais. Les prolétaires de tous les pays se laissèrent entraîner dans la guerre et préférèrent agir contre leurs propres intérêts. Ivres de patriotisme, ils traversèrent leurs pays respectifs en réclamant la guerre jusqu'à la victoire finale, la guerre contre leurs frères, la guerre totale jusqu'à l'extermination de tous leurs adversaires. Il s'avéra alors que quelqu'un avait fait une erreur de calcul grossière : la théorie de Marx et d'Engels, le socialisme scientifique, affirmait pourtant que la classe ouvrière des cinq continents représentait une masse invincible qui, lorsque la guerre éclaterait, retournerait ses fusils contre ses oppresseurs pour prendre définitivement le pouvoir. Mais au lieu de cela, les prolétaires tirèrent sur d'autres prolétaires et obéirent aux ordres de leurs ennemis de classe. Qu'était-il arrivé ? Comment tout cela avait-il été rendu possible ?

Un couple d'amoureux était assis sur les bords du Danube. L'eau était d'un vert macabre. Il régnait une odeur de poissons morts. Des aigrettes tournoyaient dans le ciel. On entendait le fracas d'un train de marchandises qui traversait le pont et, au loin, le grondement diffus de la ville gigantesque. Des nuages jaunes s'étaient amassés au-dessus du Leopoldsberg. Un orage allait éclater, mais l'atmosphère était encore calme et l'air semblait chargé d'une poussière argentée qui scintillait. L'homme enlaçait la jeune fille et caressait délicatement ses cheveux.

« C'est terrible, Malwa.

— Quoi donc ?

— Ils ont abattu Jaurès. C'est un signe.

— Quel signe, Henryk ?

— Tu refuses de l'admettre, mais la catastrophe a commencé. Nous allons assister à un raz de marée sans pareil. Toutes les digues vont se rompre, mais un monde nouveau renaîtra de ces ruines...

— Tu tournes autour du pot, Henryk, mais je ne sais pas autour duquel...

— Dans tous les pays, la classe ouvrière est sous les drapeaux.

Une occasion pareille ne se présente qu'une fois tous les mille ans.

— Quelque chose me dit que tu as envie de retourner en Russie.

— Depuis les révoltes d'esclaves dans la Rome antique, il ne s'est jamais présenté une occasion pareille.

— Tu veux me quitter, avoue-le.

— Devrais-je rester sur la touche, Malwa ?

— Oui, et m'aimer.

— Pourrais-tu croire en un homme qui a mis sa vie au service d'une grande cause et qui, au moment décisif, prendrait la fuite ?

— Sans difficulté. Parce que je t'aime. Parce que je ne veux pas te perdre. Mais toi, tu ne m'aimes pas. Tu cherches à mourir en héros, pour défendre un idéal abstrait et un drapeau tout ce qu'il y a de plus suspect et que tu vénères comme une idole. Tu ne vaux guère mieux que tous ces imbéciles qui vont sur le front en chantant des chants ineptes.

— Tu voudrais donc que je me trahisse moi-même ?

— Si tu me quittes, tu nous trahis tous les deux. Je me fiche éperdument des occasions uniques dont tu parles. L'unique occasion qui t'est donnée, c'est moi.

— Mais tu sais bien que je t'aime, comment peux-tu en douter ? Je me languis de tes yeux, de tes lèvres, de ton corps, mais tu dois comprendre que je ne peux cesser d'être un homme. Il y a suffisamment de nains sur cette terre, des hermaphrodites et des animaux à sang froid qui se cachent sous les feuilles de laitue. Ils enfoncent la tête sous terre et se nourrissent de vers de terre. Ils tremblent pour leur existence. Je les méprise tous autant qu'ils sont. Maintenant, il faut que je fasse mon devoir, sinon j'aurai honte de me regarder dans une glace. J'ai toujours nagé à contre-courant. J'avais quatorze ans quand j'ai tiré pour la première fois sur les cosaques. Je suis parti pour les mines de plomb de Verchojansk, j'ai vu de près la potence de la citadelle de Varsovie, mais je n'ai jamais eu peur. Et il faudrait que j'abandonne maintenant ? Au moment précis où tout va se décider, au moment où soit nous vaincrons, soit nous serons réduits en esclavage pour des siècles, au moment où tout homme digne de ce nom monte sur les barricades pour conduire les masses à la dernière bataille, à la guerre sainte contre la guerre ? Tu voudrais que j'endosse le manteau bleu du troubadour et que je me mette à susurrer des chants d'amour éplorés ? J'en suis incapable... »

Malwa comprit qu'il était inutile de se quereller avec Henryk. Son oiseau de paradis voulait s'envoler et elle se sentait incapable de l'en empêcher. Des larmes coulèrent sur son visage. Elle se leva doucement. Elle eut un moment d'hésitation, puis partit rapidement. Elle savait que tout était fini. Du moins, c'était ce qu'elle croyait.

Mais elle se trompait. Elle n'avait pas la moindre idée des trucs grâce auxquels les hommes parviennent à maquiller leurs revirements. Henryk avait décidé depuis longtemps de suivre une voie plus facile, ou disons plus agréable. Il avait dû choisir entre les postulats abstraits du parti et les baisers passionnés de Malwa, et il n'avait pas hésité une seconde. Mais il lui restait tout de même un vestige de conscience socialiste à laquelle il avait un tribut à payer. Il avait près de vingt-cinq ans désormais. Il avait passé la moitié de sa vie sur les barricades de la lutte des classes. Il était fier du fil d'Ariane rouge qu'il avait suivi tout au long de sa vie. Il avait un idéal, un but qu'il poursuivait obstinément. Lorsque Malwa le pria d'inscrire quelque chose dans son album, il ne trouva rien de mieux qu'un quatrain célèbre du *Voyage d'hiver* de Heinrich Heine :

Ô mes amis, je vais écrire pour vous
Un chant nouveau, un chant meilleur,
Nous voulons ici-bas, déjà,
Édifier le royaume des cieux.

Henryk ne savait pas très bien à quoi devrait ressembler ce royaume des cieux. En tout cas, il était convaincu que ce serait une forteresse de l'humanité, un bastion de l'entraide et de la solidarité, un paradis d'hommes libres et égaux pour lequel cela vaudrait la peine de vivre et peut-être même de mourir. Dans ce monde nouveau, tous les rêves des hommes seraient réalisés, et lui tourner le dos serait une véritable trahison. La logique implacable du prétendu socialisme scientifique donnait à Henryk la force de défier avec le sourire les injustices de l'existence et de traverser l'océan de la vie sans avoir recours à la foi en un Être Suprême. Mais désormais, il était placé devant un choix autrement délicat : la révolution ou l'amour, l'humanité ou « la plus merveilleuse fille du monde ».

Il était donc la victime de la contradiction ancestrale qui oppose le corps et l'esprit, la raison et la folie, l'intellect et le cœur. Le problème n'était plus que de savoir comment justifier son choix de façon convaincante, de retourner habilement la situation pour pouvoir ensuite s'en laver les mains. Quand il vit Malwa partir en sanglotant sur les berges du fleuve, quand il constata qu'aucun signe ne lui indiquait qu'elle avait changé ses positions, il courut la rejoindre et cria en la prenant par les épaules :

« Tu veux te débarrasser de moi ! »

Malwa répondit d'une voix rauque :

« Ce n'est pas moi, c'est toi qui cherches à te débarrasser de moi.

— Tu ne veux donc plus vivre avec moi, Malwa ?

— Si tu pars en Russie, j'en mourrai.

— Veux-tu vivre avec moi, oui ou non ?

— Si tu restes ici, oui.

— Et tu ne vois aucune possibilité de compromis ? » Malwa éclata de nouveau en sanglots. Elle fut incapable de parler et Henryk poursuivit d'une voix plus douce : « Laisse-moi partir ! Juste pour un mois, pour régler les affaires les plus importantes. Ou même seulement trois semaines, et ensuite, je reviendrai.

— Dans un cercueil, je sais. Il n'y a pas de compromis possible. Soit tu restes, soit je me jette à l'eau, et tout de suite ! »

Henryk se jeta à ses pieds et s'agrippa à elle, mais Malwa le repoussa. Elle dévala le talus et sauta par-dessus une grosse canalisation qui déversait les eaux usées dans le fleuve. Ses cheveux étaient défaits, sa respiration haletante. L'instant d'après, elle sauterait. Le joueur de football perdit alors sa belle assurance et se mit à hurler :

« Je t'aime, serpent, reviens !

— Reste, ou tu peux me dire adieu !

— Tu ne me laisses pas le choix.

— Qu'est-ce que tu veux dire ?

— Je reste. Veux-tu m'épouser ?

— Jure que tu resteras !

— Je le jure. Mais dis-moi si tu veux de moi.

— Évidemment, idiot ! »

Herschele alias Henryk B. Kaminski rendit les armes, mais en apparence seulement. Car en réalité, c'est lui qui avait gagné, sur toute la ligne. Il désertait les rangs de la révolution mondiale, il renonçait à retourner en Russie et restait à Vienne, il suivait son penchant et non les directives du parti, mais pour sa défense, il pouvait dire qu'il avait été victime d'un chantage. Cela apaisait sa conscience.

La guerre mondiale dont on dit qu'elle fut la première et dont on sait qu'elle ne fut pas la dernière, durait déjà depuis quatre mois. Plus de cent mille mères pleuraient la mort de leurs fils. La fin du conflit semblait encore lointaine, et les affaires de Leo Rosenbach allaient bon train. Il était devenu l'heureux titulaire d'un compte en banque confortable, ce qui lui donna accès à la classe des privilégiés et lui permit d'opérer des transactions dont il ne savait même pas auparavant qu'elles existaient... Pour lui, il était clair dorénavant que rien ne pourrait plus l'empêcher de rembourser au baron Gutmann l'emprunt fatal qu'il avait souscrit un an plus tôt avec l'aide de sa toujours séduisante épouse. Mais le dicton dit : « L'homme propose, Dieu dispose », et les proverbes ne sont en fait que les soupirs d'une humanité échaudée. Ils sont souvent plus judicieux qu'on ne le croit. Personne n'aurait pu se douter que le jour même où les Russes lancèrent leur offensive meurtrière contre la Silésie et où le pape Benoît XV publia son encyclique *Paix pour les nations*, un policier se présenterait chez mon grand-père pour savoir si un certain Leo Rosenbach n'habitait pas à cet endroit. Celui à qui il s'adressait ainsi pâlit et ressentit une crampe dans la région de l'estomac.

« C'est moi. Entrez, monsieur le brigadier-chef, et prenez place. »

Le brigadier-chef n'était en réalité que caporal, ce que n'importe qui aurait pu voir à ses galons. Il fut néanmoins flatté par ce titre et suivit Leo dans le salon où il procéda sans attendre à un interrogatoire.

« Depuis quand habitez-vous dans cette maison, monsieur Rosenbach ? »

Leo sentit qu'il était préférable de dire la vérité tout en donnant le moins de détails précis possible. C'est pourquoi il répondit :

« J'habite ici depuis que je me suis installé à Vienne, monsieur le brigadier-chef. Puis-je vous offrir quelque chose ? Un slivovitz ou un cognac ? Et pourquoi ne nous faites-vous pas l'honneur de vous asseoir ? »

Le gendarme tenait à préserver une certaine distance. Il resta donc debout et toussota d'un air important :

« Hm, vous aviez un autre domicile, hm, autrefois, si je ne m'abuse ? »

Leo se mit à trembler. Il pensait que le gardien de la paix faisait allusion à sa malheureuse carrière à Stanislau, ou peut-être même à la provocation en duel des deux jumeaux et à la fuite éperdue qui s'était ensuivie. Que lui voulait cet homme ? N'était-on plus en sécurité nulle part, même à Vienne ? Il était devenu désormais un homme riche, un membre de la bonne société qui s'honorait de sa fidélité à l'empereur et de ses convictions monarchistes. Leo répondit timidement :

« J'ai effectivement été domicilié ailleurs, monsieur le brigadier-chef. J'ai vécu pendant vingt ans au château de Neuschwanstein et à la Cour, à Munich.

— Auprès du roi Louis II, à ce qu'on dit. Est-ce exact ?

— C'est exact, en effet, monsieur le brigadier-chef. J'étais le photographe de la cour de Sa Majesté Louis II, le protecteur des arts et l'ami intime de Richard Wagner.

— On nous a informés que vous aviez des rapports personnels avec Sa Majesté.

— Effectivement. Mais cet être incomparable est mort », dit Leo en poussant un profond soupir, car il n'avait toujours pas deviné où son mystérieux visiteur voulait en venir. Puis il ajouta prudemment que les circonstances de la mort du roi n'avaient toujours pas été éclaircies et que les bruits les plus absurdes couraient à ce sujet, mais qu'il ne fallait pas leur accorder le moindre crédit...

Le caporal commençait à s'impatienter et décida donc de ramener son interlocuteur à l'essentiel.

« On dit que malgré vos origines juives, monsieur Rosenbach, vous disposez de relations en haut lieu, est-ce exact ? »

Leo ne savait pas s'il s'agissait là d'un compliment ou d'un reproche, il répondit donc de la façon la plus neutre qui fût :

« Vous semblez fort bien renseigné à mon sujet, monsieur le brigadier-chef.

— Nous savons tout, monsieur Rosenbach. Chacun des sujets de Sa Majesté est soigneusement surveillé et fiché. »

La tournure que prenait la conversation mettait mon grand-père de plus en plus mal à l'aise.

« C'est d'ailleurs tout à fait légitime, monsieur le brigadier-chef. Nous vivons toujours plus dangereusement, nous sommes entourés d'ennemis. Il y va de la survie de notre monarchie. C'est bien ton avis, Jana, n'est-ce pas ? »

Jana était dégoûtée par le zèle que déployait son mari et répondit fièrement :

« Non, Leo, je ne suis pas du tout de cet avis. Si chaque sujet de l'empereur est effectivement surveillé et fiché, si tout le monde doit être considéré comme suspect et accusé d'avoir des opinions subversives, si l'empereur a une confiance aussi limitée en son peuple, malheur à nous ! Nous ne pourrons jamais gagner cette guerre. »

Les propos de Jana déplurent au caporal, bien qu'il ne les comprît pas vraiment. Cette femme était très séduisante et, de plus, elle avait de la repartie, ce qui était très déroutant pour un policier. Il préféra donc éviter toute polémique et se contenta de demander si Jana était née Wertheimer et si elle était originaire de Stanislau. Par peur qu'elle ne provoquât encore plus de dégâts, Leo répondit à sa place que c'était exact, et il ajouta que sa charmante épouse avait la détestable habitude d'affirmer systématiquement le contraire de ce que disait son mari. Le policier toisa Jana d'un regard plein de méfiance et de désapprobation et décida d'accorder à l'avenir une attention toute particulière à ses déclarations. Après un silence embarrassé, il en arriva à la raison de sa venue et demanda sur un ton ostensiblement anodin :

« On dit que vous avez un frère, hm, un certain Henner, est-ce exact ? »

Jana sursauta et Leo en eut le souffle coupé pendant quelques instants. Passé ce moment de stupéfaction, il répondit, aussi embarrassé que s'il abordait un sujet inconvenant :

« J'ai effectivement un frère, si l'on peut dire, et il s'appelle bien Henner. Mais voilà bien longtemps que nous sommes sans nouvelles de lui, ce dont nous ne pouvons d'ailleurs que nous réjouir. Je veux dire, mon épouse et moi-même...

— Parle pour toi, Leo ! Je donnerais une fortune pour savoir où il se trouve à l'heure qu'il est et comment il se porte. »

Un sourire cynique se peignit sur le visage du gendarme. Il s'inclina devant Jana et dit :

« Dans ce cas, je vous prie de me donner votre fortune, chère madame, car je suis en mesure de vous informer que monsieur votre beau-frère a passé cinq années en Angleterre, qu'il a dû quitter le pays en raison d'activités criminelles, et qu'il a traversé la France et l'Italie pour se rendre... »

Leo s'attendait au pire. Il interrompit le caporal pour indiquer pendant qu'il en était encore temps qu'il n'avait plus rien à faire depuis longtemps avec son frère :

« J'ai perdu mon frère dans des circonstances tout à fait scandaleuses, monsieur le brigadier-chef.

— Avec votre frère, monsieur Rosenbach, toutes les circonstances sont scandaleuses. Il prétend par exemple être inventeur... »

La colère s'empara de Jana. C'en était trop, à présent. Sur un ton volontairement désagréable, elle demanda :

« Qu'y a-t-il de scandaleux à cela ? Edison est inventeur, les frères Wright sont inventeurs, Marconi est inventeur. Sans eux, nous serions encore à l'âge de pierre. En quoi est-ce un scandale qu'un homme tente d'améliorer le monde dans lequel nous vivons ? Ou bien trouvez-vous que le monde est parfait et qu'il n'y a plus rien qu'on puisse améliorer ? »

Le ton qu'avait pris Jana n'échappa pas au gendarme. Il y vit le signe d'une insubordination qu'il ne parvenait pas à s'expliquer entièrement. Il décida donc de faire exploser sa bombe plus tôt que prévu et déclara froidement :

« Henner Rosenbach, prétendument inventeur, originaire de Stanislau en Galicie, également d'origine juive, est soupçonné de préparer un attentat contre Sa Majesté François-Joseph, empereur d'Autriche. Il ne fait aucun doute que le prisonnier agit pour le compte du gouvernement serbe. Qu'en dites-vous, madame ?

— Je serai brève, monsieur le brigadier-chef : quiconque affirme une chose pareille est un imbécile. »

Leo était consterné. Non pas à cause des accusations qui pesaient sur son frère, mais en raison de l'absence totale de respect dont son épouse faisait preuve à l'endroit d'un fonctionnaire dans l'exercice de ses fonctions.

« Jana, tu es complètement folle, s'écria-t-il, tu offenses un brigadier-chef, et avec lui l'État autrichien qui est engagé dans un combat à la vie à la mort. Tu vas présenter tes excuses sur-le-champ !

— Il n'en est pas question. Je n'ai offensé personne, ni ce policier ni l'État autrichien. J'ai dit simplement que celui qui accuse mon beau-frère de fomenter un attentat contre l'empereur, le prince héritier ou qui que ce soit d'autre est un sot. Il est bien possible que Henner ait tous les défauts de la terre, mais ce n'est pas un terroriste. Voudrais-tu affirmer le contraire, par hasard ? »

Il fallut un moment à mon grand-père avant de pouvoir répondre à la question de la belle Jana. Finalement, il s'affala dans son fauteuil, essuya la sueur qui perlait sur son front et murmura :

« Mon frère n'est pas un terroriste. Il est possible qu'il soit voleur, escroc ou faux monnayeur, mais terroriste ? Non ! »

Le caporal était loin d'avoir découvert tous ses atouts. Il s'apprêtait à donner le coup de grâce, mais se ravisa, but une rasade de slivovitz et dit :

« Si vous êtes convaincu de l'innocence de monsieur votre frère, vous serez certainement disposé à vous porter garant de lui, n'est-ce pas ? »

Leo jeta un regard désespéré à Jana et répondit :

« La conviction est une chose, monsieur le brigadier-chef, la caution en est une autre. Je suppose que vous le comprendrez... »

La mesquinerie de son époux mit Jana hors d'elle :

« Où est mon beau-frère, cria-t-elle, je veux le savoir ! »

Le caporal avala une deuxième rasade de slivovitz et marmonna en s'essuyant la moustache :

« Ou vous vous portez garant de lui, ou il sera fusillé. »

Leo tremblait désormais de tous ses membres. Il supplia sa femme du regard de lui donner un conseil et bredouilla :

« Nos affaires marchent bien, Dieu merci. Nous disposons de quelques économies, mais à la fin de cette année...

— Ne fais pas tant de discours, Leo », s'écria Jana, et ses yeux lançaient des éclairs, « décide-toi !

— Nous sommes endettés, mon enfant. Notre mariage est en jeu. Tu sais de quoi je veux parler... Et d'ailleurs, nous ne savons même pas à combien se monte la caution. »

Le policier semblait apprécier le schnaps. Il avala un troisième verre et répondit :

« Vous avez la coquette somme de quatorze mille couronnes sur votre compte en banque, monsieur Rosenbach. Nous sommes au courant de tout, comme je vous l'ai déjà fait remarquer. Vous nous verserez donc une caution d'un montant de quatorze mille couronnes qui seraient confisquées si nos soupçons se révélaient exacts. »

Jana répondit à la place de Leo :

« Quand vous faut-il cet argent, monsieur le brigadier-chef ?

— L'exécution de la sentence a été repoussée au milieu de la semaine prochaine, chère madame. »

Leo s'agrippa à son fauteuil. Son cœur battait si fort qu'on pouvait craindre qu'il ne s'évanouît. D'une voix presque inaudible, il murmura :

« Je n'y survivrai pas... »

Jana ne sembla pas impressionnée. Elle s'avança vers Leo et lui dit froidement :

« Si je comprends bien, tu veux qu'on le fusille ? »

Leo était au bout de ses forces. Des larmes coulèrent sur son visage. Il soupira :

« Il faut que je paye mes dettes, il faut que je marie ma fille, il faut que je m'éreinte... »

Jana lui coupa la parole et dit très calmement :

« Arrête cette comédie, Leo. Voici une plume. Signe ! Nous en avons vu d'autres. »

C'était le 30 décembre 1914. Le délai pour le remboursement du prêt qui avait été accordé à Jana dix-huit mois plus tôt expirait à midi. La condition qui avait été posée était : de l'or ou l'honneur. Étant donné qu'il n'y avait plus d'argent — les économies avaient fondu pour payer la caution de l'oncle Henner —, la belle Mme Rosenbach se vit dans l'obligation de sacrifier son honneur qui, ce jour-là, se montait à six mille couronnes.

Le secrétaire particulier du baron von Gutmann se tenait devant le miroir au cadre doré de son bureau et ajustait les pointes de sa moustache. Il se regardait d'un œil morose dans la glace, car il connaissait sa laideur, sa calvitie et ses dents gâtées au milieu de son visage. L'eau de Cologne avec laquelle il s'aspergeait n'y changeait rien, il ne parvenait pas à masquer la banalité de ses traits. Pendant qu'il s'observait ainsi, le domestique entra en trombe dans le bureau et annonça d'un air entendu que la belle personne était arrivée. Le secrétaire du baron se retourna, ajusta sa cravate et murmura :

« Qu'elle entre. »

Jana avait enrobé son honneur dans une robe de satin noir, au profond décolleté. Elle avait une chaîne en or autour du cou, elle portait des gants de cuir et s'était coiffée d'un chapeau qui lui donnait une allure princière. Elle avait laissé à dessein son manteau dans l'entrée pour mettre en valeur ses épaules, son cou et ses bras. Elle pénétra dans le bureau du secrétaire comme si elle se rendait à un rendez-vous galant, ce qui, d'une certaine façon, était effectivement le cas. Elle s'arrêta dans l'embrasure de la porte et dit en promenant fièrement son regard autour de la pièce :

« Nous sommes le 30 décembre, monsieur Oppenheim. Il est midi, comme convenu.

— Je vois qu'on peut compter sur vous, madame Rosenbach. Votre visite m'honore. » Et après une pause, il ajouta : « Je suis impatient de savoir ce que vous m'apportez. »

Jana enleva ses gants et répondit le plus calmement possible :

« Je ne vous apporte pas l'argent, monsieur Oppenheim. Je suis désolée, mais des circonstances malheureuses m'empêchent de rembourser la dette que j'ai contractée auprès de vous. »

Oppenheim se dirigea vers la porte, la ferma et mit la clef dans le tiroir de son bureau.

« C'était prévisible, ma charmante dame, susurra-t-il.

— Non, monsieur Oppenheim, ce n'était pas prévisible. La guerre a tout bouleversé, et en particulier notre compte en banque. C'est pourquoi je vous prie de demander au baron de m'accorder un sursis de six mois. »

Le petit homme s'assit dans un fauteuil, alluma une cigarette et dit :

« Je suis prêt à vous avancer la somme en question, mon bel ange. Le baron ne plaisante pas en affaires, et il n'accorde jamais de sursis. »

Jana pâlit et lui demanda :

« Que voulez-vous dire, monsieur ?

— Que vous feriez mieux de vous déshabiller. »

Il est probable que Jana avait envisagé cette éventualité. Plus, elle s'y attendait. Par ses vêtements, son parfum et son allure, elle avait pour ainsi dire provoqué l'impertinence du secrétaire. Mais on peut se demander si elle avait réellement l'intention de s'abandonner à cet homme pour honorer la dette d'honneur de son mari.

Je ne le crois pas. Je ne l'ai pas connue, et pourtant, je lui suis profondément attaché. Des témoins qui vivent encore affirment que Jana ne s'est pas laissée approcher par cet homme. Je suis prêt à les croire. Si elle avait aimé Leo, bien des choses eussent été différentes, car on peut tout faire par amour. L'amour abolit les lois, il ne connaît pas la pudeur et il est à proprement parler immoral : il est au-dessus de la morale, et tout ce qui peut lui servir est autorisé. Mais Jana n'aimait pas Leo, il n'était pas question pour elle de vendre son corps, pas même pour six mille couronnes. C'est pourquoi je peux jurer ici que mon incomparable grand-mère n'a pas pensé un seul instant coucher avec ce repoussant M. Oppenheim. Mais pourquoi, dans ce cas, avait-elle mis autant de soin à sa toilette ? La réponse est évidente : elle sentait que le désir de cet homme était plus grand que ses capacités. Grâce à son intuition féminine, elle avait compris qu'elle quitterait ce bureau saine et sauve si elle savait manier la provocation, si elle le traitait comme un étalon, lui attribuant ainsi des facultés qu'il ne possédait pas.

C'est pourquoi Jana répondit avec l'insolence d'une courtisane qu'elle était tout à fait prête à se déshabiller devant lui s'il en faisait autant. Tout en disant cela, elle commença à défaire sa robe, lentement, en susurrant des mots qui troublèrent considérablement le mollusque qu'elle avait devant elle :

« Déshabille-toi aussi, mon bel Hercule ! Montre-moi tes bras vigoureux, tes cuisses d'acier, ta verge dure qui monte comme la langue d'un serpent quand tes yeux palpent mon corps, mon cou, le galbe de mes seins, mon ventre, mes fesses. Je vais m'effeuiller et m'ouvrir à toi comme un nénuphar aux premières lueurs de l'aurore. Pourquoi ne t'approches-tu pas ? Pourquoi me caches-tu obstinément tes charmes ? Ne veux-tu pas plonger en moi ? As-tu peur du miel de mon corps ? Je suis avide de ton corps de marbre, de ta peau lisse et douce. Je suis nue devant toi, à présent. J'attends. Je veux que tu me prennes, maintenant, tout de suite. Qu'est-ce que tu attends ? »

Jana arriva à ses fins. Si elle s'était défendue, si elle avait opposé de la résistance ou si elle l'avait supplié de l'épargner, Oppenheim se serait comporté en homme fort. Il s'attendait à voir arriver une esclave, c'est une reine qui était venue. Le secrétaire battit en retraite. Il se leva en tremblant et dit à mi-voix :

« Rhabillez-vous, madame Rosenbach ! »

Quelques milliers d'années ont passé depuis le temps où l'homme habitait dans des cavernes ou dans les arbres. C'est une goutte d'eau dans l'océan en comparaison des millions d'années qu'a duré la Préhistoire. Les pulsions cannibales sont restées plus fortes au fond de nous que les freins éthiques que Moïse a tenté d'y enraciner avec ses commandements et ses interdits. Nous ne sommes qu'une horde de cannibales, c'est indéniable, et pourtant, nous nous flattons d'avoir atteint les sommets du développement. Les philosophes du XVIIIe siècle clamaient que l'ère de la Raison et des Lumières avait commencé. Les savants du siècle dernier affirmaient qu'ils étaient en train de déchiffrer les derniers secrets de la nature. Les idéalistes de l'époque moderne annonçaient même la naissance d'une société sans classes, d'une ère où les peuples vivraient ensemble en paix. Le dernier imbécile est à même aujourd'hui de comprendre que ces espoirs étaient puérils, mais les partisans du progrès n'en sont que plus fanatiques. Plus leurs illusions sont vaines, plus ils proclament avec force qu'elles finiront par triompher, ce qui ne signifie pas toutefois qu'ils n'éprouvent pas secrètement quelques doutes. Comme ce sont généralement des individus intelligents et qu'ils perçoivent la contradiction qui subsiste entre leurs théories et la réalité, ils sont rongés par l'incertitude. Plus ils se moquent de Dieu et de l'éternité, plus ils sont fascinés par l'irrationnel. Plus ils dénigrent les fantômes, la parapsychologie et les miracles de toute nature, plus ils sont sensibles aux oracles et aux prophéties les plus contestables.

Les païens des temps modernes qui fêtèrent dans les premiers jours de janvier 1915 le mariage de Malwa Rosenbach avec Henryk B. Kamin se donnèrent beaucoup de mal pour donner à cet événement le caractère d'un oracle. En tant que rationalistes, ils auraient cependant dû savoir que l'avenir n'est écrit ni dans les étoiles ni dans des signes mystérieux. Cela ne les empêcha nullement de considérer que tout ce qui se produisit ce jour-là avait une signification pour l'avenir, et il faut dire qu'il advint effectivement des choses surprenantes.

Dès le début de la cérémonie, une violente tempête de neige ouvrit brusquement la fenêtre de la cuisine. Un coup de vent traversa toute la maison, et les sept bougies de la menorah s'éteignirent. Le rabbin en fut très irrité. Il interrompit la cérémonie et se mordit les lèvres. Les invités pâlirent. Leo demanda comment il fallait interpréter ce curieux incident. Le fiancé s'assit un instant pour souffler un peu, mais lorsque Jana lui demanda son avis, il répondit d'un ton sec :

« Je suis marxiste et partisan des sciences exactes. Je peux donc dire qu'il y a un rapport de cause à effet entre le climat hivernal et le courant d'air qui a provoqué l'extinction des sept cierges. Je ne vois aucune autre explication plausible. »

On ralluma les cierges du chandelier à sept branches, et la cérémonie reprit son cours. Le rabbin fit remarquer qu'il était tenu de par ses fonctions à donner sa bénédiction au jeune couple, bien qu'il sût parfaitement que Jéhovah n'était guère aimé dans cette maison. Il voyait certes une lueur briller dans les yeux des deux jeunes gens, mais il s'agissait probablement plus de la flamme du désir que d'une manifestation de leur ferveur religieuse qui, pourtant, était le don le plus précieux et le plus nécessaire de tous ceux que le Tout-Puissant nous a faits. C'est alors que se produisit le deuxième incident qui, plus encore que le premier, menaça gravement le bon déroulement de la fête. Au beau milieu du discours du rabbin, la perruche mâle voulut couvrir la femelle, mais au grand étonnement de l'assistance, celle-ci se dérobait. Jusque-là, elle avait fait preuve de sentiments amoureux exemplaires à l'endroit de son compagnon. Mais voilà qu'elle affichait une froideur pleine d'animosité, et du coup, la cage dorée, sur le piano, devint le centre d'intérêt de toute l'assemblée. Les invités — au nombre desquels se trouvaient également les cousins de Malwa, tous réfugiés des zones de combats à l'Est — échangèrent des regards entendus. Steffi joua comme toujours le rôle de la voyante extralucide de la famille. Elle fronça les sourcils en observant ce curieux spectacle et, telle Cassandre, annonça au bout d'un moment :

« Les oiseaux se chamaillent, cela signifie quatre ans sans enfants. »

Le hasard voulut qu'elle eût raison. Quatre printemps durent passer avant que je ne vienne au monde. Mais le rabbin n'apprécia pas du tout que quelqu'un marchât sur ses plates-bandes. Il considérait que la Providence divine était impénétrable, et que si quelqu'un pouvait se permettre éventuellement d'essayer de la déchiffrer, il ne pouvait s'agir que de lui, et de personne d'autre.

C'est pourquoi il se plongea dans la contemplation de ses mains et dit d'une voix sévère :

« Dans la Rome antique, il y avait des prêtres que l'on appelait des haruspices. Ils avaient l'audace de prédire le destin des hommes par l'observation du comportement des oiseaux. S'ils avaient connu Jéhovah, ils auraient su que Dieu ne souhaite pas qu'on cherche à déchiffrer Ses desseins. On ne peut prédire l'avenir, car le ciel seul décide de ce qui doit arriver. Jéhovah est grand et capricieux. Il est au-dessus des règles et des lois. *Lui* seul, et non une vulgaire perruche peut décider si ce jeune couple doit avoir des enfants et quand ce sera le cas. Celui qui veut prédire l'avenir pèche contre le Seigneur. C'est pourquoi je ne jouerai pas les prophètes. Je ne peux qu'émettre des vœux. Dieu décidera s'ils doivent être exaucés. Je prie Notre Père de vous accorder Sa grâce, de vous unir dans l'amour et de donner la paix à vos cœurs. Dans la langue de nos ancêtres, je vous dis : *shalom aleïchem.* Que la paix soit avec vous ! J'espère que... »

Il ne put achever son discours, car quelqu'un sonna à la porte. La cérémonie fut interrompue pour la troisième fois, et personne ne semblait vouloir sortir dans le couloir glacial pour aller ouvrir. C'est donc le maître de maison qui, une fois de plus, se chargea de cette corvée. Il se doutait, et avec lui, tous les invités de la noce, que le troisième incident allait se produire, et qu'il serait le plus néfaste. Il avait raison : le boucher Hawlitchek, un colosse deux fois grand comme Leo, était venu, accompagné de sa belle-fille en habits de deuil et qui ne cessait de sangloter. La cérémonie s'était fort mal déroulée jusque-là, et l'on se serait bien passé de ces deux perturbateurs. Le photographe de la Cour demanda donc d'un ton sec :

« Que me voulez-vous ? »

Le boucher ressemblait à un fantôme, immobile, comme pétrifié.

« Je viens chercher la photo que vous avez faite de mon fils Tony. »

Le visage de Leo s'empourpra, et il se mit à crier :

« Vous n'y pensez pas, monsieur Hawlitchek. C'est samedi après-midi... »

Le boucher prit un air menaçant et parla d'une voix si basse que les invités en eurent la chair de poule :

« C'est la guerre, et à la guerre, il n'y a ni samedi ni dimanche...

— Vous voyez bien que je suis en train de marier ma fille, hurla Leo. Cela n'arrive pas tous les jours ! »

Hawlitchek s'approcha tout près de Leo et dit dans un râle :

« Et moi, j'enterre mon fils unique, aujourd'hui. Cela n'arrive pas non plus tous les jours. Il est tombé à la guerre, monsieur Rosenbach. Il a mordu la poussière pour l'empereur, et il ne nous reste de lui que la photographie que vous avez faite. »

La jeune fille se mit à gémir. Elle s'essuyait les yeux avec son voile de veuve. La fête était définitivement gâchée. La plupart des invités prirent congé. Henryk était bouleversé et dit à Malwa :

« Tu me connais. Tu sais que je ne crois ni en Dieu ni au diable, mais tout cela m'a fait passer l'envie de me marier. »

Leo Rosenbach, mon grand-père, mourut le cœur brisé, parce que sa femme ne l'aimait pas, parce que son frère l'avait ruiné et parce que sa fille courait à sa perte — du moins le pensait-il — après ce mariage raté. Grand Dieu ! Leo aurait dû savoir que personne ne court à sa perte simplement parce qu'il se marie, cela lui aurait évité de mourir de chagrin. Mais il ne le savait pas.

Quand son heure fut arrivée, deux êtres chers se trouvaient à son chevet. Jana tremblait comme si elle était devant l'Éternel. Elle tenait la main de Leo et lui disait d'une voix suppliante :

« Pardonne-moi ! Ne nous quitte pas ! »

Leo parlait d'une voix étouffée par la pneumonie qui dévorait ses poumons. Il avait le regard fiévreux.

« Je t'ai toujours aimée, Jana, du premier jour jusqu'au dernier. »

Jana se sentait coupable :

« Reste encore un peu ! Qu'allons-nous faire sans toi ? »

Leo ne répondit pas. Il regarda Malwa qui tripotait désespérément son alliance et murmura :

« Il faut que tu finisses tes études, mon enfant. Ceci est ma dernière volonté. »

Malwa se mit à sangloter. Le caractère irrémédiable, définitif de ces mots lui était insupportable.

« Je ne veux pas que tu parles ainsi, Papa. Tu dois vivre. Dis-moi que tu vas vivre ! »

Leo n'entendait plus ce qu'on lui disait. Il fixait l'infini et murmura avec les dernières forces qui lui restaient :

« Ma croix du Mérite, Jana. Là-bas, sur la commode ! »

Jana retrouva tout à coup l'espoir et répondit en souriant :

« Il n'y a qu'aux mourants qu'on pose leurs médailles sur la poitrine, mais toi, tu vas vivre, Leo !

— M'entends-tu, Jana ? Pose la médaille sur ma poitrine ! »

Jana obéit, mais d'un ton suppliant, elle lui dit :

« Ton heure n'est pas encore venue, Leo. Je t'en prie ! »

Leo leva l'index de sa main droite et désigna l'appareil photographique qui était toujours prêt, sur son pied, pour les moments historiques.

« Une photographie, Jana. Moi et Malwa... »

Jana fit ce qu'il lui avait demandé. Elle mit l'appareil en place et dit à mi-voix :

« Il fait sombre ici, Leo. »

Le photographe de la Cour sembla alors reprendre ses esprits et donna ses instructions :

« Diaphragme à 5,6, temps d'exposition : 1/16 de seconde. Ouvre le rideau. »

Jana fit ce qu'il disait et régla l'appareil, mais soudain, elle poussa un soupir :

« Je ne peux pas ! »

Leo ne se souciait plus que de détails techniques, et il répéta :

« Le diaphragme à 5,6 et 1/16 de seconde ! Que Malwa prie pour moi.

— Que dois-je dire dans ma prière, Papa ?

— Que Dieu me pardonne d'avoir tant économisé le charbon. Il faisait froid dans cette maison. »

Le doute n'était plus permis : la fin était proche. Les deux femmes se mirent à sangloter. Jana saisit le déclencheur et dit d'une voix étouffée :

« Dieu nous pardonnera, Leo. »

Le photographe de la Cour leva alors la tête une dernière fois et, d'une voix à peine audible, il bredouilla :

« Et nous prions pour l'empereur... afin que la guerre... »

Jana appuya sur le déclencheur. La voix de Leo s'éteignit au beau milieu de sa phrase. Sa tête retomba dans les coussins. Une petite lumière qui avait brillé modestement pendant toute une vie venait de s'éteindre.

« 20 novembre 1915

Je n'ai pas ouvert mon journal depuis le mois de juillet de l'année dernière. Entre-temps, je suis devenue une femme et je porte un nouveau nom. La guerre aussi a changé de nom : elle s'est transformée en guerre mondiale. Papa est mort. D'une mort naturelle, Dieu merci. Les troupes allemandes ont utilisé des gaz moutarde sur le front occidental. Tout cela est tellement horrible que je n'ose plus me regarder dans une glace. Voilà donc nos alliés ! Ils stockent ce gaz mortel dans des fûts en métal. Quand le temps est propice — c'est ce qu'ils disent sans rougir —, les Allemands ouvrent les robinets, à 5 heures du matin, au chant du coq. Une épaisse fumée jaune s'élève alors de nos tranchées. Je parle de " nos " tranchées, car je ne veux pas m'exclure de tout cela. Je suis coresponsable de tout ce qui arrive. Je n'ai rien fait pour l'empêcher. L'épais nuage de fumée s'avance vers les lignes françaises. Le vent de nord-est transforme ce nuage en un immense tapis qui recouvre le sol. L'effet, de l'autre côté, est désastreux : la plupart des soldats meurent sur-le-champ. Quelques-uns parviennent à prendre la fuite, mais ils ont eux aussi inhalé les émanations mortelles. Au bout de quelques minutes, leur visage devient noir, ils crachent du sang et crèvent. Nous exterminons les Français comme de la vermine. Soi-disant parce que nous sommes un peuple civilisé tandis qu'eux sont des barbares. Nous avons aussi ouvert le feu sur la cathédrale de Reims, au nom de la civilisation ! Et avec notre Zeppelin, nous avons bombardé Paris, pour protéger la morale germanique contre l'immoralité du Sud. La Providence est de notre côté, le droit également, car les Français ont érigé en postulat la liberté, l'égalité, la fraternité, au mépris du principe monarchique. Il fallait punir ce comportement, au moyen de canons, de bombes incendiaires et de gaz mortels. A chaque coup de feu, un Français de moins ! Vive la civilisation ! A chaque explosion, un Russe de moins !

Henryk a raison. Nous sommes responsables nous aussi parce que nous suivons le mouvement. Aujourd'hui, je comprends les signes annonciateurs du jour de notre mariage. Le ciel nous a en horreur parce que nous sommes aveugles. Dieu nous punit parce que nous faisons la fête au lieu d'accomplir notre devoir d'êtres humains. C'est comme si nous nous trouvions au sommet du mont Ararat. Le déluge fait rage tout autour de nous. Le monde se noie, mais nous, nous nous marions. Nous dansons, nous rions comme en temps de paix.

Cette guerre est perdue, et c'est l'humanité qui l'a perdue. Des trains interminables traversent le pont du Danube. Ils viennent du front oriental, de la Vistule, de Masurie, de Bug, où, comme l'écrivent les journaux, nous avons remporté victoire sur victoire. Dans les wagons se trouvent des milliers d'estropiés. Ils ont des bandages autour de la tête. Nous ne pouvons voir que leurs yeux qui nous fixent et nous condamnent, parce que nous ne savons pas ce que nous faisons. Nous mangeons, nous buvons et nous nous reproduisons pendant que des nuages de gaz moutarde exterminent des milliers de fils, de frères et d'amants... Nous sommes aux premières loges. Moi, je me sens particulièrement fautive. J'ai empêché Henryk de lutter. Je l'ai retenu quand il a voulu faire ce que lui dictait sa conscience et partir en Russie. Maintenant, je l'ai pour moi toute seule, mais il n'est plus celui que j'avais choisi. Il passe ses journées à l'université, et ses nuits dans mon lit. Tous les lundis, il doit se présenter à la police. Il peut s'estimer heureux de ne pas avoir été jeté en prison, car c'est un espion potentiel, un ennemi, un sujet du tsar de Russie. On l'a laissé libre parce qu'il a pu prouver qu'il était un révolutionnaire, condamné à mort par contumace, un allié de l'Autriche contre le despote de Saint-Pétersbourg. Quel honneur ! Un allié de l'empereur François-Joseph, de l'empereur Guillaume, du sultan de Constantinople et des fûts de gaz moutarde ! Il voulait s'opposer à l'ivresse guerrière, mais je l'ai menacé de me jeter à l'eau... Je lui ai fait du chantage, et il est resté par amour pour moi. Je l'aime tellement, mais je le hais aussi, parce qu'il a accepté le chantage que je lui ai imposé. Il n'est plus le dieu que je vénérais. En lui, j'idolâtrais à la fois le téméraire Baltyr, le courageux Dachynski et ce fou de Henner. Il représentait pour moi l'incarnation de tous mes idéaux. Mais qu'est-il devenu ? Je l'aime comme au premier jour, quand je l'ai vu devant chez nous et qu'il m'a dit qu'il était un nuage en pantalons. Je l'aime comme le jour où il a fait des dessins au pinceau sur mon ventre et qu'il m'a fait entrer au jardin des délices. Mais depuis, il y a eu notre mariage avec tous les incidents qui l'ont marqué. Il y a eu cette histoire de gaz moutarde, et j'ai perdu le sourire. Il faut que je fasse quelque chose, sinon, notre passion sera anéantie. Mais quoi ? »

A l'été 1916, le chef d'état-major autrichien Conrad von Hoetzendorff se trouva dans une situation critique. Il demanda des renforts aux troupes allemandes pour combattre les Russes en Volhynie et en Galicie, car il n'avait plus aucune réserve de troupes pour arrêter l'avance de l'armée du général moscovite Alexej Brussilov. L'Autriche était au bord de la catastrophe. L'Italie et la Roumanie, manquant à leur parole, comme l'affirmaient les bulletins officiels, avaient abandonné la neutralité qu'elles avaient observée jusque-là et étaient entrées en guerre aux côtés des puissances occidentales. L'Allemagne, fidèle jusqu'à la mort, se porta à son secours, mais elle exigea en contrepartie que l'ensemble du front oriental soit soumis à son commandement. Le général Ludendorff écrivait à cette époque : « Les ennuis avec les Autrichiens n'en finissent pas. Leurs troupes se disloquent littéralement, comme l'ont prouvé les tristes événements de ces derniers jours. Mon regard se porte maintenant sur les Polonais. Ce sont de braves soldats. Si l'Autriche nous fait défaut, il nous faudra trouver d'autres forces. Nous devrions fonder un grand-duché de Pologne et une armée polonaise placée sous commandement allemand ! »

Voilà l'idée étonnante qui avait germé dans la tête d'un militaire prussien : utiliser de la chair à canon polonaise pour étoffer les rangs clairsemés de la coalition germano-autrichienne. En contrepartie du sang polonais, on devait faire naître un État polonais, un grand-duché sous souveraineté allemande. Pendant plus de cent ans, on a tenté de détruire la Pologne, de la rayer de la carte en la partageant entre la Prusse, l'Autriche et la Russie. Ce pays n'existait ni sur la carte ni dans la langue officielle. Les Polacs, comme on les appelait si gentiment, furent germanisés ou russifiés de force. Seulement voilà, le regard d'un officier prussien était tombé sur la Pologne, parce que les Polonais sont de braves soldats, comme il a eu la bonté de le dire. Ce qu'on ne disait pas alors, c'était que, pour la seule année 1915, l'Allemagne avait perdu huit cent quatre-vingt-un mille neuf cent quatre-vingt douze soldats sur le front occidental, malgré l'emploi des gaz, malgré le bombardement de la cathédrale de Reims et celui de Paris. Manifestement, les ennuis avec les soldats allemands n'en finissaient pas non plus ! Ils avaient l'impudence de mourir sous le feu des contre-offensives françaises et anglaises, et une transfusion sanguine s'avérait nécessaire. On promit donc aux Polonais un grand-duché par la grâce de la Prusse — une « petite liberté », comme on disait à Varsovie — et en remerciement de tant de faveurs, les Polonais devaient aller à l'abattoir, et tout cela pour Ludendorff, Hoetzendorff et tous les autres seigneurs au sang bleu de Berlin et de Vienne qui n'avaient jamais appris à compter qu'avec eux-mêmes. Le haut commandement allemand savait certes que les Polonais étaient de braves soldats, mais il oubliait — et c'est un aspect important stratégiquement — qu'il leur faut des conditions très particulières pour avoir envie de risquer leur vie. Au cours des siècles passés, ils avaient fait six révolutions. Par six fois, des milliers d'hommes et de femmes avaient été abattus, pendus, fusillés, mais non pas parce qu'ils avaient envie de mourir en héros. Au contraire. Ils voulaient vivre, mais en Polonais libres dans une patrie indépendante.

C'est précisément à cette période que de nombreux hommes politiques polonais se retrouvèrent secrètement à Vienne pour tenter de trouver une façon de contrecarrer les plans de Ludendorff. C'est ainsi qu'un beau jour d'automne, Malwa rencontra dans la Ringstraße un homme qu'elle eut l'impression de connaître. L'homme aussi sembla la reconnaître. Ils s'arrêtèrent tous deux, se dévisagèrent l'air étonnés et attendirent que l'un d'eux prît la parole. Soudain, l'homme chuchota :

« Nous nous connaissons, n'est-ce pas ? »

A voix basse, Malwa répondit en rougissant :

« Ma mère a gardé un souvenir de vous, si je ne m'abuse. C'est un médaillon.

— Vous êtes Mlle Rosenbach, n'est-ce pas ?

— Je suis mariée et j'ai changé de nom. Je n'ai jamais cessé de penser à vous... »

Un silence embarrassé suivit ces propos. Puis Dachynski lui demanda :

« Et votre mère ? Pense-t-elle encore à moi, elle aussi ? »

Malwa eut un sourire évocateur.

« Elle a vieilli, la pauvre. Mon père est mort. J'ai déménagé, et elle se retrouve toute seule... »

L'homme jetait des regards inquiets autour de lui, comme s'il avait peur d'être suivi. Puis il murmura :

« Je repars dans trois heures. Puis-je vous inviter à prendre un thé ? »

Depuis leur mariage, Malwa et Henryk habitaient dans une petite chambre meublée aux abords de l'université. Une odeur de chou et de naphtaline y régnait, et ce lieu ne pouvait guère abriter que leurs nuits d'amour. Pendant la journée, Malwa travaillait dans la *Pharmacie du Maure,* Wipplingerstraße. Henryk faisait ses études et gagnait sa vie en donnant des cours d'anglais.

Lorsqu'il rentra, ce soir-là, il eut l'impression que sa femme avait changé. Elle était surexcitée et l'informa qu'elle devait se rendre en Galicie à la fin du mois. Lorsque Henryk lui fit remarquer qu'elle devait avoir perdu la raison pour se rendre à proximité immédiate de la zone des combats, et qu'il lui demanda ce qu'elle allait y faire exactement, elle répondit d'un air mystérieux qu'elle était chargée d'une mission et qu'elle serait de retour quelques jours plus tard. Henryk crut avoir mal entendu. Il voulut savoir de quel genre de mission il s'agissait et, ce qui lui semblait encore plus important, qui l'en avait chargée. Tout d'abord, Malwa refusa de répondre. Henryk dut promettre de garder ce secret pour lui. Un certain Dachynski l'avait priée de transporter vingt mille tracts dans la région de Tarnov, dans un village nommé Iwonicz, et de les remettre à une personne de confiance. Henryk n'en crut pas ses oreilles et dit d'une voix sèche :

« Qui est ce Dachynski ?

— Un dirigeant socialiste de Stanislau.

— Comment as-tu fait sa connaissance ?

— Je le connais, un point c'est tout.

— Quels sont tes rapports avec lui ?

— Ne pose pas tant de questions. Cela n'a pas d'importance. »

Henryk sentit le danger.

« Lorsque j'ai voulu partir pour accomplir moi aussi une mission, tu m'as menacé de te suicider ! »

Malwa jubilait. Elle poursuivit son petit jeu et sentit pour la première fois que son cher Henryk avait peur. Elle était donc sur la bonne voie et répondit avec un clin d'œil mystérieux :

« Depuis, deux ans ont passé. Nous avons changé, tous les deux, et toi particulièrement... »

C'était un coup bas, une perfidie. Malwa avait visé juste. Henryk se sentit trahi. Pis encore : il se sentit menacé. C'est pourquoi il tenta de porter le débat sur un autre terrain :

« Je veux savoir qui est ce Dachynski.

— Je viens de te le dire : c'est un socialiste polonais.

— Cela, je le sais. C'est un séducteur des masses. Il fait partie du groupe de Pilsudski. C'est un nationaliste pour qui la patrie est plus importante que la libération du prolétariat.

— J'accorde autant d'importance aux deux choses.

— C'est avec le mensonge du patriotisme que l'on ameute les peuples. Deux millions de soldats pourrissent sur les champs de bataille d'Europe. Dans les marais de Masurie, à Verdun, dans les ruines des villes belges, sur les rives de l'Isonzo...

— Tu ne veux donc pas d'une Pologne libre, Henryk ?

— Je veux un monde libre, ne peux-tu comprendre cela ? Je crois à l'internationale ouvrière. J'ai ces maudits drapeaux en horreur. C'est en leur nom qu'on envoie tous ces imbéciles à la mort !

— Et que préfères-tu : une Pologne libre ou réduite à l'esclavage ?

— Tu parles comme Dachynski. Que représente-t-il pour toi, au juste ? As-tu fait l'amour avec lui ?

— Et toi, comment parles-tu ? Tu veux soi-disant un monde libre. Mais que fais-tu pour cela ?

— Je ne fais pas grand-chose parce que je suis resté prisonnier dans ta cage, parce que je danse comme un singe apprivoisé au son de ton violon. Quand j'ai voulu entreprendre quelque chose, tu m'as fait du chantage.

— Et tu t'es laissé faire sans trop résister, Henryk. Tu es devenu complètement inoffensif. Ne t'en rends-tu pas compte ? Tu es comme un tigre qui aurait perdu ses dents. »

Ce fut la première scène de ménage du jeune couple. En apparence, c'était Dachynski qui en était la cause, mais l'enjeu était bien plus important, Henryk en avait conscience. Malwa avait blessé son amour-propre en remettant en question la sincérité de ses convictions. Elle était allée trop loin. Ce qu'elle venait de dire n'était même plus une simple critique, c'était une véritable humiliation. Henryk réagit comme un fauve blessé. Ses pupilles se rétractèrent, il serra les dents, ses traits se déformèrent sous l'effet de la colère. Il se retenait encore, mais il serrait les poings et grinçait des dents. Soudain, il prit une grande respiration et se jeta sur elle comme une panthère. Il la saisit par les cheveux et tira violemment sa tête en arrière. Il la frappa au visage, il la frappa jusqu'à ce qu'elle s'effondre et reste inanimée sur le sol. Sa tempe heurta une cruche, du sang coulait sur son front. Henryk se réveilla alors de sa folie furieuse. Il se rendit compte tout à coup avec horreur de ce qu'il avait fait. Il s'agenouilla près d'elle, posa sa main sur les cheveux de Malwa et se mit à pleurer. Le bolchevik d'acier, l'athlète, le milieu de terrain, le combattant de la lutte des classes sans Dieu ni patrie éclata en sanglots. Il se pencha sur le visage blême de sa femme, le couvrit de baisers en la suppliant :

« Pardonne-moi, Malwa, je t'en prie ! »

Il leva les yeux au ciel, et de sa poitrine sortirent des mots qui remontaient du plus loin de son enfance :

« Dieu, grand Dieu, permets-moi de prier ! », dit-il en yiddish au Dieu qu'il avait dénigré pendant vingt ans.

Un miracle se produisit alors. Malwa ouvrit les yeux, puis la bouche. Elle sembla sourire, et Henryk remercia le Tout-Puissant en poussant un cri qu'il croyait avoir oublié depuis longtemps :

« Adenoï, hu hoelehim ! »

« 20 octobre 1917

Il m'a frappée. Il m'a frappée au visage. Je devrais le quitter, parce que je me suis juré de ne jamais admettre la moindre humiliation. J'ai fait le vœu de ne jamais permettre à un homme de me battre. Maintenant, c'est arrivé, et je ne parviens pas à le quitter. Je l'ai provoqué, je lui ai reproché d'être devenu un être inoffensif, un tigre édenté, alors qu'en réalité, c'est ma faute. C'est moi qui l'ai retenu. Je l'ai menacé de me suicider s'il partait en Russie. Et maintenant, je suis déçue. Faut-il vraiment qu'il soit un héros, un Baltyr, un Bogrov, que l'on fusille au petit matin ? Tout cela n'était qu'un rêve d'adolescente. La vie est différente. Elle est pleine de compromis, même si les compromis mènent à l'enfer. Si j'étais tout à fait fidèle à mes principes, je ferais mes valises et je partirais. Mais je l'aime. Il est plus important à mes yeux que tous mes principes. »

Malwa fut l'une des premières étudiantes de l'université de Vienne et la première stagiaire en pharmacie d'Autriche. La guerre avait permis aux femmes d'accéder à des carrières universitaires, en raison de la pénurie des hommes.

Je ne pense pas que le Dr Korwill ait été un ardent défenseur de l'émancipation des femmes. Bien au contraire. C'était un homme d'affaires madré, et il s'était dit qu'une charmante vendeuse servirait d'appât dans son magasin, ce qui se vérifia largement par la suite. La *Pharmacie du Maure,* Wipplingerstraße, vit son chiffre d'affaires quintupler au cours de la troisième année de la guerre. La concurrence bouillait de rage et d'envie. Les annonces demandant des jeunes femmes pharmacien se multiplièrent dans la presse spécialisée. Mais il était impossible d'en trouver parce que l'on pensait à cette époque que la femme était moins intelligente que l'homme, que le cerveau féminin avait une masse inférieure de vingt pour cent à celle du cerveau masculin et qu'une jeune fille était destinée à devenir mère, cuisinière ou, au mieux, courtisane. C'est pourquoi on essayait par tous les moyens d'empêcher les femmes de s'inscrire dans les universités qui restèrent longtemps des bastions de la présomption masculine.

Dans les amphithéâtres régnait une mentalité de caserne. On parlait une langue pour le moins ordurière, et l'absence de femmes encourageait encore ces travers, tant chez les étudiants que chez leurs professeurs. Mais il est significatif de constater que la misogynie allait de pair avec une galanterie très développée, et l'on pouvait être sûr que les séducteurs les plus fervents étaient aussi les misogynes les plus virulents. Cette dualité masquait en fait une jalousie professionnelle des plus primitives et la peur cachée de la supériorité de la femme dans le domaine sexuel. L'angoisse banale de l'impuissance déterminait donc le comportement de ces messieurs.

Quand le Dr Korwill engagea la charmante Malwa, ses intentions étaient d'ordre strictement matériel. En outre, il la courtisait, et ne manquait pas une occasion de lui tenir des discours scabreux.

Un jour que Malwa était en train de préparer un médicament, elle ne s'aperçut pas que son patron s'approchait d'elle. Soudain, elle sentit sa respiration dans sa nuque et l'entendit lui demander :

qui faites-vous cette préparation, mademoiselle Rosen-

Vous savez bien que je suis mariée et que je porte le nom de n époux. »

Le pharmacien fit mine de ne pas avoir entendu les paroles de sa stagiaire et poursuivit :

« S'agit-il de l'ordonnance de notre conseiller à la Cour ?

— De votre conseiller à la Cour, pas du mien.

— *Adonis vernalis,* comme d'habitude, n'est-ce pas ? »

Malwa eut un sourire méprisant et rétorqua :

« Le mal de M. le conseiller à la Cour ne se situe pas dans la tête, mais un peu plus bas.

— C'est-à-dire ?

— *Cortex frangulae,* docteur. Il souffre de constipation chronique.

— J'ai l'impression que vous avez une dent contre lui.

— Je prépare son médicament. Je ne peux rien faire de plus pour lui.

— Il s'est plaint parce que vous êtes désagréable avec lui.

— Ce dont il a besoin, docteur, ce sont des dérivés d'anthrachinine.

— M. le conseiller à la Cour souhaite être servi comme il sied à son rang.

— Dans ce cas, qu'il se comporte aussi comme il sied à son rang. Il a la manie — très populaire — de laisser traîner ses mains partout.

— Allons, mademoiselle Rosenbach, vous n'êtes pas bonne sœur, que je sache ?

— Je m'appelle Mme Kaminski, et je n'aime pas me faire tripoter par M. le conseiller à la Cour. » Malwa regarda son chef droit dans les yeux et ajouta : « Il pourrait être mon grand-père ! »

Le Dr Korwill comprit l'allusion. Il jeta un coup d'œil dans le miroir et tourna plein d'entrain les pointes de sa moustache.

« Trouvez-vous que je fais mon âge ? »

Malwa, qui poursuivait son travail, répondit sèchement :

« Il m'est parfaitement indifférent de connaître votre âge, docteur.

— Voulez-vous dire par là... que vous me trouvez encore assez séduisant ?

— Votre fils vient de passer. Il m'a demandé de vous avertir qu'il doit se rendre chez son tailleur. »

Il y avait différentes manières d'interpréter les réponses évasives de la jeune femme. Quand elle disait qu'elle n'aimait pas se faire tripoter par le conseiller à la Cour, cela pouvait signifier que les impertinences d'un autre soupirant seraient susceptibles de lui plaire. Elle avait dit aussi que l'âge de son patron lui était indifférent. Cela signifiait peut-être que son âge ne la gênait pas. Quelle qu'ait été la réalité, le Dr Korwill interpréta les paroles de sa stagiaire dans le sens qui lui était le plus favorable. Il s'approcha alors si près d'elle qu'elle fut incapable de lui échapper, et il lui susurra à l'oreille :

« Je pense que nous allons sortir ensemble, tous les deux, ce soir. »

Il en fallait plus pour désarçonner Malwa. Elle versa délicatement deux liquides différents dans une éprouvette qu'elle agita ensuite au-dessus d'un bec Bunsen et répondit d'un ton moqueur :

« Ah bon ! Vous sortez ensemble ce soir ? Et où allez-vous donc ? »

Le patron posa la main sur ses hanches et roucoula :

« Vous m'avez mal compris, mademoiselle Rosenbach. C'est avec vous que je sors ce soir.

— Cela m'étonnerait fort, docteur.

— Et pourquoi donc, belle enfant ?

— Parce que votre épouse n'apprécierait pas beaucoup une chose pareille. »

C'en était trop pour le pharmacien. Il saisit Malwa par les épaules et tenta de la serrer contre lui. Il n'y parvint pas, cependant, car Malwa savait comment faire entendre raison à un patron en rut. Au moment le plus délicat, elle fit tomber l'éprouvette qui se brisa par terre en mille morceaux. Un liquide jaunâtre se répandit sur le sol et dégagea une odeur âcre. Le sens de la propriété du docteur était plus fort que son désir. Il lâcha Malwa et dit :

« Prenez soin de mon matériel et soyez gentille avec votre patron !

— Mme Korwill ne serait pas d'accord, répliqua Malwa d'un ton cynique.

— Que vient faire mon épouse là-dedans ? Que le diable l'emporte ! »

La jeune stagiaire saisit le téléphone.

« Dois-je lui faire la commission ? »

Le pharmacien était persuadé que Malwa n'aurait pas le courage d'aller aussi loin et répondit tranquillement :

« Mais certainement. Appelez-la. »

Malwa ne se le fit pas dire deux fois. Elle composa le numéro et parla lentement et distinctement :

« C'est Malwa Kaminski à l'appareil. Vous êtes bien madame Korwill, n'est-ce pas ? Votre mari me prie de vous... »

Le pharmacien était à bout de patience. Il arracha le combiné des mains de Malwa, raccrocha et s'écria :

« Mademoiselle Rosenbach, vous pouvez partir. »

Il alla vers le portemanteau, prit son pardessus et se dirigea vers la sortie. Il avait déjà atteint la porte quand Malwa lui cria :

« Et que faites-vous de mon salaire ? Vous me devez trois mois !

— Vous pouvez en faire votre deuil. Vous êtes renvoyée sans indemnités ! Au revoir ! »

« 15 novembre 1917

Les mensonges ont la vie dure, et plus ils vivent longtemps, plus ils ont de chances de faire leur entrée dans l'Histoire. Il en va de même pour les mythes. Et notre voyage à Iwonicz est en quelque sorte un mythe. Tout le monde sait comment les choses se sont passées, mais personne ne juge souhaitable de les appeler par leur nom. Henryk dit que c'est le parti qui nous a envoyés là-bas en mission et qu'il y est allé sans hésiter, malgré les risques qu'il courait. A l'entendre, ce fut une entreprise périlleuse. Se rendre en Galicie, en pleine guerre, à proximité immédiate de la zone des combats, c'est selon lui une entreprise téméraire. Iwonicz se trouve à douze milles du front, dit-il, mais en fait, il y en a trente. Il raconte qu'on entendait le vacarme des obus et que des colonnes de feu illuminaient l'horizon, que nous avons traversé un océan de villages en ruine, de fermes incendiées et de cadavres en décomposition, avec, autour de nous, de la neige et des marais bourbeux à perte de vue. Sur ce point, je dois reconnaître que Henryk a exceptionnellement raison. Nous nous trouvions sur une charrette, transis de froid et mouillés jusqu'aux os, et nous avons traversé ainsi l'enfer d'un monde en train de s'écrouler.

Dans les bois, les loups hurlaient, des vols de corbeaux tournoyaient au-dessus de ruines calcinées, et Henryk affirme que nous serions retournés à Vienne si nous n'avions été chargés par le parti d'emporter à Iwonicz cinquante mille tracts. En réalité, il n'y en avait que vingt mille et d'autre part, nous avions des affaires personnelles à régler. Tout n'est donc qu'un mensonge, mais cela lui est égal et il persiste à raconter à tout le monde qu'il n'aurait pas été pensable pour lui de se défiler, que nous avons dû traverser des douzaines de barrages de police avec nos tracts, alors qu'en réalité, nous n'en avons vu que trois, et il ne nous est rien arrivé du tout. Henryk exagère dans tout ce qu'il dit. Nous n'avions pas caché les tracts. Le cocher était assis dessus sans le savoir. Nous avons donc mis sa vie en jeu. C'était un comportement abject, mais cela le laisse froid. Il dit à qui veut l'entendre que le cocher était un fameux bretteur qui racontait en riant ses passages de la ligne du front. Selon lui, c'était un Polonais typique qui ne craignait ni le diable ni la mort, un héros anonyme, un être merveilleux avec qui on aurait volontiers construit un monde nouveau. En fait, cet homme était tout sauf un être merveilleux. C'était un affreux alcoolique, sale et plein de poux, un idiot irrécupérable qui ne dessoûlait jamais. Mais il en imposait à Henryk parce qu'il jurait comme un véritable prolétaire et qu'il puait le schnaps en permanence. Mon rêveur de mari en a conclu que cet homme était un authentique socialiste. Il y a vraiment de quoi rire ! C'était un minable, un raté, et il était aussi corruptible que tous les Polonais. Il nous a trimballés à travers les champs de mines de la zone de combats germano-russe pour une simple bouteille d'eau-de-vie. Nous avions emporté dix bouteilles d'alcool, car l'argent n'a plus aucune valeur en Galicie. Quand les Russes étaient là, on payait en roubles. Puis les Allemands sont arrivés, et les gens ont payé en marks. Mais bientôt, la situation changea si souvent que l'on ne comptait plus qu'en litres d'alcool, car tout le monde sait que de l'alcool, on tire le schnaps, et les Polonais vendraient père et mère pour du schnaps — chose que Henryk conteste. Cela ne l'a cependant pas empêché de me demander avant de partir de subtiliser dix litres d'alcool au vieux Korwill.

Pendant tout le voyage, Henryk s'est montré méfiant et jaloux. Il m'accusait d'avoir un amant en Galicie. C'est complètement ridicule. Je n'ai que faire d'un amant. Henryk me suffit entièrement. Il est aussi madré qu'un Turc, c'est vrai, il arrange un peu notre voyage et en fait une épopée héroïque, alors qu'en réalité, ce fut un voyage tout ce qu'il y a de plus tranquille. Certes, nous avons effectivement livré nos tracts à Iwonicz, mais il s'agissait d'un simple trafic de contrebande. Il n'y a aucun mal à cela, mais il me semble qu'il faudrait avoir l'honnêteté de le reconnaître. Après tout, les gens ont faim, à Vienne. On vous donne cent cinquante grammes de viande par semaine, et cent grammes de graisse, rance la plupart du temps, et il faut s'estimer heureux quand on arrive à en obtenir après des heures de queue. Si l'on ne sait pas jouer des coudes, on revient bredouille. Chacun doit avoir son truc pour survivre. Tout le monde doit apprendre à corrompre, à rouler les gens et à resquiller. Tout le monde doit apprendre l'art de pousser s'il ne veut pas être étouffé. Bref nous sommes partis à Iwonicz avec dix litres d'alcool et nous sommes revenus avec une demi-carcasse de porc. Tous en ont profité, tous ont pu manger à leur faim, pour une fois. Nous avons eu du jambon, des saucisses, de la viande et du pâté pendant un mois entier. Même grand-mère en a mangé, bien qu'elle soit juive pratiquante et que de sa vie elle n'a mangé de la viande de porc. Voilà la réalité, mais Henryk persiste à donner sa propre version des faits. Il raconte notre voyage avec force détails et de façon si vivante que je commence moi-même à croire à ce conte de fées. Il est exact que nous avons transporté vingt mille tracts à destination. Il est exact aussi que nous avions été chargés de cette mission par le parti. Mais les socialistes de Dachynski et les bolcheviks de Henryk B. Kamin étaient aussi différents que le jour et la nuit. Pour moi, cela n'a pas d'importance. Les nuances politiques ne m'intéressent pas. L'essentiel est que nous ayons quelque chose à manger, car les difficultés d'approvisionnement se font de plus en plus durement sentir. »

Le 15 décembre 1917, l'oncle Henner, suivi de son fils Nathan, franchit la porte de la forteresse de Villach. Il leva les yeux au ciel et murmura :

« Loué soit Jésus-Christ ! »

Il devait sa libération à la Providence divine et au soutien généreux de son frère Leo. Quelqu'un d'autre avait également joué un rôle décisif dans cette affaire : il s'appelait Oulianov et venait de prendre le pouvoir à Saint-Pétersbourg, sous le nom de Vladimir Ilitch Lénine. Mais Henner ne le savait pas, car il ne lisait pas les journaux. Il ne savait pas non plus que Leo avait dû verser toute sa fortune pour payer sa caution. Par ailleurs, Lénine avait fait la paix avec les ennemis de la Russie, et donc également avec l'Autriche, chose dont l'empereur, à bout de forces, se réjouit tellement qu'il décida sur-le-champ de libérer la moitié des détenus de toutes les prisons du pays. Henner fut l'un des premiers à bénéficier de cette amnistie. Comme il n'avait commis aucun crime et qu'on avait versé pour lui une caution d'un montant de quatorze mille couronnes, on le laissa partir en appliquant la loi qui autorisait la grâce impériale. De cette façon, la caution ne pouvait être remboursée et revint aux caisses de l'Empire austro-hongrois. Tout le monde pouvait s'estimer satisfait : Henner avait recouvré la liberté, l'empereur avait encaissé l'argent de la caution et Lénine s'était arrogé le pouvoir dans toute la Russie. La roue de l'Histoire continua à tourner, et Henner put reprendre son pèlerinage, après trois ans d'interruption, là où il avait été contraint de s'arrêter le premier jour de la guerre. Les deux hommes se mirent en route pour Vienne. Tout ce qu'ils possédaient était un violon, une croix de bois et la certitude d'être sous la protection de la Sainte Vierge.

Le 18 décembre, peu avant midi, ils arrivèrent dans la Freytagsgasse. Une minute plus tard, ils sonnaient à la porte des Rosenbach où une plaque indiquait désormais : « Jana Rosenbach, veuve du photographe de la cour de Bavière Leo Rosenbach. » La veuve n'en crut pas ses yeux :

« Je délire ! », s'écria-t-elle en voyant Henner.

Henner s'inclina et dit de sa belle voix de baryton :

« Tu es aussi belle qu'il y a dix ans, Jana. Tu n'as pas changé.

— D'où venez-vous, mon Dieu, et pourquoi n'arrivez-vous qu'aujourd'hui ?

— Nous avons moisi pendant trois ans dans un cachot. Mille jours ! Il ne reste de nous que notre âme. Notre corps s'est consumé.

— Qu'y a-t-il ? Ne voulez-vous pas entrer ?

— Pendant mille jours, j'ai pensé à tes yeux, Jana. Je tremblais qu'ils n'aient perdu leur éclat... »

Les deux hommes entrèrent dans l'appartement. Ils avaient l'air embarrassés. La surprise leur coupait la parole. Tout avait changé. Finalement, Jana rompit le silence et dit :

« Comme vous le voyez, je suis devenue une vieille femme.

— Je craignais que tes lèvres ne soient flétries.

— Leo est mort, Henner. Ton frère n'est plus de ce monde. Il m'a quittée, pour toujours, parce que je n'ai pas été bonne avec lui.

— Mais tu es restée jeune, Jana. Tu es toujours la femme de mes rêves.

— Malwa s'est mariée. Elle aussi m'a quittée. Elle habite en ville. Notre maison est vide, dorénavant.

— Je sais que tu me fais confiance. Tu as toujours cru en moi. Je suis innocent, Jana !

— N'en parlons plus, Henner.

— Ils voulaient faire de moi un espion, ces imbéciles. Quand je pense que nous priions chaque jour pour l'Autriche ! Tous les soirs, avant de nous endormir.

— Tu es pieds nus, Henner. Pourquoi ne portes-tu pas de chaussures ? Et que signifie cette croix dans ta main ?

— J'étais déjà monté sur l'échafaud, mon enfant. Ils m'avaient déjà passé la corde autour du cou. J'ai récité un Notre-Père et j'ai dit adieu à mon fils, mais la croix m'a protégé, au dernier moment.

— Leo s'est porté garant de toi, Henner. Le sais-tu ? Pour la première fois depuis notre mariage, nous avions un peu d'argent. Il a tout donné pour toi. Il a payé jusqu'au dernier sou qu'il possédait. Et tout cela parce que nous croyions en toi.

— Toi, tu crois en moi, Jana, je le sais. Je le sens. Je l'ai senti sur l'échafaud. Mais Leo, lui, jamais. Leo me méprisait. Depuis toujours. Et puis il était jaloux parce que c'était moi que tu aimais, et non lui.

— Tais-toi, Henner. Les morts nous entendent.

— Ce que je dis est la stricte vérité.

— Pourquoi portes-tu ces horribles oripeaux, Henner ? »

L'inventeur leva la croix au-dessus de sa tête et de grosses larmes se mirent à couler sur son visage.

« Je fais pénitence, Jana. Je dois me repentir, car j'ai chargé mon âme de péchés... Je suis allé chez le pape, à Rome. Maintenant, j'arrive à Vienne pour parler à l'empereur. »

Un éclair traversa le regard de Jana.

« Ah bon ! Tu veux parler à l'empereur ? Cela tombe bien. Tu pourras lui dire que nous en avons assez de sa guerre. Elle dure depuis quatre ans déjà, et personne n'en voit la fin. S'il n'arrête pas ce carnage, c'est nous qui allons y mettre un terme, et il se passera ici ce qui s'est passé en Russie.

— La conversation que j'aurai avec Sa Majesté concernera d'autres problèmes.

— Il n'y a pas d'autres problèmes, Henner. Le monde entier se noie dans le sang. Les choses ne peuvent pas continuer ainsi.

— Mon invention est importante pour l'ensemble de notre stratégie. Elle sera déterminante pour les missions de reconnaissance aérienne. Avec la photophaphie en couleurs, nous pourrons apercevoir le moindre cafard derrière les lignes ennemies. Si l'empereur m'accorde une concession et l'argent nécessaire, la guerre sera terminée en quelques semaines.

— Dis-moi la vérité, Henner, une seule fois dans ta vie ! Es-tu vraiment sur le point de trouver ou est-ce que tu continues de divaguer ?

— Je ne divague pas, mon cœur. Je ne l'ai jamais fait. Ce qui me manque, c'est l'argent, rien d'autre. Nous sortons des cachots de Villach et nous n'avons même pas assez d'argent pour nous acheter un bout de pain. Nous n'avons rien mangé depuis trois jours.

— Ne crois pas que je me porte beaucoup mieux. Qu'attends-tu de moi ?

— Rien, absolument rien. J'ai besoin simplement de la concession impériale. Tout le reste est au point, dans ma tête.

— Et tu vas re rendre à Schönbrunn dans cette tenue ?

— Je suis l'un des plus grands inventeurs de ce siècle.

— Toi, tu le sais, Henner. Mais l'empereur, lui, n'en a pas la moindre idée. Si tu oses te présenter à Schönbrunn dans cette tenue, on t'arrêtera.

— C'est ridicule. L'empereur a plus besoin de moi que l'inverse. Et d'autre part, je suis victime d'une erreur judiciaire. J'ai perdu mille jours de ma vie pour rien. Cela vaut bien un petit dédommagement.

— Et où loges-tu en ce moment ?

— Jusqu'à ce que j'obtienne la concession, j'habiterai à la gare de l'Ouest, dans la salle d'attente de troisième classe. »

Un immense sentiment de pitié s'empara de Jana. Sa vieille passion se réveilla au fond de son cœur et elle dit :

« Dans ce cas, reste ici ! Nous trouverons bien de quoi manger. Et pour ce qui est des vêtements, je n'ai pas touché à l'armoire de Leo. Finalement, tu es son frère. Ce qui était à lui t'appartient, n'est-ce pas ? »

Henner se précipita sur sa belle-sœur et la prit dans ses bras. Il tremblait de tous ses membres.

« Tu ne le regretteras pas, mon ange, lui murmura-t-il à l'oreille. Je suis à un doigt du triomphe. Ce n'est qu'une question de jours. Que dis-je ? D'heures. Le Fils de Dieu nous assistera, je te le jure. Nous serons riches comme jamais nous ne l'avons été.

— Dieu fasse que tu aies raison, Henner ! Je crois en toi, que tu dises la vérité ou non. Jamais je n'ai cessé de croire en toi. Mais ce n'était pas ma raison qui m'y poussait, c'était l'amour... »

Depuis son voyage à Iwonicz, Henryk s'imaginait qu'il était à nouveau au centre des événements qui bouleversaient le monde. Il avait repris, comme autrefois, l'aura d'un combattant inflexible. Il jouait à nouveau le rôle du héros intraitable qui avait voué sa vie au socialisme. Il le jouait si bien que Malwa se mit à y croire, même s'il ne lui avait pas échappé qu'il se contentait de se bercer de belles paroles et cherchait à éviter toute véritable discussion. Elle constata que son mari était en train de retourner sa veste, mais elle n'arrivait pas à se départir de l'idée que ce changement aurait dû se produire *avant* la révolution. Henryk ne se souvint en effet de son passé de bolchevik qu'au moment où les comités de paysans et de soldats eurent pris la barre en Russie et qu'il vit une chance de prendre le train en marche et de rejoindre le parti triomphant. De telles pensées préoccupaient l'esprit de Malwa, mais elle n'osait pas les exprimer ouvertement. Elle constatait simplement avec effarement que Henryk s'était mis à collectionner les actes d'héroïsme les plus divers, comme s'il voulait prouver son intrépidité, comme s'il avait besoin d'accumuler des preuves de ses activités révolutionnaires. Il construisait ses propres barricades et engageait des combats en solitaire contre des représentants de ce monde dégénéré qu'il choisissait lui-même. Il faisait preuve d'une activité absurde, et un beau matin de février, il entra dans la

Pharmacie du Maure, Wipplingerstraße, et déclara vouloir parler au Dr Korwill.

On envoya chercher le pharmacien qui demanda à Henryk ce qu'il pouvait faire pour lui. Henryk affirma être souffrant et demanda qu'on lui donne un médicament précis pour le cœur. Korwill prit une mine désolée et lui fit remarquer que le médicament qu'il désirait pouvait avoir des effets secondaires toxiques et qu'il nécessitait donc une ordonnance.

« Je suis médecin, répondit Henryk en faisant un sourire crispé, je suis au courant. Mais il s'agit en l'occurrence de...

— Je comprends, dit le pharmacien en prenant un air complice, nous sommes confrères. »

Henryk porta la main sur son cœur et murmura :

« Ce médicament m'est destiné. J'arrive de Russie.

— Dieu du ciel ! Comment y êtes-vous parvenu ? »

Henryk s'assit sur un tabouret, dans un coin, prit un air désespéré, et son regard sembla se perdre dans le vague, comme s'il tentait de se souvenir.

« J'ai pu fuir, au mépris du danger. Maintenant, je suis à Vienne, et je vois avec horreur que l'Autriche elle aussi pactise avec Lénine.

— L'Autriche combattra jusqu'à la victoire finale, grogna le Dr Korwill. Quiconque capitulera sera fusillé.

— Ce pays fourmille de défaitistes.

— Nous gagnerons la guerre, un point c'est tout.

— Le monde civilisé l'a déjà perdue.

— Vous parlez à un officier autrichien, monsieur. Modérez vos propos !

— Connaissez-vous les nouvelles ?

— Les nouvelles sont excellentes.

— Et vous savez ce qui se passe en Russie ?

— La Russie est loin d'ici. Cela ne me regarde pas.

— Prenez garde, docteur. Ces événements se reproduiront en Autriche.

— Vous croyez ?

— Je le sais. Le bolchevisme est une épidémie contre laquelle on n'a pas encore trouvé de remède. »

Le pharmacien commençait à bouillir de rage.

« Je ne vous donnerai pas votre médicament, un point c'est tout !

— Il a nationalisé les usines.

— Qui cela ?

— Lénine. Et il a donné les terres au peuple. Il a fait sauter les églises, et vous osez dire que les nouvelles sont bonnes ?

— Nous mettrons nos ennemis en pièces, et les bolcheviks aussi.

— Ou l'inverse, si vous n'y prenez garde.

— Attendez encore quelques jours, et ils se noieront dans leur fange.

— Pour l'instant, vous les soutenez, autant que je sache.

— Comment vous permettez-vous de dire une chose pareille, monsieur ? dit le pharmacien, les yeux exorbités. Taisez-vous, ou je vous mets dehors ! », cria-t-il.

Henryk se leva et se dirigea vers la porte, mais le Dr Korwill le rappela.

« Qui soutient ces bandits ?

— L'Autriche et l'Allemagne, très officiellement et sans en éprouver la moindre honte. Vous êtes en guerre contre l'Angleterre et la France, mais vous faites la paix avec ces bandits, avec ces sous-hommes !

— Sur combien de fronts voulez-vous que nous nous battions ? Nous pouvons nous estimer heureux d'avoir la paix sur le front de l'Est.

— Ah bon ? Vous avez la paix ? On vous exproprie, on vous prend tout ce que vous possédez. On nationalise tout : les chemins de fer, les femmes, les bains turcs... Mais qu'avez-vous, docteur ? »

Le pharmacien était devenu livide. Il s'accrocha à son comptoir et demanda d'une voix inaudible :

« Et les pharmacies ?

— Elles aussi, bien entendu. »

Le Dr Korwill se mit alors à hurler comme un possédé :

« Chez nous ? Jamais ! Une chose pareille est impossible chez nous !

— Méfiez-vous de vos employés ! Ils attendent leur revanche. Votre pharmacie aussi sera nationalisée, vous verrez !

— C'est vrai, j'avais une femme à mon service, mais je l'ai renvoyée !

— Pis encore, docteur ! Elle reviendra pour se venger. »

Le pharmacien se mit à haleter.

« Qu'attendez-vous de moi, monstre que vous êtes ?

— Le médicament que je vous ai demandé pour le cœur.

— Je pourrais en prendre moi aussi », dit le Dr Korwill.

Il se rendit en titubant dans l'arrière-boutique où il s'effondra, sans connaissance. Henryk le suivit, l'ausculta rapidement et, à l'adresse des employés qui étaient accourus, il diagnostiqua :

« Sclérose coronarienne, messieurs, avec constitution d'un caillot dans une artère... »

Un soir d'avril 1918, l'oncle Henner décida d'entrer en relation avec son frère Leo en organisant une séance de parapsychologie. Il était désespéré et ne savait plus comment s'en sortir. Les affaires marchaient de plus en plus mal. Certes, Nathan jouait toujours l'*Ave Maria* devant la gare de l'Ouest, mais les gens ne lui donnaient plus d'argent, tout simplement parce qu'ils n'en avaient plus. La famine avait assailli Vienne. L'approvisionnement de la capitale était complètement désorganisé. Les réserves de l'Autriche suffiraient au plus pour trois semaines. L'empereur Charles n'avait pas le temps de recevoir l'inventeur de la photographie en couleurs en son château de Schönbrunn. Les Rosenbach en conclurent donc que le salut ne pourrait venir que de l'au-delà.

Toute la famille était présente : Malwa et Henryk, qui habitaient désormais une chambre meublée dans la rue Floriani, les deux cousines Helli et Steffi, la grand-mère et bien sûr Jana, qui aidait Henner à faire tous les préparatifs. Il s'agissait de créer par tous les moyens l'atmosphère qui permet d'ordinaire d'entrer en contact avec un défunt. Bien que l'assistance affichât un certain scepticisme vis-à-vis des phénomènes surnaturels, tout le monde avait jugé nécessaire de s'habiller de noir pour assister à cette séance de spiritisme. Il était évident aussi qu'il fallait trouver une décoration pour le salon qui convînt à l'invocation du disparu. Tout ce qui fut jugé trivial — comme les perruches, par exemple — devait être déplacé. On fit disparaître également des livres considérés comme inconvenants.

Henner décida d'accrocher au mur la croix de bois achetée à Rome. A cet effet, il planta deux clous dans le mur et vérifia à l'aide d'un niveau à bulle s'ils étaient bien à l'horizontale. Le tout eut lieu dans l'atmosphère recueillie qui sied à ce genre de rituels. Personne n'osait parler jusqu'au moment où Malwa rompit le charme en murmurant :

« A quoi sert cette croix, oncle Henner ? Papa était juif, que je sache !

— Le Christ aussi était juif, répondit Henner d'une voix sarcastique. Cela ne l'a pas empêché d'être crucifié. »

Cette réponse était si audacieuse que tout le monde en eut le souffle coupé. Helli ajustait sans dire un mot les plis de sa robe de soie noire. Steffi semblait plus morose que d'habitude et relaça ses chaussures sans accorder un regard à Henner. Le héros de la soirée entreprit d'accrocher la croix au mur, Jana se regarda dans la glace pour vérifier qu'elle serait correcte au moment où Leo apparaîtrait. Mais elle nourrissait quelques doutes quant aux chances de succès de cette expérience et marmonnait constamment :

« Matko boska, zlituj sie nad nami ! »

Personne ne sut jamais pourquoi elle s'était mise à invoquer la Sainte Vierge, et en polonais, qui plus est. Tout à coup, elle se mit à crier :

« Ne croyez surtout pas que vous pourrez changer ! Vous êtes tous des juifs, que cela vous plaise ou non. Jéhovah nous a prêté vie et c'est lui qui nous la reprendra le moment venu. »

Ces mots s'adressaient à Henner, mais ils ne lui firent par perdre contenance. Il recula de quelques pas, ferma légèrement les yeux pour vérifier l'effet obtenu et dit :

« Vous devez savoir que la croix ionise l'air quand elle est placée correctement. Mais il ne faut pas qu'elle soit penchée, c'est absolument primordial. »

Henryk observait toute cette agitation d'un air amusé. Soudain, qui sait quelle mouche l'avait piqué, il se tourna vers Steffi et lui demanda pourquoi elle était de si mauvaise humeur. Elle aurait pourtant dû savoir que les mégères faisaient fuir les fantômes.

« Les mégères et les marxistes idiots », rétorqua Steffi.

Helli lissait toujours sa robe et demanda tout à coup :

« Que devrons-nous dire, quand il viendra ?

— Ce n'est pas à nous de dire quoi que ce soit, répondit Jana en se poudrant le nez. C'est Henner qui parlera. C'est lui qui a eu l'idée de cette séance, il doit donc savoir comment les choses vont se dérouler. Il y va de l'existence de son invention. Si vous racontez des bêtises, Papa sera vexé et il disparaîtra à nouveau.

— Il aura du mal à disparaître, remarqua Henryk, puisqu'il n'est même pas encore apparu.

— Et de toute façon, il aura du mal à apparaître si vous n'arrêtez pas de faire des plaisanteries de mauvais goût », répliqua Jana.

Helli ne semblait pas entendre ce qui se disait autour d'elle.

« Moi, je lui demanderai combien de temps cette guerre doit encore durer.

— Tu ne lui demanderas rien du tout, dit Jana, tu te tairas quand Leo apparaîtra.

— Je ferai ce qui me plaira. La guerre est plus importante que tout le reste, beaucoup plus importante, en tout cas, que cette ridicule photographie en couleurs qui nous sort par les yeux ! »

Jana jeta son poudrier sur sa coiffeuse et se mit à crier :

« Tais-toi, Helli, ou bien sors ! »

Malwa sentit qu'il fallait détendre l'atmosphère et demanda :

« Qu'est-ce que cela veut dire, oncle Henner, que la croix ionise ?

— Cela veut dire qu'elle sent l'opium, ironisa Henryk. Elle sent l'opium du peuple.

— Non, ma chère Malwa, dit Henner qui venait de terminer son travail et se lavait les mains. Les deux extrémités de la croix produisent un champ magnétique, comprends-tu ? C'est une concentration d'énergie statique dans laquelle l'esprit de Leo se matérialisera. C'est très simple, mais comme je l'ai déjà dit, il faut qu'elle soit correctement suspendue, sinon, la tentative échouera. »

Henryk avait écouté le bavardage de Henner en haussant les épaules avant de remarquer d'une voix moqueuse :

« Qui vous dit que notre fantôme va répondre correctement aux questions, puisqu'il n'y connaît rien à la photographie en couleurs ? Il ne sait même pas si elle n'a pas été inventée depuis longtemps. »

Henner se sécha les mains et répondit :

« Notre fantôme, c'est-à-dire feu mon frère, se trouve au ciel. Contrairement à vous, monsieur Kamin, il ne doute pas, il sait. Il sait tout, car il fait partie des légions célestes. Nous l'invoquerons et il viendra... Nous l'interrogerons, et il répondra...

— Et s'il se ridiculise ? Les fantômes aussi peuvent se tromper, non ? Ce serait un échec de plus dans votre vie... »

La grand-mère jeta alors son tricot par terre. Elle avait écouté jusque-là sans broncher ce qui se disait, mais il ne fallait pas dépasser les bornes ! Elle décida donc d'intervenir dans la conversation :

« Les morts ne se ridiculisent jamais. Leo était un homme sérieux, et si vous tenez à l'appeler — à mon avis, c'est un péché, et on ne devrait jamais faire une chose pareille —, vous feriez mieux de vous comporter convenablement, sinon, il pourrait bien arriver malheur ! »

Steffi se sentit visée et apostropha brutalement la grand-mère :

« Qu'est-ce que cela veut dire, se comporter convenablement ? Vous voulez poser des questions à mon oncle défunt qui n'a jamais rien réussi dans sa vie ! Il n'a jamais rien compris aux affaires, et ce n'est pas au ciel qu'il aura appris quoi que ce soit, parce que là-haut, ils n'ont pas besoin d'argent ! »

Henner n'avait pas la moindre intention de se quereller avec Steffi. Il prit une bougie sur la commode et l'alluma. Puis il éteignit la lumière électrique et dit d'un ton solennel :

« Au nom du Père, du Fils et du Saint-Esprit... »

L'atmosphère était chargée d'angoisse. Soudain, Jana murmura :

« J'ai l'impression de sentir quelque chose.

— Quoi donc ? demanda Malwa.

— L'air s'ionise et je me trouve en plein milieu du champ magnétique. Prenez place autour de la table et préparez-vous ! Nous devons nous concentrer. Nous voyons une lueur, une lumière blême scintille au-dessus de la table... »

Jana avait la chair de poule et elle la transmit à toute l'assistance, même à Henryk. Helli se mit à bredouiller :

« Je frissonne. J'ai peur... »

Henner se signa et prit la direction des opérations.

« Nous fermons les yeux, et nos doigts touchent le bord supérieur de la table. La lueur s'intensifie. Nous entendons distinctement les battements de notre cœur. Nous soulevons nos doigts, sauf le pouce... »

Tous obéirent car, malgré leurs doutes, ils espéraient pouvoir jeter un regard dans l'au-delà, ne serait-ce qu'un instant. Soudain, la grand-mère trouva qu'on la forçait à se livrer à un acte impie :

« Leo se sentira blessé à cause de la croix, je vous avertis ! », grommela-t-elle.

« Lui, se sentir blessé ? C'était quasiment un païen ! », répondit Steffi d'une voix lasse.

Mais Jana n'était pas de cet avis.

« Il n'était pas très pieux, je te l'accorde, mais en général, il se conformait aux préceptes de la religion. »

Henner sentit alors que le contact avec l'au-delà allait être rompu si ces bavardages continuaient.

« Que tous touchent le bord supérieur de la table avec leur pouce, s'écria-t-il d'une voix caverneuse. Le silence se fait, comme dans l'éternité du macrocosme. Nous traversons l'infini des galaxies. Et maintenant... Nous prions feu mon frère Leo Rosenbach de s'approcher. Au nom du Père, du Fils et du Saint-Esprit... »

Rien ne se produisit. Un silence angoissant régnait dans la pièce. Pour la deuxième fois, la voix de Henner s'éleva, tremblante et solennelle :

« Leo, mon frère, pardonne-moi tous les péchés que j'ai commis envers toi. Je t'ai volé, je t'ai trompé, mais nous sommes du même sang. Donne-moi un signe, dis-moi si tu m'entends... »

Un bruit effrayant fit sursauter l'assistance. Un objet était tombé à terre. Henryk se leva d'un bond et alluma la lumière.

« La croix, s'écria Helli, elle est cassée, elle s'est brisée en trois morceaux !

— Voilà le signe, mon cher Henner. Leo est fâché avec toi », dit Jana avec emphase, en tendant les mains en avant.

Henryk aussi était très impressionné par ce curieux événement, mais cela ne l'empêcha pas de remarquer d'un air moqueur :

« Bien sûr qu'il est fâché, mais avec vous tous, parce que vous croyez ce que raconte ce charlatan. »

Henner baissa les yeux. Il ignora la remarque de Henryk et dit à mi-voix :

« Il m'en a toujours voulu. Il est jaloux parce que moi, contrairement à lui, je suis capable de voir dans le noir. J'entends le chant des anges, mais pas lui. Il est jaloux de moi, par-delà la mort ! »

Jana s'approcha de lui. Elle avait perdu toute sa superbe. Elle posa la main sur son épaule et le consola :

« Il t'en veut ou plutôt, il est triste parce que tu as renié ta religion. »

La grand-mère se leva. Elle se dirigea vers la porte et dit sévèrement :

« Personne ne veut m'écouter, ici. Mais je vous avais avertis ! »

Les journaux de l'Empire austro-hongrois étaient rendus méconnaissables par la censure. Il était donc exclu de se faire une idée de la situation de la guerre en les lisant. Depuis le début des hostilités, on ne lisait que des communiqués de victoire. On n'entendait parler que d'avancées victorieuses, mais il n'était jamais question de retraite. Théoriquement, les armées de l'empereur auraient dû être arrivées jusqu'en Polynésie... Si l'on s'était donné la peine de compter les soldats tombés dans les armées adverses — ceux, donc, que les communiqués de l'état-major autrichien comptaient au nombre des tués —, on aurait pu penser que la Russie, la Serbie, l'Italie et la Roumanie s'étaient dépeuplées depuis belle lurette et qu'elles avaient été rayées de la carte. Les gens sérieux renonçaient de ce fait à la lecture des quotidiens nationaux et se procuraient des journaux en provenance de pays neutres. Ceux-ci étaient, bien sûr, frappés d'interdiction, mais on pouvait les trouver au marché noir, et ils coûtaient presque autant qu'une paire de bottes en cuir.

Un jour, Henryk réussit à se procurer un exemplaire du journal de Zurich. Il le rapporta à la maison et l'étudia de la première à la dernière page. Il y apprit entre autres que le gouvernement autrichien, par l'intermédiaire de la Suisse, tentait d'obtenir un armistice séparé. Il apprit également qu'une grève de masse avait éclaté et qu'elle commençait à s'étendre à Brünn, Budapest, Graz et Prague. Les grévistes exigeaient la signature immédiate de la paix, sans annexions. Un article indiquait par ailleurs qu'au cours de l'année écoulée, un million cinquante-huit mille quatre cent soixante-sept soldats allemands avaient été tués... et qu'un certain Dr Hablützel, pharmacien à Zurich, cherchait un pharmacien pour remplacer son employé, parti au service militaire. Cette nouvelle excita autant Henryk que Malwa. Ils tenaient enfin l'occasion, ou ne serait-ce que l'espoir d'une occasion, d'échapper à la catastrophe qui les menaçait à Vienne et de se mettre à l'abri. Tous les deux ne pourraient profiter de cette occasion, mais Malwa, au moins, pouvait espérer, si elle avait de la chance.

Ils rédigèrent une lettre de candidature et eurent l'heureuse idée d'y adjoindre une photographie de Malwa. Ils n'indiquèrent pas que Malwa attendait un enfant, car d'une part, ils n'en étaient pas encore absolument sûrs, et d'autre part, ils voulaient atteindre leur but à tout prix. La photographie eut un effet miraculeux. Six semaines plus tard, les deux jeunes gens se retrouvèrent sur le quai de la gare de l'Ouest et se faisaient leurs adieux. Ils riaient et plaisantaient, pour ne pas pleurer. Henryk nettoyait ses verres de lunette.

« On dit qu'en Suisse, il y a plus de vaches que de gens !

— Je t'écrirai, répondit Malwa, tous les jours tu recevras une lettre de moi.

— On dit aussi qu'il y a mille abeilles pour une vache. C'est au paradis que tu vas, Malwa !

— Comment vais-je pouvoir vivre sans toi, Henryk ?

— Tu t'y habitueras. Il y a deux robinets dans toutes les cuisines suisses : de l'un coule du lait, et de l'autre, du miel.

— Que deviendra notre enfant, Henryk ?

— Un trompettiste, bien entendu. Notre enfant sera un garçon : trompettiste, c'est un métier d'homme.

— Ce ne sera pas un garçon, Henryk. Ce sera une fille. Dans la famille de ma mère, il n'y a que des filles.

— Mon père a onze fils.

— Tu es un véritable gamin, Henryk. Pourquoi veux-tu que notre enfant devienne trompettiste ?

— Il sera au sommet du mont Everest et attendra qu'éclate la révolution mondiale.

— Et ensuite ?

— Il jouera *l'Internationale.*

— Et que fera-t-il si elle n'éclate pas ?

— Il changera d'instrument.

— Et de quoi vivra-t-il ?

— D'amour et d'eau fraîche, comme ses parents. Est-ce si grave que cela ? »

Malwa jeta un coup d'œil inquiet sur l'horloge de la gare. Il ne restait que quelques minutes avant le départ de son train. Elle soupira :

« Nous n'allons pas nous voir pendant longtemps. Veux-tu que je reste ? »

Henry avait la bouche sèche. Il changea de sujet de conversation :

« Si tu me trompes, tu auras un goitre !

— Je ne te tromperai pas.

— Gare à toi si tu mens ! Je te tuerai.

— Nous sommes complètement fous, tous les deux. Aujourd'hui, je pars pour Zurich, et toi tu vas à Varsovie demain. Est-ce vraiment nécessaire ?

— Trente millions de Polonais m'attendent.

— Je sais. Et sur ces trente millions, il y a quinze millions de femmes. Pourquoi ne me demandes-tu pas de rester ?

— A la citadelle de Varsovie, où je devais être exécuté, je hisserai le drapeau rouge.

— Es-tu vraiment sûr qu'ils t'attendent ? Ils t'ont peut-être oublié. Ou bien ils n'auront plus besoin de toi.

— Tu es belle, Malwa, tu es si belle que j'en ai les genoux qui tremblent rien que de penser à toi. » Il l'embrassa dans le cou, sur le front et sur la bouche, puis il ajouta : « Mais tu n'as pas d'ailes pour voler.

— Je t'ai accompagné à Iwonicz, Henryk. J'ai vu un certain nombre de ces trente millions de Polonais dont tu parles. Que veulent-ils, à ton avis ?

— Des ailes, pour se libérer de la pesanteur, pour construire des villes entières de châteaux en Espagne...

— Et se soûler aux frais de la révolution prolétarienne. Tu vas avoir des surprises...

— La guerre tire sur sa fin. Une Pologne nouvelle fleurira et vous viendrez me rejoindre à Varsovie.

— Ou l'inverse : c'est toi qui nous rejoindras à Zurich.

— Une fanfare militaire vous accueillera, toi et ton fils.

— Ce sera une fille.

— Ce sera un garçon, et il volera comme son père.

— Il se cassera la figure, exactement comme son père qui est complètement cinglé, qui n'arrête pas de broyer du noir, et sans lequel je ne peux pas vivre... »

Ils entendirent alors une voix qui leur fendit le cœur :

« En voiture, mesdames et messieurs les voyageurs du train express à destination de Salzbourg, Innsbruck, Feldkirch et Zurich ! Attention au départ ! »

Le moment fatidique était arrivé, le délai de grâce était écoulé. Henryk parvint à prononcer une dernière phrase censée encourager Malwa, mais le timbre de sa voix était dur comme du bois :

« Quand le petit viendra au monde, la guerre sera finie ! »

Quand la guerre sera finie... Et si elle ne finissait pas ? C'en fut trop pour Malwa. Cette comédie avait assez duré. Cela faisait des jours et des jours qu'elle tentait d'oublier sa peur et de faire preuve de courage en se répétant que là-bas, de l'autre côté de la frontière, elle trouverait enfin un coin de terre où elle pourrait s'installer définitivement. Mais elle devait quitter Henryk, et Dieu seul savait si elle pourrait jamais le serrer à nouveau dans ses bras. Elle éclata en sanglots. Elle se cramponna de toutes ses forces à son mari, et pour la première fois, elle prononça les mots qu'elle avait réprimés si longtemps :

« Je ne veux pas partir, Henryk. Je préfère mourir de faim ici. Pourquoi ne me retiens-tu pas ? »

Oui, pourquoi, en effet ? Voulait-il se débarrasser d'elle ? Voulait-il vivre de nouvelles aventures, faire la révolution, rencontrer des femmes, retourner en Amérique ? Une chose est sûre : Malwa prit finalement son train, secouée par les sanglots et accablée de désespoir. Elle se retourna une dernière fois. Il était là, au bout du quai, et tentait de sourire. Ses lèvres tremblaient, des larmes brillaient dans ses yeux. Le train s'ébranla. Henryk cacha son visage dans ses mains. Pourquoi ? Était-ce une infamie de pleurer ? Il faut croire que c'était le cas. Un bolchevik ne doit pas verser de larmes. Les larmes ne sont que l'expression de la faiblesse, et un bolchevik doit être fort. C'est en tout cas ce que dit le code de bonne conduite de la révolution prolétarienne. Un homme qui pleure éprouve des sentiments, et un homme qui éprouve des sentiments est un frein dans la lutte des classes, un danger pour le parti. Le soldat idéal ne doit ni réfléchir ni se laisser aller aux sentiments. Son visage est de pierre, ses yeux sont d'acier. Avec le marxisme-léninisme est né le prototype de l'« homme nouveau » : l'homme de marbre qui regarde l'avenir, les dents serrées, le héros du travail qui reste indifférent, quand bien même le monde s'effondrerait autour de lui. Il ne connaît ni l'enthousiasme ni la dépression, et il ressemble à ces statues élevées à la gloire des héros de la guerre. Il n'est ni sympathique ni antipathique : c'est un être froid, un fossile de la race humaine en voie de disparition, un robot de l'âge de glace qui nous attend. Un tel robot se trouvait alors sur le quai de la gare de l'Ouest, secoué par les sanglots. Il tentait de faire croire à Malwa que cette séparation ne lui coûtait pas. Malwa, pourtant, ne fut pas dupe. Henryk s'éloignait de plus en plus, mais ses larmes brillaient dans la lumière matinale.

Elles consolèrent Malwa, car elle comprit que derrière les mains de son mari se cachait un être humain.

Le pauvre oncle Henner n'avait plus qu'une seule solution. Il décida, la mort dans l'âme, de se rendre chez le grand rabbin de Vienne, qui s'appelait Schreckmann, « l'homme de la crainte ». Il habitait sous les toits d'un immeuble populaire, dans un appartement qui sentait le pipi de chat et la naphtaline. En montant, Henner eut l'impression qu'il grimpait vers l'au-delà. Il voyait des fantômes traverser les couloirs, des ombres qui émergeaient de l'obscurité et disparaissaient l'instant d'après, comme des feux follets. Partout il lui semblait voir des portes s'entrouvrir, derrière lesquelles des personnages aux visages blêmes l'épiaient avec méfiance. Il voulut rebrousser chemin à plusieurs reprises, mais où serait-il allé ? Où pouvait-il se réfugier, puisqu'il n'y avait plus de retraite possible ? Il avait coupé tous les ponts derrière lui. Il ne savait même pas lui-même s'il l'avait fait intentionnellement ou non. Il arriva enfin au dernier étage. Sa respiration était haletante. Après quelques secondes d'hésitation, il sonna, mais il se passa une éternité avant qu'on vînt lui ouvrir : c'était un homme au teint cireux, la mine sévère et renfrognée, hautain comme Torquemada, le Grand Inquisiteur de Castille. Il avait une barbe rousse, des doigts longs et noueux et des lèvres minces. De sa voix caverneuse, il demanda à Henner, comme s'il reprenait une conversation qu'il venait à peine d'interrompre :

« Eh bien, mon ami ? »

Les deux hommes ne se connaissaient pas. Ils ne s'étaient jamais rencontrés, mais ce type semblait connaître le mal dont souffrait Henner. Il savait qu'il avait perdu tout espoir, que la détresse la plus noire l'accablait, que personne ne lui faisait plus confiance.

Le grand rabbin savait lire dans les yeux de Henner et il avait tout deviné. Il soupira :

« Eh bien, mon ami ? Que comptes-tu faire ? »

C'était précisément là où le bât blessait : Henner ne savait pas comment les choses devaient continuer. Schreckmann l'invita à entrer dans son appartement où il n'y avait que deux chaises et une penderie. Henner obéit.

« Assieds-toi, mon ami, et dis-moi la vérité », lui dit l'homme après un silence embarrassé.

Comment pouvait-il savoir que Henner était un menteur, que de sa vie, il n'avait jamais dit un mot qui fût une vérité. Schreckmann s'assit en face de lui. Il posa sur Henner son regard inquisiteur jusqu'au moment où il sentit que celui-ci était parcouru de frissons.

« Que portes-tu dans ce coffret, mon pauvre ami ?

— Rien de particulier... Non, en fait, rien du tout.

— Ne mens pas, insensé !

— J'ai honte...

— Dieu soit loué. Si tu as honte, tu es sauvé. Bien. Que m'as-tu apporté ? Allez, dis-moi la vérité !

— Ce sont les vestiges de mon péché...

— Appelle ton péché par son nom ! Parle sans détour, franchement, comme le faisaient nos ancêtres.

— C'est... Je ne peux pas le dire... C'est une croix. »

Le Grand Inquisiteur pâlit.

« Tu vas voir le grand rabbin de Vienne avec une croix ? Qu'est-ce que cela signifie ?

— J'ai invoqué l'esprit de feu mon frère. C'est alors que cette croix est tombée du mur et s'est brisée.

— Comment as-tu invoqué l'esprit de ton frère ? Quels mots as-tu prononcés ?

— Les mots que l'on utilise d'habitude pour invoquer les morts.

— Je t'ai demandé quels mots tu as prononcés pour l'invoquer !

— Je ne me souviens plus, monsieur Schreckmann.

— Un mensonge de plus, et je te mets dehors. Dis-les-moi.

— Au nom du Père et du Fils et du Saint-Esprit. C'est tout.

— Ah bon, c'est tout ? Une bagatelle, en somme ! Et qu'es-tu venu chercher chez moi ?

— La grâce de Dieu, si c'est possible. Je veux revenir en arrière, monsieur Schreckmann. Revenir en arrière !

— Qu'entends-tu par là, mon ami ? Revenir vers nous ou vers les autres ?

— Vers Jéhovah, monsieur le grand rabbin, vers le Dieu vivant, afin qu'il me donne un cœur nouveau et un esprit sain... »

Schreckmann se leva et s'approcha de la fenêtre. Il regarda dehors et murmura :

« Tout est possible, même le retour vers le Tout-Puissant. Mais je te le déconseille. Tu as déjà commis quatre-vingt-dix-neuf erreurs. Ne commets pas la centième !

— Et c'est vous qui me dites cela ? Vous, le grand rabbin de Vienne ?

— Le Seigneur lui-même te donnerait ce conseil, imbécile, car Il t'aime. Il aime tous ses enfants, et les ratés plus que les autres.

— C'est bien pour cette raison que j'aspire à le retrouver, monsieur Schreckmann.

— Sais-tu, mon ami, ce que cela implique ? Sais-tu ce qu'il en coûte d'appartenir au peuple élu ?

— Je ne veux pas le savoir. Je veux rentrer dans le giron du Dieu des juifs, rien de plus. »

Schreckmann se retourna, et ses yeux se mirent à lancer des éclairs en direction du pauvre Henner, miné par le désespoir. Il leva les mains au ciel et tonna :

« Croire en Jéhovah est une distinction. Il n'est pas donné à n'importe qui d'être son serviteur. Mais Dieu nous distingue en nous punissant.

— Je suis prêt, monsieur Schreckmann.

— Dans le Livre de Job, il est écrit : " Heureux soit l'homme que Dieu punit. " Ne rejette pas la punition de l'Éternel, car il pansera les blessures qu'il t'aura infligées. Il donne le fouet, mais ses mains guérissent. Il te sauve de la mort quand tu meurs de faim, et il te protège de la douleur à la guerre, et tu ne craindras pas la dévastation quand elle viendra.

— Je n'ai pas peur, monsieur le grand rabbin.

— C'est tout à ton honneur, mon ami. Mais si tu étais un juif intelligent, tu resterais chrétien. Cela vaudrait mieux pour ta santé.

— La croix est tombée du mur. C'est un signe. Dieu veut que je revienne sur mes pas. »

Schreckmann eut un sourire terrifiant.

« Dieu ne s'occupe pas de tes affaires. Dieu ne veut absolument rien. Si tu avais mieux planté tes clous dans le mur, la croix serait encore là où elle se trouvait. »

Les paroles du rabbin blessaient Henner. Il tenta prudemment de jouer un atout.

« Je suis un inventeur, comme on dit. Je suis à la veille d'une découverte historique.

— Mais tu ne sais pas enfoncer un clou.

— Je veux déposer ma gloire sur l'autel de Jéhovah.

— Apporte-la à la concurrence, mon ami ! Elle paye mieux, et le risque est moins grand. »

Henner se jeta aux pieds du grand rabbin et dit d'une voix suppliante :

« Pourquoi vous moquez-vous de moi, monsieur le grand rabbin ? Je ne demande rien de mal. Je rêve simplement d'un toit qui me protège. Je veux revenir dans le giron de mon peuple.

— Ta demande est insensée. Tu ne sais pas ce qui t'attend.

— Tous les espoirs sont insensés, monsieur Schreckmann. La fuite en Égypte aussi était une entreprise insensée, car personne ne savait ce qu'il y aurait au terme de la marche. Mais de l'autre côté du désert, il y avait la Terre promise... »

Le rabbin comprit que Henner parlait avec son cœur. Il posa les mains sur sa tête et dit :

« J'enverrai la peur dans vos âmes, le dépérissement et la fièvre dans vos corps, dit Jéhovah aux juifs.

— Je m'en réjouis.

— Vos yeux s'éteindront et votre âme périra.

— Je l'ai mérité.

— Vous sèmerez en vain, car vos ennemis mangeront vos semences.

— J'ai péché, je dois faire pénitence.

— On vous battra, on vous torturera. Ceux qui vous haïssent vous domineront, vous fuirez même quand personne ne vous pourchassera.

— Je suis un fils d'Israël, un renégat, certes, mais je suis de son sang, et je veux partager son sort. »

Schreckmann crut enfin ce que lui disait Henner. Il s'assit et l'invita à en faire autant. Un sourire furtif éclaira son visage, ses traits se décrispèrent pour la première fois.

« S'il doit absolument en être ainsi, mon ami, je ne peux m'y opposer, dit-il d'une voix presque conciliante. Mais je ne peux pas te circoncire, puisque tu l'es déjà. Je ne peux pas non plus faire de toi un juif, puisque c'est en juif que tu es venu au monde. Je ne peux que te mettre en garde, mon ami, et c'est ce que j'ai fait. »

A l'automne de 1918, le train mettait environ cinq jours et autant de nuits pour relier Vienne à Varsovie. Et l'on n'était même pas certain d'arriver à destination. Les fenêtres étaient obstruées par des planches, les compartiments étaient bondés de soldats autrichiens et de contrebandiers polonais. Les temps étaient révolus où un voyage en train réservait encore des aventures agréables. Les passagers affamés étaient assis en silence sur leurs misérables bagages. Une odeur de phénol, d'urine et de sueur vous prenait à la gorge et vous faisait souffrir le martyre. Les gens cherchaient à éviter toute conversation, et si quelqu'un se retournait parfois, c'était simplement pour s'assurer que ses affaires n'avaient pas disparu. Parfois, le train s'arrêtait en rase campagne ou dans une gare perdue. Cela offrait l'occasion de se soulager, de remplir une bouteille d'eau ou de vérifier tout simplement où l'on était.

Henryk somnolait quand le train s'arrêta soudain. Il entendit des voix, dehors, qui parlaient polonais. Pas de doute, ils étaient arrivés en Pologne, le pays où la misère était encore plus écrasante que partout ailleurs en Europe. Ce qui soutenait Henryk, c'était la perspective de retrouver Varsovie sans risquer la potence ou la déportation. Varsovie : le théâtre de ses premières aventures, de ses actes d'héroïsme juvéniles et de ses témérités... Lorsqu'il entendit sa langue maternelle, après tant d'années, il fut ému. Il lui semblait qu'une force mystérieuse l'attirait vers la maison où il était né, vers la famille, les amis, la source de son bonheur. Henryk ne supportait pas la sensiblerie qui était toujours de mise quand on parlait de la patrie, mais cette fois, il avait vraiment le mal du pays. Il se souvint du passé, il se voyait marcher dans les rues de Varsovie, depuis la place des Trois-Croix jusqu'au faubourg de Cracovie, en passant par la rue Nowy Swiat. Il se voyait sur la place du château, devant la colonne du roi Sigismond, il se souvenait des berges de la Vistule et des cheminées d'usine du quartier de Praga, sur l'autre rive. Il tenta de se souvenir d'une chanson. Des balles lui sifflèrent aux oreilles, il entendit le galop des chevaux, il vit le sang couler sur les pavés et il se revit hisser le drapeau qui flotta au-dessus des toits de la rue Piwna. « Car il est rouge, le drapeau, rouge du sang des prolétaires ! » Il revit la jeune fille qui battait le tambour pour l'attaque. Wanda, la blonde

Wanda du quartier ouvrier de Wola. « Où es-tu ? J'aimerais tant te revoir. Donne-moi la main, et nous poursuivrons notre chemin ensemble, vers la cathédrale Saint-Jean, au cœur de la ville, là où se trouvait autrefois une taverne où l'on buvait du vin. Elle s'appelait *Chez Fugger*, et elle s'appelle peut-être toujours ainsi si elle existe encore. Je dois retrouver Anka chez Fugger, le 15 octobre, à midi. C'est de la folie. Comment peut-on se donner des rendez-vous pareils ? Le monde est à feu et à sang, la guerre civile fait rage à l'est, Trotski fait la conquête de Kasan, Dora Kaplan tire sur Lénine, les révolutionnaires sociaux se rebellent contre le pouvoir des soviets. A l'ouest, le front allemand s'effondre, l'empereur bombarde Paris, Ypres tombe aux mains des Américains, mais moi, Henryk, j'ai rendez-vous avec ma sœur cadette, chez Fugger ! » C'était sa sœur préférée, la confidente des onze frères qui avaient rompu tous les ponts avec leur père parce qu'il avait refusé de payer leur caution, ce vieil avare, parce qu'il avait permis leur déportation en Sibérie, dans les mines de plomb de Verchojansk d'où l'on ne revenait jamais. Henryk tremblait rien que d'y penser. C'est pour cette raison qu'il n'avait pas averti son père. Il avait envoyé un télégramme à Anka : « Rendez-vous lundi à midi chez Fugger. Je t'embrasse, Herschele. »

Henryk était perdu dans ses pensées, il divaguait. Il faisait sombre dans le compartiment. La porte s'ouvrit soudain, il vit une lumière : c'était le contrôleur. Il s'adressa à Henryk avec un accent viennois prononcé et dit :

« Si vous voulez vous rendre à Varsovie, monsieur le baron, il faut que vous changiez à Katowice ! »

Henryk s'éveilla du demi-sommeil dans lequel il était plongé.

« A Katowice, dites-vous ? Mais les horaires qu'on m'a donnés ne l'indiquent pas ! »

Le contrôleur éclata de rire.

« La guerre non plus n'est pas prévue dans les horaires, monsieur le baron, et on la fait tout de même. Si vous saviez toutes les choses qui se produisent sans avoir été prévues dans les horaires ! »

Un homme que personne n'avait remarqué jusque-là se mêla alors de la conversation. Il portait un uniforme d'officier et des lunettes d'aveugle. Cela lui conférait une dignité qui interdisait toute familiarité :

« Vous êtes encore bien jeune et vous avez l'insouciance de la jeunesse ! A votre place, j'irais sur la lune, mais pas à Varsovie ! »

Henryk se sentait mal à l'aise parce que cet homme exprimait en fait ses propres craintes. D'une voix hésitante, il répondit :

« Je rêve depuis des années de retourner dans une Pologne libre. Pourquoi ne devrais-je pas me rendre à Varsovie ? »

L'inconnu eut un sourire las.

« Parce que vous n'y trouverez pas ce que vous cherchez. Vous vous faites des illusions, jeune homme.

— Comment savez-vous ce que je vais y chercher ? », répliqua Henryk.

L'aveugle ne répondit pas à cette question :

« Suivez mon conseil et allez en Palestine !

— Et pourquoi n'y allez-vous pas vous-même ? », rétorqua Henryk, agacé.

L'aveugle bourra sa pipe et répondit après une courte pause :

« Parce que je ne suis pas juif. Si je l'étais, je m'y rendrais, et sur-le-champ. »

Un silence pesant s'instaura. Le mystérieux inconnu considérait Henryk comme un juif, alors qu'il parlait un allemand irréprochable.

« Si les Polacs pouvaient massacrer tous les juifs, ils le feraient, dit alors le contrôleur méchamment. Ai-je raison ?

— Vous avez l'air d'être très au courant de ce que veulent les Polonais. Êtes-vous vous-même Polonais ? », demanda Henryk à qui cet homme commençait à échauffer les oreilles.

C'est un homme, assis près de la porte du compartiment, les yeux mi-clos, qui répondit à la place du contrôleur. Il portait une veste en fourrure et des bottes qui lui arrivaient aux genoux.

« Moi, je peux confirmer ce que le contrôleur vient de dire. S'il y a quelque chose qui nous unit, c'est bien la haine des juifs. »

L'aveugle tenta de détendre l'atmosphère et dit :

« Il existe probablement plusieurs sortes de Polonais n'est-ce pas ? »

Henryk passa à la contre-attaque.

« Il n'y a pas deux sortes de Polonais. Il y a des spéculateurs et des miséreux, des exploiteurs et des crève-la-faim, qu'ils soient juifs ou chrétiens, ça n'a pas d'importance. Et surtout, il y a des crapules qui montent les faibles les uns contre les autres pour mieux les dominer.

— Si je comprends bien, vous êtes un partisan de Lénine, dit l'homme aux lunettes bleues. C'est la mode, de nos jours. Mais prenez garde, jeune homme ! Même Lénine est contraint de prendre en considération ce que pense le peuple, et un jour, il fusillera lui aussi des juifs...

— Qui vous dit que je crois en Lénine ? rétorqua Henryk qui parvint cependant à maîtriser sa colère. A vous entendre, on dirait que vous êtes un voyant extra-lucide...

— J'ai perdu la vue à Isonzo, dans cette guerre sainte que nous menons au nom de Dieu, de l'empereur et de la patrie, répondit l'aveugle après avoir allumé sa pipe. Je ne suis pas un voyant extra-lucide, mais je vois les choses beaucoup plus clairement qu'auparavant. »

Henryk eut honte d'avoir posé une question aussi impertinente. Il sortit une bouteille de schnaps de sa poche, remplit un gobelet et le tendit à son curieux compagnon de voyage.

« Je suis désolé, monsieur. Buvez une gorgée de schnaps et oubliez ce que j'ai dit. »

L'aveugle but une rasade de schnaps et répondit :

« Je ne vous en veux pas, jeune homme. Je vous conseille simplement de rebrousser chemin, car personne ne vous attend ici. Repartez d'où vous venez ! Cherchez une gare où quelqu'un vous attendra ! »

Henryk voulut parler, mais l'homme aux bottes ne lui en laissa pas le temps :

« Tu es donc partisan de Lénine et de sa misérable bande de juifs. Dis-nous enfin si tu es juif toi aussi. Si c'est le cas, tu ferais mieux de déguerpir, sinon, nous te mettrons dehors.

— Si vous n'avez encore jamais eu l'occasion de vous faire corriger par un juif, venez un peu par ici. Vous ne seriez pas le premier », rétorqua Henryk.

Le gaillard dépassait Henryk d'une bonne tête, mais il commençait à avoir peur. Il n'avait encore jamais rencontré de juif qui fût prêt à se battre.

« Tu viendras peut-être à bout de moi tout seul, sale porc kasher, mais essaie donc de te mesurer à nous tous !

— Me battre contre vous tous, dites-vous ? Est-ce que vous parlez au nom de toutes les personnes présentes dans ce compartiment ?

— Absolument. Je parle au nom de trente millions de Polonais, au nom du peuple catholique tout entier, si tu vois ce que je veux dire. »

Ce que disait cet homme remettait en question tous les idéaux de Henryk, sa foi en la Raison et la confiance naïve qu'il accordait aux hommes.

« Je suppose que vous êtes le seul, ici, à défendre des idées aussi absurdes. »

Un silence de mort régnait dans le compartiment. On n'entendait que le bruit régulier des roues sur les rails. Personne ne voulait parler, ni les Polonais ni les Autrichiens. Henryk comprit que ses idéaux n'étaient que des chimères, qu'il ne pouvait compter que sur lui-même, qu'il était seul. Le contrôleur rompit alors ce silence pesant et dit :

« Nous arrivons à Katowice dans une heure, monsieur le baron. A mon avis, vous feriez mieux de sauter tout de suite, si vous tenez à la vie. »

Les regards des autres passagers firent comprendre à Henryk qu'il n'y avait pas d'autre solution. Il se leva, prit son sac à deux mains et quitta le compartiment, accompagné par le contrôleur. Il ouvrit la porte du wagon et murmura des paroles qu'il n'avait plus prononcées depuis son enfance : il invoquait Dieu ! Non par peur, mais par désespoir. Il sauta, tomba à terre, roula plusieurs fois et atterrit dans un champ. Il avait mal partout, mais il se ressaisit rapidement. Il se leva en gémissant et se mit en route. Vers le soir, il arriva dans une petite ville de province. Il se rendit immédiatement à la poste pour télégraphier à Varsovie : « Voyage remis à une date ultérieure. Lettre suit. Herschele. »

XXIII

« 1er novembre 1918

Je suis en Suisse. Si Henryk était là, je serais la plus heureuse des femmes, mais il se trouve à l'autre bout du monde. Ici, tout est si beau, que cela me fait mal au cœur. Une brume mélancolique flotte sur le lac. Derrière, on devine les Alpes, les pics argentés des glaciers. Des saules pleureurs se penchent au-dessus de l'eau. Des cygnes nagent près de la rive. Je suis assise sur un banc, j'écris dans mon journal et je pense à lui. Un peu plus loin, il y a un vieillard qui donne à manger aux pigeons. Je ne sais pas si je vis ou si je suis morte. Voilà donc le jardin d'Éden... C'est un havre de paix et de tranquillité.

Mon train est arrivé à l'heure dite en gare de Zurich. Je suis descendue et je me suis demandé quelle serait la première chose que je verrais, car ce devait être une sorte d'oracle. Ce fut un vendeur de saucisses. Dans son chariot, il y avait du chocolat et des oranges. Il me semble que je rêvais. Moi qui croyais que ces choses délicieuses n'existaient plus depuis longtemps !

Je me rendis à l'hôtel. Il s'appelle *Victoria* — un nom détestable — et se trouve juste derrière la gare. Je fus reçue avec tous les égards à la réception. On m'a conduite dans une chambre élégante : il y avait des fleurs sur la table et une corbeille remplie de fruits. J'avais un grand lit et des draps propres. J'ai failli pleurer en pensant que j'y dormirais seule. Dieu, s'il savait combien c'est difficile sans lui ! Quand nous avons passé la frontière, à Buchs, quelque chose a bougé dans mon ventre, pour la première fois. C'était notre enfant qui errait de par le monde avec sa mère. Les feuilles des arbres sont jaunes, certaines, même, sont rouges. Où peut-il bien être, l'homme que j'aime par-dessus tout ? Je n'arrive pas à me réjouir de ma situation, même si j'ai tout ce que je peux désirer ici.

Après avoir fait ma toilette, je suis sortie me promener dans la rue de la Gare, la rue principale de Zurich : c'est là que se trouvent toutes les banques, tous les bijoutiers, toutes les boutiques de luxe de la ville. Tout me semblait complètement irréel. Dans les vitrines, je voyais des merveilles dont je ne savais même pas qu'elles existaient. Et pourtant, je ne suis pas une provinciale, j'arrive de Vienne, une capitale. Mais Vienne est une ville finie. La guerre a dévoré des pays et des peuples entiers. La Suisse, elle, est un îlot de paix dans la tourmente, un musée pour les survivants de la fin du monde. Ils viendront ici en pèlerinage, avec leurs béquilles et leurs prothèses, pour admirer ce qu'était le monde autrefois : toutes ces merveilles qu'ils possédaient avant la guerre et qu'ils ont perdues, par leur faute. L'Europe est exsangue. Mais ici, coincée entre des ennemis héréditaires, vit une nation minuscule qui joue à la paix. Les gens parlent quatre langues différentes, ici, et ne s'entre-tuent pas pour autant.

Aujourd'hui, c'est dimanche. Tous les magasins sont fermés. Demain matin, je commence à travailler. J'ai un peu le trac. Je tremble qu'on ne s'aperçoive que j'attends un enfant. A l'hôtel, je me suis regardée toute nue dans la glace. Si l'on n'est pas au courant, j'ai l'air parfaitement normale. Mais moi, je vois que mes hanches sont plus larges et que mes seins sont plus fermes que d'habitude. Je suis curieuse de savoir si le pharmacien s'en rendra compte. Sera-t-il aussi sec que sa lettre et aussi biscornu que son écriture ? Je suis déjà allée voir la pharmacie, de l'extérieur, bien entendu, parce que tout est fermé, aujourd'hui. Une chose m'a beaucoup étonnée : le nom qui était indiqué sur la porte était différent. Je n'ai jamais entendu parler de M. Obermüller. Qui sait ce que cela peut signifier ? Nous verrons bien. Tout cela n'a aucune importance, après tout.

Une seule chose compte dans ma vie : lui. Toujours lui. Est-il encore à Varsovie ou est-il déjà rentré à Vienne ? Qu'en est-il des trente millions de Polonais qui l'attendent ? Comment l'ont-ils reçu ? J'espère qu'ils lui ont réservé un mauvais accueil. Je prie le ciel qu'il perde rapidement toutes ses illusions et qu'il vienne me retrouver, ou plus exactement, qu'il vienne *nous* retrouver, car cela bouge de plus en plus sous mon cœur.

Je me demande constamment où je suis. La vie quotidienne manque tellement d'héroïsme, ici. Les Suisses ont l'air bien gentils et bien sages. Je suis prête à parier qu'il n'y en a pas un qui serait disposé à mourir pour un idéal. Henryk serait dégoûté, mais moi, j'aime bien cette façon d'être. Les gens vivent leur petite vie tranquille et donnent à manger aux pigeons sur les bords du lac. La question est de savoir si c'est là le but de l'existence. Ne serait-il pas plus fascinant de faire des prouesses pour ériger un monde nouveau ? Mais je me demande de plus en plus souvent si la vie a vraiment un but supérieur. Si seulement je pouvais croire en Dieu ! Mais je n'y arrive pas. Dieu a fait naufrage, sinon il ne permettrait pas que le monde qu'il a créé soit anéanti et que les hommes s'entre-tuent. Tous les grands desseins en ce monde ont fait naufrage, les uns après les autres. Sans grands desseins, pas un soldat ne serait parti à la guerre, mais à l'heure qu'il est, ils pourrissent tous sur les champs de bataille, les Français, les Anglais, les Allemands, les Russes et les Italiens, et avec eux, les idéaux qu'ils étaient censés défendre. Henryk me répondra sûrement que *ses* idéaux sont meilleurs, qu'ils représentent la quintessence des rêves de l'humanité, des espoirs de tous les peuples et de tous les temps, que ce ne sont plus des idéaux depuis longtemps, mais qu'ils sont devenus réalité sur un sixième de la planète, en Russie, où la pesanteur a été abolie et où l'impossible a été réalisé. Henryk est un idéaliste. J'aimerais tant pouvoir le croire, mais une voix au fond de moi me dit que les arbres russes non plus ne pousseront pas jusqu'au ciel. Que deviendrons-nous, mon amour ? Je ne peux tout de même pas te demander de t'asseoir sur les rives du lac et de donner à manger aux pigeons. Mais il existe d'autres solutions, à mi-chemin entre les grands idéaux et une vie de taupe. Pour moi, il existe un rêve des plus accessibles : l'amour. Je sens la présence de Henryk auprès de moi. Je le sens dans mes bras, son cœur contre mon cœur, sa peau contre ma peau. Je le sens au plus profond de mon être. Est-ce trop peu pour lui ? Je suis fatiguée. Demain, je reprendrai mon récit... »

XXIV

Jankl avait désormais plus de soixante-dix ans, et il avait toujours la tête aussi dure qu'avant. C'était un homme riche qui possédait de nombreux immeubles, quelques usines de textiles ainsi que le célèbre théâtre du centre ville de Varsovie. Sa femme avait toujours autant de succès quand elle entrait en scène. Ses cinq filles faisaient fureur parce qu'elles étaient intelligentes et terriblement drôles. Mais tout cela n'empêchait pas le patriarche de broyer du noir. Rien ne parvenait à l'égayer, car il était sans nouvelles de ses fils. Il les avait reniés et racontait à qui voulait l'entendre qu'il n'avait pas de descendance mâle. Il interdisait formellement qu'on prononçât leur nom ou qu'on lui rappelât leur existence de quelque manière que ce fût. Il avait rompu toute relation avec Hersch Blumentopf, son meilleur ami et confrère, parce qu'il ne supportait pas d'entendre son prénom. Il était le digne géniteur de onze fils indignes qui le reniaient d'ailleurs avec la même vigueur que lui les avait rejetés. Jankl attendait qu'ils lui donnent un signe de vie, mais en vain. Les bruits les plus divers couraient à leur sujet, on parlait de leurs succès ou de leurs échecs, mais Jankl n'avait aucune information sûre, et cette fois encore, il n'aurait été au courant de rien si sa fille cadette Anka n'avait pas été là. Elle avait secrètement gardé le contact avec ses onze frères et avait repris le flambeau de leurs activités politiques.

En ce matin de novembre, quelque chose d'inouï se produisit. Chaïm Levin, le fondé de pouvoir de Jankl, réveilla le patriarche qui était en train de faire une petite sieste, ce qui était un acte aussi grave, théoriquement, qu'un crime capital. Levin savait que seules une catastrophe naturelle ou une révolution pouvaient justifier un tel délit aux yeux de Jankl. C'est pourquoi il portait ses chaussures à la main et se glissa en chaussettes jusqu'au saint des saints. Il frappa prudemment à la porte, si prudemment que le vieux continua de ronfler tranquillement. Levin récidiva tant et tant de fois, et en frappant toujours plus fort, que toute la maison se mit finalement à trembler et que la peur fit sauter la jeune Rachel du canapé où elle s'était allongée. C'est alors seulement que Jankl se réveilla et qu'il se mit à hurler :

« Que se passe-t-il ? »

Dans l'antichambre, une petite voix murmura timidement :

« C'est un télégramme, monsieur Kaminski. »

Le vieux enfila en toute hâte son pantalon et cria à travers la porte :

« Levin, je vais te transformer en chair à pâté ! »

Le fondé de pouvoir ne se laissa pas impressionner, pour une fois, car il savait à quel point la nouvelle qu'il apportait était importante. Il parlait si fort, à présent, que le chien de la maison voisine se mit à aboyer dans sa niche.

« C'est un télégramme de M. Herschele, monsieur Kaminski, ou plutôt, il y en a deux... »

Jankl crut que le sol allait se dérober sous ses pieds. Un télégramme de Herschele, son fils favori ! D'un côté, le cœur de Jankl semblait vouloir exploser de joie, mais d'un autre côté, il ne fallait surtout pas le montrer à quiconque. Et troisièmement, ce Levin prenait des libertés qui, en temps de paix, l'auraient conduit droit au peloton d'exécution ! C'est pourquoi Jankl répondit en hurlant :

« Où est ce télégramme, gredin ? Donne-le-moi et disparais de ma vue, sinon je te mets en pièces !

— Je ne l'ai pas, monsieur Kaminski, et de ce fait, je ne peux pas vous le donner. »

Le patriarche était sur le point de s'évanouir. C'en était trop pour le vieux juif de soixante-dix ans qu'il était. D'un coup, il ouvrit les deux battants de la porte de sa chambre à coucher et saisit le pauvre homme au collet. Il le secoua comme un prunier et tempêta :

« Où te crois-tu, fripouille ? En Russie, peut-être ? Le subalterne se permet de sortir son supérieur hiérarchique du lit et met tout sens dessus dessous, comme les bolcheviks. Un télégramme est arrivé, disais-tu ? Une dépêche qui n'est pas en ta possession, envoyée par quelqu'un que je ne connais pas. Et d'ailleurs, comment sais-tu d'où elle vient, cette dépêche, si elle n'existe pas ? »

Chaïm Levin se gratta le cou, l'air embarrassé. Ce qu'il racontait n'était vraiment pas très crédible, et il dit, la tête basse :

« Il y a effectivement un télégramme, monsieur Kaminski. Il y en a même deux. Ils sont arrivés, mais pas chez nous...

— Et chez qui alors ?

— Chez l'une de vos filles, sauf votre respect. Et ils ne portaient pas de date.

— Tu es donc allé chez l'une de mes filles ? »

Le vieux Levin rougit et répondit, l'air penaud :

« Dieu m'en garde, monsieur Kaminski. C'est Fela, votre femme de ménage, qui me l'a dit. Elle faisait du rangement chez votre fille, et à cette occasion...

— Abrège, abrège, Chaïm Levin. Que disent ces deux dépêches ?

— La première dit que M. Herschele va venir à Varsovie...

— Et l'autre ?

— La deuxième dit qu'il ne viendra pas à Varsovie.

— Tu veux me laisser sur des charbons ardents, ou quoi ?

— L'Éternel seul le sait, monsieur Kaminski. Il n'y a pas de date sur le télégramme, et donc, je ne peux pas savoir ce qui va se passer. Peut-être viendra-t-il, peut-être pas.

— Je n'ai pas besoin de toi pour arriver à de telles conclusions, imbécile. Et puis d'ailleurs, je ne connais personne qui s'appelle Herschele. S'il souhaite me voir, qu'il vienne et me demande pardon.

— De quoi, monsieur Kaminski ?

— Si tu poses une question de plus, je te tue.

— Ce n'était pas une question, monsieur Kaminski. Ce n'était que l'expression de ma surprise. On l'a déporté en Sibérie, ses frères également. Où est le crime ?

— Je te dis pour la dernière fois : s'il veut me voir, il faut qu'il s'excuse. »

La belle Rachel avait jeté un châle sur ses épaules et suivait, amusée, la conversation des deux hommes. Elle s'avança vers Jankl et dit en souriant :

« Il ne veut pas te voir, mon cher. Sinon, c'est à toi qu'il aurait télégraphié, et non à sa sœur. »

Jankl se tourna vers la fenêtre, car les larmes lui montaient aux yeux. D'une voix rauque, il répondit :

« Tu n'as pas idée à quel point il a envie de me voir, l'imbécile ! »

XXV

C'était un jour de novembre, morne et gris. Le monde était en ruine, mais Zurich était intacte comme mille ans plus tôt. On eût dit un décor de contes de fées : elle était irréelle, couleur pastel, minuscule. Des traînées de brouillard s'accrochaient aux toits des maisons, les tours et les ponts se reflétaient dans les eaux verdâtres du lac. Une nouvelle semaine venait de commencer, dans le labeur et la morosité. La ville sentait la pourriture, la vase putréfiée et la peinture fraîche.

Malwa se sentait fiévreuse et agitée. Elle avait mis sa pèlerine jaune et un chapeau de feutre noir à large bord qui la rassurait et apaisait les battements de son cœur. Elle avait quitté l'hôtel dès sept heures et demie et avait voulu se rendre en toute hâte à la pharmacie. Mais soudain, elle changea d'avis et ralentit ses pas : il valait mieux ne pas arriver en avance à son nouveau lieu de travail. Personne ne devait s'apercevoir combien elle était émue et quels espoirs cet emploi suscitait en elle. Elle flâna donc le long des rives du lac et monta jusqu'au Lindenhof. De là-haut, elle put contempler ce paradis de pain d'épice dans toute son étendue. C'était là qu'elle voulait rester — sa décision était prise —, et c'était là qu'elle voulait mettre au monde son enfant. Elle n'était plus attirée ni par l'Est ni par des idéaux quels qu'ils fussent. Elle voulait en revanche s'affirmer et réussir sa vie professionnelle. A Zurich, elle voulait mener une vie normale, exempte de tout héroïsme. Cette ville représentait plus pour elle qu'une simple ville d'Europe. C'était une alternative, une réalité tangible et accessible qu'elle préférait de loin à toutes les chimères incertaines du passé. Malwa ne se faisait pas d'illusions : ce qui l'attendait était tout autre chose qu'une partie de plaisir. Elle savait que l'air était étouffant à Zurich et qu'on pouvait s'y sentir à l'étroit. Mais il y avait tout de même des milliers de gens qui venaient y chercher refuge et qui l'y trouvaient. C'étaient les meilleurs qui venaient à Zurich, l'élite du vieux monde, car là, ils pouvaient penser librement ce qu'ils voulaient, ils pouvaient écrire, peindre, composer ce qui leur plaisait, et aucun imbécile en uniforme ne pouvait les en empêcher. Ces choses étaient bien réelles, et pourtant, elle savait qu'il serait difficile de décider Henryk à venir la retrouver. Comment pouvait-elle lui donner l'envie de s'installer dans cette ville minuscule ? Quels arguments pouvait-elle invoquer, puisqu'il était décidé à vivre — et le cas échéant aussi à mourir — pour un monde meilleur ? La Suisse n'était pas ce monde meilleur auquel il aspirait. Elle était bien nourrie, satisfaite d'elle-même et propre, mais elle n'était pas meilleure. Tout était petit dans ce pays : c'était un État miniature pour des lilliputiens cupides, avides et pieux, qui étaient constamment à la poursuite du veau d'or. Il était difficile de masquer cette réalité. Henryk viendrait un jour, parce qu'il aimait Malwa et qu'il voudrait voir l'enfant. Mais il lui reprocherait bientôt de lui avoir rogné les ailes. Ou bien se trompait-elle ? Peut-être n'était-il pas ce don quichotte emphatique qu'il faisait mine d'être. Qui pouvait dire ce qu'il pensait à ce moment-là ?

Telles étaient les réflexions qui agitaient l'esprit de Malwa quand elle arriva à destination, à la *Pharmacie du Rennweg.* La pharmacie du Dr Hablützel, qui l'avait fait venir de l'Autriche en déroute dans ce havre de paix qu'était la Suisse, et ce au mépris des lois en vigueur, cette pharmacie était donc la bouée qui allait sauver la naufragée. Les rideaux de fer avaient été remontés, on pouvait jeter un coup d'œil à l'intérieur. Deux messieurs aux cheveux grisonnants étaient en train de servir les premiers clients. Malwa resta pendant une bonne minute, perdue dans ses pensées, devant le magasin, mais soudain elle sortit de sa rêverie. Elle serra les dents et entra. Il était huit heures passées de quelques minutes, mais la pharmacie était déjà remplie de gens qui attendaient patiemment qu'on les servît. Les pharmaciens portaient des blouses blanches. L'un d'eux avait une cicatrice qui lui barrait le visage, l'autre portait une chevalière. Ils servaient la clientèle avec une attitude réservée et une courtoisie mêlée de condescendance. C'est pour cette raison qu'ils ne s'aperçurent pas de l'arrivée de

Malwa, mais ils devaient sentir qu'il y avait quelque chose d'anormal et d'insolite de l'autre côté du comptoir. C'était un miracle de la nature, une Schéhérazade en manteau de soie jaune, au regard fiévreux et à la chevelure noire. Personne n'osa la regarder droit dans les yeux, mais tous tombèrent sous le charme. Malwa irisait la pièce. Il était évident qu'elle n'était pas venue là pour acheter quelque chose. Elle attendait, simplement, et il fut de plus en plus difficile de ne pas la voir. Un parfum enivrant émanait de sa personne, ses lèvres laissaient entrevoir des dents d'une blancheur éclatante, et de ses yeux jaillissait du pollen de fleur doux comme le miel. Elle ne disait pas un mot, elle ne cherchait pas à s'approcher du comptoir, mais elle avait une telle présence que le pharmacien, oubliant tous ses principes, lui adressa la parole bien avant que ce fût son tour :

« Bonjour, mademoiselle. Que désirez-vous ?

— Je désire parler au Dr Hablützel.

— C'est malheureusement impossible. Mais je suis à votre entière disposition.

— Le Dr Hablützel est absent ?

— Oui, définitivement. Il est mort de la grippe espagnole. La moitié de la Suisse est alitée, l'autre moitié est déjà dans la tombe. Vous êtes certainement au courant. »

Malwa crut que le sol allait se dérober sous ses pieds. Elle pâlit et bredouilla :

« Et que vais-je faire, maintenant ? Le Dr Hablützel m'a fait venir en Suisse.

— Il avait du goût, ce vieux Casanova.

— Il cherchait un pharmacien.

— Qui n'en cherche pas, par les temps qui courent ? Vous en connaissez un ? »

Malwa toussota pour cacher son embarras.

« Puis-je me présenter ? Je suis Malwa Kaminski.

— Et moi, je suis Orbermüller Oskar. Et voici mon frère Émile. Nous avons repris la pharmacie du Dr Hablützel.

— Et vous cherchez vous aussi un pharmacien, si j'ai bien compris ?

— De façon urgente.

— A quelles conditions ?

— Cela dépend de la personne qui se présentera.

— Il me semblait qu'il était clair que cet emploi m'intéresse. »

Le pharmacien en resta bouche bée.

« Vous, une jeune fille si tendre ? Vous plaisantez ?

— J'ai terminé mes études.

— Maintenant, ça suffit ! Le 1er avril est passé et il est encore trop tôt pour le carnaval.

— Je suis pharmacien diplômé, répliqua Malwa qui eut du mal à rester courtoise. Voici mon diplôme. »

Elle posa un rouleau de carton sur le comptoir, en retira un diplôme, mais le pharmacien fit la moue et dit :

« Votre diplôme ne m'intéresse pas. »

Son frère, l'homme à la chevalière, intervint alors et dit avec courtoisie :

« Mais moi, il m'intéresse, car vous me plaisez. Je vais vous installer dans la vitrine, vous servirez d'appât pour la clientèle masculine. »

L'idée d'utiliser ainsi cette charmante personne enthousiasma aussi l'homme à la cicatrice.

« Il faut nous excuser. Nous n'avons jamais vu une chose pareille, nous sommes plutôt de la vieille école dans ce genre de choses.

— Dans quel genre de choses ? répondit Malwa avec mépris. Dans le domaine des mannequins de vitrines ?

— Je veux dire... pour ce qui est des femmes qui ont fait des études. Chez nous, seuls les hommes vont à l'université.

— C'est curieux. Et pourquoi donc ? », répliqua Malwa d'une voix cynique en remballant son diplôme.

Les deux hommes furent bien embarrassés. L'homme à la chevalière répondit en tentant de prendre à témoin la clientèle qui attendait et commençait à s'impatienter :

« Parce que les sciences exactes exigent des têtes qui le soient autant, voilà pourquoi !

— Et vous considérez que vous avez des “ têtes exactes ”, messieurs ?

— Oui, nos têtes sont tout ce qu'il y a de plus exact, quoi que vous puissiez en penser. Montrez-moi un peu votre diplôme !

— Je croyais qu'il ne vous intéressait pas parce que je suis une femme !

— Êtes-vous célibataire ?

— Cela ne vous regarde pas, monsieur Obermüller ! »

Elle venait d'aller un peu loin, et l'homme à la cicatrice rétorqua :

« Chez nous, les femmes n'ont peut-être pas fait d'études, mais elles sont bien élevées. »

Malwa, gagnée par la nervosité, répliqua :

« Mais pour les hommes, c'est exactement le contraire, j'ai l'impression. Ils ont fait des études, mais ils n'ont pas de bonnes manières. »

L'homme à la chevalière n'avait jamais entendu pareille insolence, et il s'écria :

« A Zurich, nous attachons beaucoup d'importance aux bonnes manières, sachez-le.

— Nous aussi, et je viens de Vienne.

— Et pourquoi n'y êtes-vous pas restée ? »

Malwa trouva que la coupe était pleine. Les propos que lui tenaient ces deux hommes lui firent comprendre qu'elle pourrait trouver sans difficulté du travail à Zurich. C'est pourquoi elle dit froidement :

« Je ne voudrais pas abuser plus longtemps de votre temps si précieux, messieurs. La clientèle souhaite qu'on la serve. »

L'homme à la chevalière tenta d'apaiser les passions et lui demanda :

« Combien pensiez-vous gagner, mademoiselle, si je peux me permettre cette question ?

— Exactement ce que gagne un collègue masculin à qualification égale. Mais je n'ai pas l'intention de m'exhiber dans votre vitrine. C'est derrière le comptoir que je souhaite travailler.

— Qu'est-ce que vous vous imaginez ? Nous ne sommes pas en Russie, ici.

— Pas un franc de plus, pas un franc de moins. C'est une question de justice. »

L'homme à la chevalière se rendit compte qu'il ne viendrait pas à bout de cette étrange jeune femme.

« Dites-moi, mademoiselle, on ne vous a pas appris à sourire à l'université de Vienne ?

— Si, mais c'était une option », répondit Malwa en faisant une grimace.

La glace était rompue. L'homme à la cicatrice tendit la main à Malwa et grommela :

« Vous voyez, il suffit de s'expliquer.

— Dans ce cas, dites-moi quand je dois commencer.

— Tout de suite. »

XXVI

Comme personne n'arrivait à savoir lequel des deux télégrammes était valable — puisqu'ils n'étaient pas datés —, comme personne ne savait si Henryk viendrait à Varsovie ou non et s'il y avait une chance qu'il aille rendre visite au patriarche, Jankl abandonna au moins partiellement sa fierté et décida de se rendre le jour dit à la gare afin d'acheter, comme il l'affirma, une boîte de cigares et un journal. Pour rien au monde il n'aurait avoué qu'il avait en fait l'intention d'accueillir son fils préféré puisqu'il disait depuis treize ans qu'il n'avait pas de fils et qu'il ne voulait pas en avoir. Il pria sa jeune femme de l'accompagner et ordonna à Levin d'appeler un fiacre. Toute la maison et la moitié de la ville étaient au courant. Un fils perdu devait arriver, et ce vieux fou de Jankl allait à la gare pour le serrer dans ses bras. Il n'y avait personne, bien sûr, ou presque personne qui eût osé appeler les choses par leur nom, car Jankl était un maître incontesté dans son empire. Celui qui s'attirait sa colère devait s'attendre au pire.

Le train express en provenance de Katowice devait arriver le matin à 11 heures, mais Pieczynski frappa dès 10 h 30 à la porte de la maison. C'était le cocher de fiacre le plus grossier de toute la ville.

« La voiture est avancée, monsieur Kaminski ! », lança-t-il dans la cage d'escalier.

Cela faisait déjà vingt minutes que Jankl s'était posté dans le couloir : il attendait impatiemment Rachel, en retard, comme d'habitude. Lorsqu'elle apparut, finalement, elle lui dit avec un sourire :

« Tu m'as l'air nerveux, Jankele. Que se passe-t-il ? »

Pour toute réponse, il la conduisit vers le fiacre.

« Moi ? Nerveux ? Pourquoi voudrais-tu que je sois nerveux ? Je n'attends personne. »

Rachel semblait être mieux informée que lui.

« Je sais que tu n'attends personne, mais pourquoi tiens-tu tant à ce que je t'accompagne, dans ce cas ? Veux-tu que je t'aide ? Et si c'est le cas, pour quoi faire ? »

Le patriarche sentit que sa femme se moquait de lui, et il répondit l'air embarrassé :

« Je n'aime pas aller seul à la gare, cela me rend mélancolique. Je ne connais rien qui m'oppresse autant que les gares.

— Moi non plus, je ne les supporte pas, mon cher mari, remarqua Rachel avec un sourire narquois. Mais pourquoi faut-il que tu ailles acheter tes cigares à la gare, et en plus à celle de Silésie, qui est la gare la plus triste et la plus déprimante du monde ? »

Le cocher ne comprenait pas pourquoi on tournait ainsi autour du pot. Il se retourna donc et dit :

« Cela ne me regarde pas, madame, mais chacun sait que votre mari se rend à la gare pour accueillir son fils, et non pas pour acheter une boîte de cigares !

— Conduis-moi là où je te l'ai demandé, et occupe-toi de ce qui te regarde ! »

Pieczynski n'avait pas la moindre intention de se laisser impressionner et continua donc de provoquer le patriarche :

« Le jeune monsieur Kaminski arrive de Vienne, et son père meurt d'impatience de le voir.

— Je t'ai dit de te taire, gredin !

— C'est sa mauvaise conscience qui lui donne du fil à retordre, parce qu'il l'a renié et trahi.

— Ferme-la ou je te refais le portrait !

— Il a vendu le jeune monsieur Herschele de même que ses dix frères. Dites-moi le contraire, si je mens !

— Je vais te rompre les os, fripouille, et sur-le-champ, dans la rue !

— Il était trop avare pour payer la rançon. Il les a abandonnés aux Ruski qui les ont envoyés en Sibérie, dans les mines de plomb de Verchojansk.

— Tu dis la vérité, misérable ver de terre. Je lui ai donné moi-même une correction parce qu'il faisait la révolution, ce garnement, au lieu de faire ses devoirs. Et toi, je vais t'écorcher vif si tu prononces un mot de plus ! »

Rachel intervint pour apaiser le patriarche qui était en passe de perdre complètement la raison.

« Ne t'énerve pas comme cela, Jankele ! Entre-temps, il est devenu médecin à l'université de Vienne, et il est deux fois plus intelligent que nous deux réunis. Tu ne le reconnaîtras pas.

— Qui te dit que je ne le reconnaîtrai pas ? Comment peux-tu le savoir mieux que moi ? Et d'où tiens-tu qu'il est devenu médecin, et qu'il est plus intelligent que...

— Parce que je sais maîtriser mes nerfs et que je ne hurle pas comme toi. On me dit des choses que personne n'oserait te confier.

— Il voulait construire un monde meilleur. Maintenant, il l'a. Les bolcheviks sont sur les rives du Bug, à deux cents verstes à l'ouest d'ici.

— Ils n'arriveront pas jusqu'à Varsovie, Jankele.

— Ils iront jusqu'à Honolulu, fais-moi confiance. Ils feront le bonheur du monde entier, et mes anciens fils, entends-tu, mes ex-fils marcheront en tête.

— Ton fils préféré se trouve à Vienne et attend la fin de la guerre. Il a une ravissante épouse, il porte des pantoufles aux pieds et il a un diplôme de médecin en poche.

— Mais que fait-il là-bas, ce gredin ? Il faut qu'il vienne à Varsovie pour nous apporter le communisme ! Que la foudre s'abatte sur lui !

— Ne blasphème pas ! Dans dix minutes, il sera là, et tu deviendras doux comme un mouton... »

Le patriarche voulait continuer à rouspéter, mais ils arrivaient déjà à la gare. Le cocher arrêta son fiacre et demanda d'un air narquois :

« Dois-je attendre, monsieur Kaminski, ou bien pourrez-vous rapporter vos cigares tout seul à la maison ? »

Jankl se demanda un instant s'il n'allait pas donner une bonne correction à cet insolent, mais il arriva à la conclusion qu'il ne pourrait que se ridiculiser. C'est pourquoi il ne répondit pas. Il marmonna quelques mots incompréhensibles et se dirigea avec son épouse vers le hall de la gare. La tension était à son comble. Il se précipita sur le chef de gare et lui demanda si le train qui arrivait de Vienne serait à l'heure. Le chef de gare répondit que l'information qu'il désirait coûtait trois zlotys cinquante centimes. Jankl lui donna vingt zlotys et s'entendit dire ce qu'il aurait pu constater de ses propres yeux : le train express en provenance de Vienne venait à peine d'entrer en gare, et des douzaines de voyageurs descendaient déjà des voitures. Mais Herschele Kaminski ne se trouvait pas parmi eux.

Il est difficile de savoir ce qui se passa dans la tête de ce vieillard entêté. Une chose est sûre, c'est qu'il se précipita vers le kiosque pour acheter une boîte de cigares avant de retourner vers le fiacre. On dit que deux larmes brillaient dans ses yeux quand il quitta la gare et qu'il gifla le cocher avant de lui dire d'une voix calme :

« Tu peux nous ramener à la maison, moi, mes cigares et cette dame distinguée, et si tu t'avises de jeter de l'huile sur le feu, il t'en cuira ! »

L'épidémie de grippe espagnole était sur le point de disparaître. Elle avait provoqué vingt mille victimes et procuré aux pharmaciens du pays des bénéfices fabuleux, bien qu'aucun remède n'eût existé à cette époque, comme de nos jours d'ailleurs, contre cette terrible maladie. La vie quotidienne avait repris son cours normal. Les pharmaciens zurichois durent à nouveau se contenter de gains ordinaires, mais la *Pharmacie du Rennweg* continuait de profiter d'une situation exceptionnelle. Jour après jour, la boutique ne désemplissait pas. Une foule de gens venaient, qui n'étaient pas tous souffrants mais qui désiraient voir de près cette naïade brune. Malwa faisait preuve d'une compétence professionnelle étonnante. Elle était aimable, efficace et exemplaire à tout point de vue. Avec elle, les frères Obermüller avaient touché le gros lot : les affaires marchaient encore mieux que pendant l'épidémie de grippe. Bien sûr, ils faisaient de leur mieux pour cacher à leur charmante employée à quel point elle était rentable pour leur pharmacie, mais Malwa n'était pas dupe. Cela ne signifie nullement qu'elle essaya de tirer profit de son succès — elle était trop bien élevée pour cela —, mais elle affichait une décontraction que ses collègues masculins n'auraient jamais pu se permettre.

Un beau jour de novembre, elle fut témoin d'une conversation entre l'homme à la cicatrice et le célèbre professeur Rottmeister qui renforça encore son assurance. Le professeur regardait Malwa, fasciné, et parla intentionnellement si fort que tout le monde put entendre ce qu'il disait :

« Les choses bougent beaucoup, chez vous, ces derniers temps. »

Le pharmacien fit un clin d'œil à son célèbre client et répondit modestement :

« Notre affaire ne marche pas mal, Dieu merci, et cela ne date pas d'hier. »

Le professeur s'était mis en tête de flatter Malwa.

« Je fréquente ce magasin depuis plus de dix ans, mais je n'ai encore jamais vu une telle affluence. »

Le pharmacien craignit que la nouvelle employée pût entendre ces propos, et il minimisa les choses en soupirant :

« Eh oui ! Cette maudite grippe ! On travaille, on se donne du mal, mais on n'en vient jamais à bout. »

Le professeur semblait mieux informé que lui et il lui fit remarquer que l'épidémie de grippe était heureusement en passe de se terminer. Quelques dizaines de cas seulement avaient été signalés le mois précédent, et si la pharmacie était toujours aussi pleine, cela ne pouvait être dû qu'à cette brune Mélusine.

« Vous avez pêché un poisson en or, monsieur Obermüller. Je ne peux que vous en féliciter, car il faut un certain courage pour embaucher une femme dans une ville aussi puritaine que Zurich.

— Nous vous remercions pour ce compliment, professeur, répondit le pharmacien en souriant.

— Je peux vous confier entre nous qu'un certain nombre de vos confrères sont déjà terriblement jaloux et qu'ils ont l'intention de vous ravir votre oiseau de paradis », dit le professeur en élevant de plus en plus la voix.

Malwa avait tout entendu, mais elle continua de travailler en faisant mine de ne s'être aperçue de rien. Cette attitude rassura les frères Obermüller, mais on les avait mis en garde et ils décidèrent d'être vigilants à l'avenir.

Peu de temps après, Malwa dut servir un groupe de diplomates étrangers et elle s'adressa à eux dans leur langue maternelle, ce qui augmenta encore l'admiration de la clientèle, mais irrita un peu plus ses deux patrons qui n'attendaient qu'une occasion propice pour rabattre le caquet à leur brillante employée. L'occasion se présenta peu avant midi quand un étranger pénétra dans la pharmacie et se mit à observer attentivement le magasin, sans que quiconque s'en rendît compte. Il admira les vieux mortiers qui ornaient la vitrine, derrière la caisse, et observa attentivement ce qui se passait dans le magasin, chose qui semblait beaucoup l'amuser. Malwa était en train de déchiffrer une ordonnance illisible. Les deux propriétaires s'approchèrent d'elle et lui proposèrent leur aide, mais ni l'un ni l'autre ne put faire la preuve de sa sagacité. Malwa commençait à s'impatienter et se mit à regarder autour d'elle, à la recherche d'une aide. C'est alors que l'étranger sortit de sa réserve et dit :

« Donnez-moi cette ordonnance, je suis capable de déchiffrer n'importe quoi, même des hiéroglyphes égyptiens ! »

Malwa crut qu'il se produisait un tremblement de terre. Elle divaguait, elle délirait, la fièvre de la grippe espagnole s'était emparée d'elle, c'était une hallucination, un mirage. Elle dut s'accrocher au comptoir pour ne pas s'effondrer sur-le-champ. Dans un coin de la pharmacie, elle venait d'apercevoir Henryk, dont elle était sûre qu'il se trouvait à Varsovie et dont elle n'avait pas de nouvelles depuis trois semaines. Elle le voyait là alors qu'il devait se trouver ailleurs. Cela contredisait toutes les lois de la logique : les objets et les personnes ne peuvent se trouver au même moment dans plusieurs endroits différents. Et ce qui contredit les lois de la logique ne peut être qu'une illusion, et les illusions sont le fruit d'une confusion mentale. Elle tenait donc la preuve de sa maladie. Elle serait la dernière victime de l'épidémie ! Ses yeux horrifiés fixèrent l'homme qui venait de lui proposer de déchiffrer l'ordonnance. Ce type souriait, et quand elle lui demanda qui il était, il répondit :

« N'ayez pas peur, madame. Je ne suis qu'un nuage en pantalons ! »

Malwa n'en crut pas ses oreilles. Ce ne pouvait être que *lui.* Elle venait d'entendre les mots qu'il avait prononcés lorsqu'elle l'avait vu pour la première fois de sa vie. Mais ceci ne pouvait en aucun cas être considéré comme une preuve. Peut-être entendait-elle des voix comme Jeanne d'Arc. Il existait des hallucinations auditives. Il fallait donc qu'elle en eût le cœur net. Elle s'approcha de lui, toucha son cou, son visage, ses mains et lui demanda pour la deuxième fois :

« Qui êtes-vous ? Nous connaissons-nous ?

— Je m'appelle Kaminski, répondit le mirage, et autant que je sache, vous êtes ma femme. Je vous aime. »

Mais cela non plus n'était pas une preuve. Pourtant, Malwa se souciait comme d'une guigne des lois de la logique. Au pis, elle était la proie d'hallucinations dues à la fièvre, au mieux il s'agissait d'un phénomène parapsychologique, mais cela n'avait plus pour elle la moindre importance. La clientèle aussi lui était indifférente : elle se jeta dans les bras de son fantôme. Elle sanglota, elle rit et murmura les mots les plus insensés.

« Mon mirage adoré, je sais que ce n'est qu'un rêve, mais c'est tellement merveilleux. Comment es-tu venu jusqu'ici ? Sur quel nuage as-tu traversé les airs ? Quel vent t'a porté ? »

Henryk caressa tendrement ses cheveux et dit :

« Je suis arrivé grâce à la télégraphie sans fil de M. Marconi. J'ai traversé les airs comme un télégramme... »

Malwa ne releva pas les curieux propos de son fantôme et lui demanda avec des sanglots dans la voix :

« Que font tes trente millions de Polonais ? »

Henryk préféra éluder la question. Il serra Malwa dans ses bras, l'embrassa sur la bouche et murmura :

« Je t'ai apporté des baisers. Trente millions de baisers, un pour chaque Polonais.

— Et la révolution ?

— Je ne peux pas respirer sans toi, Malwa. Tu es si belle. »

Les deux amoureux s'embrassèrent comme s'ils étaient seuls au monde, et l'homme à la chevalière trouva que le moment était venu d'intervenir.

« Ceci n'est pas un champ de foire, madame Kaminski. Nous sommes en Suisse, ici. »

Malwa était trop heureuse pour accorder la moindre attention à son patron.

« Vas-tu rester avec... nous, maintenant ? », demanda-t-elle à Henryk.

Henryk jeta un coup d'œil furtif sur son ventre et lui dit à l'oreille :

« C'est pour quand ? »

Malwa craignit qu'on ne les entendît. Elle avait caché sa grossesse jusque-là. Elle espérait pouvoir garder son emploi et gagner de l'argent aussi longtemps que possible. C'est pourquoi elle ne répondit pas directement, elle leva simplement quatre doigts. Henryk embrassa ses yeux et lui demanda sans transition :

« Est-ce qu'il est interdit de s'embrasser, ici ? »

Le pharmacien se sentit visé et répondit rageusement :

« Ce sont les frères Obermüller qui décident de ce qui est permis ici et de ce qui ne l'est pas. »

Henryk s'inclina, posa une carte de visite sur le comptoir et répondit :

« Dr Kaminski. Je suis l'époux de votre employée et j'ai officiellement le droit d'embrasser ma femme quand et où cela me chante. »

Le 11 novembre 1918 signifia pour l'humanité tout entière la fin de la Première Guerre mondiale, mais pour l'oncle Henner, ce fut la fin de la grande illusion de sa vie. Ce qui se produisit ce jour-là eut tout d'une cruelle plaisanterie. Le frère de mon grand-père essuya un échec si grotesque qu'il était quasiment impossible de prendre son effondrement au sérieux.

Comme tous les matins, Henner avait accompagné son fils Nathan à la gare de l'Ouest où celui-ci jouait l'*Ave Maria* de Schubert. Mais lorsque les vendeurs de journaux firent leur apparition et annoncèrent que la guerre était finie, que la paix était revenue, Henner ordonna à son fils de jouer l'*Hymne à la joie* de Beethoven. Nathan avait déjà plus de trente ans, et il y avait belle lurette qu'on ne pouvait plus le considérer comme un enfant prodige, mais sa façon de jouer avait atteint alors une sérénité qui allait droit au cœur de tous ceux qui l'écoutaient. L'idée de jouer l'*Hymne à la joie* était un chef-d'œuvre de génie commercial et leur valut un succès sans pareil. Comme il faisait particulièrement froid, en ce matin de novembre, Henner portait le chapeau de feutre de son frère défunt. Il recueillit dans ce couvre-chef les dons que leur fit la foule en joie. Les recettes dépassèrent tous les espoirs. Vers midi, les deux hommes avaient rassemblé plus de mille couronnes. C'était plus que tout ce qu'ils avaient gagné au cours de toutes les années passées, c'était — au sens propre du terme — une véritable fortune. Pour cette somme, on pouvait s'acheter une maison ou, si on en avait envie, on pouvait s'offrir un voyage autour du monde. Le pauvre oncle Henner ne voulait ni l'un ni l'autre. Il ne vivait pas dans ce monde. Il n'avait pas la moindre idée de ce qu'était la politique. Il comprenait simplement qu'il y avait un rapport entre la fin de la guerre, la foule en délire, l'*Hymne à la joie* et ces recettes inouïes, mais il ne voyait pas lequel. Il acheta donc pour la première fois de sa vie un journal, car il voulait savoir à quoi la carte de l'Europe allait ressembler désormais. Comme il n'avait entendu pendant la guerre que les communiqués de victoire de l'état-major autrichien, il vivait dans l'illusion que l'Autriche avait gagné la guerre, que ses ennemis avaient été mis en pièces sur tous les fronts et que l'empereur régnait de nouveau sur toute la terre. Le fils de Henner était encore plus naïf que son père. Il jetait des regards mélancoliques à la foule qui jubilait et ne parvenait pas à comprendre pourquoi les gens étaient si heureux.

Nos deux somnambules décidèrent cependant de rentrer en tramway à Floridsdorf. Ils dissimulèrent leur fortune dans le coffret du violon et prirent le tram. Ils trouvèrent deux places assises près de la fenêtre et jouissaient de leur nouvelle richesse. Ce fou de Henner jeta un coup d'œil dans le journal qu'il avait acheté pour la somme ridicule de cinq kreuzer. Quel ne fut pas son étonnement lorsqu'il lut sur la première page que l'aigle de la double monarchie austro-hongroise était terrassé, que l'empereur avait abdiqué et que le monde ne serait désormais jamais plus comme avant. La guerre était perdue, la monarchie avait vécu, l'Europe n'était plus qu'un vaste asile d'aliénés. Dehors, le peuple dansait dans les rues et faisait du tapage. S'attendant au pire, Henner parcourut le journal et constata qu'il était rempli de nouvelles fatales. Il voulut le jeter sur-le-champ quand son regard tomba sur la rubrique « technique ». Il espérait y trouver des informations plus gaies, mais il dut déchanter. Il écarquilla les yeux, ses pupilles se dilatèrent, il pâlit et poussa soudain un cri terrible, expression d'un désespoir bestial, avant de s'effondrer, inanimé, sur le sol.

Deux heures plus tard — la grand-mère, Jana ainsi que les deux cousines Helli et Steffi étaient en train de prendre le café —, on sonna à la porte. Deux hommes entrèrent : ils portaient une civière qu'ils déposèrent dans le salon. L'oncle Henner y était allongé, et son fils Nathan se tenait à côté de lui et pleurait.

« Mes chers amis, je m'associe au deuil cruel qui vous frappe. Certes, votre famille n'est pas nombreuse, mais la qualité n'a nul besoin de la quantité. Cinq enfants de Dieu, dit le Talmud, sont l'humanité, et cinq larmes versées par un cœur pur sont l'océan. Ce n'est pas le nombre qui est important, c'est l'immensité du chagrin.

« Henner Rosenbach était un loup des steppes, un rêveur solitaire, un feu follet dans le marais de notre époque. Il a traversé le désert avec son unique compagnon, son fils, silencieux mais doué, qui resta près de lui jusqu'à la fin.

« Nous pleurons la disparition de cet être hors du commun, et nous nous demandons qui il était. Il disait de soi-même qu'il était inventeur. Et c'était la vérité, au sens figuré de ce terme. Il voulait faire son invention, mais il en a été empêché. Il cherchait. Il fut un chercheur sa vie durant, en véritable fils du peuple d'Israël. Au cours des soixante-dix années qu'a duré sa vie, il n'a pratiquement jamais mis les pieds à la synagogue, il avait honte de ses origines qui pesaient sur lui comme une infirmité héréditaire. Il s'était même fait baptiser, dans l'espoir de trouver enfin ce qu'il cherchait, mais en vain. Peu avant sa mort, il est venu me trouver parce qu'il avait la nostalgie de son Dieu. Je fis mon devoir. Je tentai de le dissuader d'accomplir une démarche qui ne pouvait entraîner que souffrances et affliction. Mais il ne voulut pas entendre raison. Il tenait à devenir un juif, et j'eus toutes les peines du monde à lui expliquer qu'on ne peut pas devenir juif quand on l'est déjà. Celui qui, dès sa naissance, se met en quête de Dieu emporte sa quête dans la tombe pour l'éternité...

« Et l'on est en droit de se demander également ce qu'il cherchait, ce malheureux. Il disait qu'il voulait trouver une formule magique qui lui permettrait d'imiter la palette du Créateur : la photographie en couleurs. Voilà une quête bien étrange, en vérité. C'est déjà presque un sacrilège que de chercher à imiter les formes créées par le Tout-Puissant, mais imiter les couleurs, le secret le plus intime des objets, pour ainsi dire l'âme des choses, c'est un péché. Plus que cela, c'est *le* péché par excellence, une prétention typiquement juive qui consiste à vouloir se placer au-dessus des commandements de Dieu en goûtant le fruit de l'arbre de la connaissance. Absolument, mes chers amis ! Nous sommes un peuple peu nombreux, mais un peuple présomptueux qui pèche par sa curiosité, sa soif du savoir et sa volonté de rechercher toujours l'explication des choses. Nous déchiffrons les mystères ultimes de Dieu, mais que fait-Il, Lui, l'Éternel ? Il nous pardonne. Il fait même de nous son peuple élu, car nous réunissons en nous tous les défauts de l'humanité, et c'est la raison pour laquelle nous ne sommes pas seulement des juifs, nous représentons l'homme par excellence. Il nous a élus à cause de notre arrogance, de notre démesure, de nos méfaits, et Il nous aime parce que nous sommes constamment à Sa recherche.

« La quête de Dieu de Henner Rosenbach a consisté à tenter de Lui ressembler. C'est ce qui causa sa perte, ce qui consuma son cœur. Il voulait être le premier à dévoiler le secret de Dieu, et il dut se rendre à l'évidence — avant-hier, le jour de la paix — que quelqu'un l'avait devancé. Henner Rosenbach se trouvait dans le tramway qui le ramenait chez lui et il apprit par le journal qu'un Français, un catholique nommé Lumière, avait depuis longtemps inventé la photographie en couleurs. Un Français, un chrétien, et qui se nommait Lumière par-dessus le marché ! Qui d'autre que lui pouvait découvrir les secrets de la lumière sinon quelqu'un qui portait un tel nom ? Henner Rosenbach est mort d'envie, de jalousie, et ceci nous amène à nous poser une troisième question : le Seigneur lui accordera-t-Il Son pardon ? Oui, mes chers amis, Il lui pardonnera, car malgré tous ses péchés, il était à la recherche de Dieu, et non du diable... »

En revenant du cimetière juif, Jana prit à part le pauvre Nathan, effondré de douleur, et lui demanda ce qu'il avait l'intention de faire, dorénavant.

Nathan fut incapable de prononcer un seul mot, car sa voix était étouffée par ses sanglots. Il pleurait du matin au soir depuis la mort de Henner. Jana posa son bras sur son épaule et lui dit doucement :

« Dieu merci, tu as encore ton violon. Il ne peut rien t'arriver.

— Je ne l'ai plus », soupira Nathan.

Jana fut prise d'un doute terrible et lui demanda, hors d'elle :

« Mais où est-il, grand Dieu ?

— Je l'ai perdu, ou plutôt non, je l'ai oublié dans le tramway, avec le coffret qui contenait plus de mille couronnes.

— Comment une chose pareille a-t-elle pu arriver, mon pauvre enfant ?

— Quand mon père est mort, j'ai bien cru que je mourrais aussi, et que plus rien n'avait d'importance. »

Jana porta ses mains à ses tempes. Elle eut un vertige, un voile noir couvrit ses yeux, tout chavirait autour d'elle et elle se mit à crier en s'agrippant à Nathan :

« Mais tu es vivant, mon enfant ! Il faudra bien que tu vives de quelque chose. Que vas-tu faire sans ton père ? »

Nathan essuya ses larmes avec son grand mouchoir et dit :

« Schreckmann m'a convaincu. Je retourne auprès de mes frères. Je vais partir en Terre sainte. »

Après tout ce que nous venons de voir, personne ne s'étonnera d'apprendre que l'enfant de Malwa et de Henryk vit le jour dans d'affreuses souffrances. Celles-ci furent si terribles que le médecin accoucheur se vit dans l'obligation de procéder à une césarienne, ce qui était bien le moins pour quelqu'un qui s'appelait König, ce qui signifie « roi ». Ce fut donc un accouchement royal et impérial, un événement qui força le respect et qui dura en tout et pour tout trois jours et trois nuits. Il est significatif également que le dernier acte de ce drame ait eu lieu sous anesthésie, car chez les deux dynasties concernées, celle des Rosenbach et celle des Kaminski, aucun événement un tant soit peu important ne s'est jamais produit de façon totalement consciente.

A la demande expresse de la mère, on accepta Henryk comme médecin-assistant, ce qui était une nouveauté à la maternité de Zurich. Les Suisses, des gens raisonnables, savaient en effet d'expérience à quel point la naissance de leur premier enfant est difficile à surmonter pour les jeunes pères. Dans ce cas précis, il s'avéra que ce préjugé était tout à fait justifié. Au moment le plus important de toute l'opération, lorsque l'on trancha le cordon ombilical d'un beau garçon en pleine santé, Henryk laissa tomber le plateau sur lequel étaient disposés les instruments chirurgicaux et s'évanouit.

Jéhovah avait cependant décidé que le père et son fils survivraient à cette journée mouvementée. C'était le 15 janvier. Une couche de neige poudreuse recouvrait les rues, le soleil faisait scintiller les toits. En Allemagne, ce jour-là, on assassina Rosa Luxemburg et Karl Liebknecht. Dans la galerie des glaces du château de Versailles, on mettait la dernière main au traité de paix du même nom. Lord Rutherford transforma à l'aide d'un rayonnement radioactif un atome d'azote en un atome d'oxygène. Adolf Hitler fut le cinquième membre à s'inscrire au parti nazi et dans l'horoscope du 15 janvier, on pouvait lire : « Les garçons nés ce jour-là deviendront des illusionnistes, des amuseurs ou des magiciens. Ils se fraieront leur chemin en victimes éternelles de leurs propres gasconnades, mais trouveront la vérité au bout du chemin. »

Une heure après l'accouchement, Malwa se réveilla de son anesthésie. La première question qu'elle posa ne concernait pas l'enfant, mais son père.

« Comment se porte mon mari ? »

Le Dr König se trouvait au chevet de Malwa et son visage rayonnait :

« Tous les participants sont en bonne santé. Même le père est encore en vie.

— Et la petite fille ?

— C'est un garçon et il pèse le poids record de huit livres ! »

Malwa se sentit aussi légère qu'une plume. En même temps, cependant, elle était terriblement fatiguée. Il lui semblait que ses membres étaient de plomb, et elle avait du mal à rassembler ses idées.

« J'ai bien cru que j'allais mourir », parvint-elle à dire finalement.

« Il y avait de quoi, effectivement, dit le médecin. Ce garnement ne voulait pas sortir. Il se sentait bien dans votre ventre. Nous avons été littéralement contraints de le faire sortir à coups de pioche ! »

A coups de pioche ! Malwa crut qu'elle allait avoir un malaise en entendant ces mots et demanda, les larmes aux yeux :

« Quelque chose a mal tourné ? »

Le médecin se fit un plaisir de laisser sa patiente sur des charbons ardents et répondit négligemment :

« Rien de grave, chère madame. Si ce n'est que l'enfant a un petit défaut congénital, comme on dit.

— Vous me cachez quelque chose, docteur. Je veux savoir la vérité. »

Le médecin saisit alors le paquet de chairs violacées qui reposait dans le landau, à côté du lit de sa mère. Il releva sa tête et le montra à Malwa :

« Ce gaillard est venu au monde circoncis. Scientifiquement parlant, ce n'est pas normal. »

Malwa sourit et dit, soulagée :

« Cela m'est égal, docteur... »

Le Dr König reposa le nourrisson dans son berceau et dit d'un ton doctoral :

« J'ai déjà vu les choses les plus extravagantes sortir du ventre des femmes, mais ça, c'est un phénomène ! C'est un écart total de la norme. »

Malwa s'était attendue au pire, et à présent, elle aurait pu crier de joie.

« Vous voulez me faire marcher, docteur, mais vous n'y parviendrez pas. Je suis tellement heureuse ! »

Mais le médecin continua son petit jeu.

« Un tel phénomène est extrêmement rare, on en trouve un cas sur trois millions. La Suisse compte environ quatre millions d'habitants, dont la moitié de femmes qui, de toute façon, ne sont pas concernées par le problème. Il en ressort que ce gamin est un cas unique en son genre et que sa place est au musée. »

La jeune mère fut reprise d'un doute, tout à coup, et elle demanda d'une voix tremblante :

« Dites-moi la vérité ! Est-ce que cela peut avoir des conséquences graves à l'avenir ?

— Quoi donc ?

— Ce défaut congénital. »

Le Dr König se dirigea vers la porte de la chambre, se retourna une dernière fois et répondit d'un air jovial :

« Les ouvrages spécialisés ne donnent aucune indication à ce sujet, mais je suppose que ce gamin va devenir rabbin, avec une difformité pareille ! »

Malwa ferma les yeux et soupira.

« Dans ce cas, je préfère encore qu'on le mette au musée ! » Mais soudain, elle se réveilla de son cauchemar et cria : « Où est mon mari ? »

Le Dr König la rassura en souriant :

« Je lui ai donné une tasse remplie à ras bord de schnaps. Cela l'a réveillé.

— Et ensuite ?

— Ensuite, il est allé à la poste pour envoyer un télégramme. »

XXVII

« Monsieur Kaminski ! J'ai une nouvelle sensationnelle !

— Que se passe-t-il ?

— Mlle Anka a reçu un télégramme !

— Chaïm Levin, je dors !

— C'est un télégramme de Zurich !

— Je t'aurai averti, Chaïm Levin !

— C'est votre fils Herschele qui l'envoie.

— Premièrement, je n'ai pas de fils, fripouille...

— ... et deuxièmement, monsieur Kaminski, il est le père d'un juif circoncis.

— Je ne vois là rien de sensationnel.

— Ce n'est peut-être pas sensationnel, mais c'est un record, monsieur Kaminski. L'enfant pèse quatre kilos ou huit livres... »

Jankl ne put cacher plus longtemps son émoi. Il se leva d'un bond, enfila sa robe de chambre et se mit à crier comme un beau diable :

« Un juif circoncis ! Comment peut-il être circoncis ? Un homme vient au monde en tant qu'homme, et plus tard, on le circoncit afin qu'il devienne un juif. Mais circoncis dès le départ ? On n'a jamais vu cela ! Entends-tu, Rachel ? Ton mari est devenu grand-père. Il a soixante-douze ans et il peut encore avoir des petits-enfants... »

Son épouse était une comédienne célèbre. Elle connaissait la nouvelle depuis plusieurs heures déjà, mais elle fit mine de n'être au courant de rien.

« Tu as un petit-fils, Jankele ? A ton âge ? C'est vraiment extraordinaire ! Ton fils favori, qui n'est pas ton fils, puisque tu n'en as pas, est le père de cet enfant, et toi, tu es devenu grand-père ! Vous devriez vous réconcilier, maintenant. Il serait temps, non ?

— Moi ? Me réconcilier ? Je ne me réconcilierai pas avec lui, même si la foudre devait s'abattre sur moi !

— Et que se passera-t-il, alors ?

— Après tout, c'est *lui* qui est devenu père. C'est donc à *lui* de se réconcilier s'il le veut, mais pas à moi. Pourquoi devrais-je le faire, nom d'une pipe ?

— Il faut bien que l'un des deux fasse preuve de bon sens, Jankele. A propos, comment s'appellera l'enfant ?

— Comment veux-tu que je le sache ? C'est Anka qui a reçu le télégramme, pas moi, et c'est Levin qui l'a lu, et pas moi. On ne dit rien au vieux Kaminski, pas un mot, parce qu'il est un moins que rien dans sa propre maison. Chaïm Levin, dis-moi quel sera le nom de mon petit-fils, sinon tu passes par la fenêtre ! »

Le fondé de pouvoir se mit à trembler comme une feuille et murmura :

« L'enfant s'appelle... Je n'ose pas, monsieur Kaminski.

— Qu'est-ce que tu n'oses pas, imbécile ? Dis-moi exactement ce qui est écrit dans ce télégramme !

— Le télégramme dit que...

— Eh bien ?

— Qu'en l'honneur de la révolution prolétarienne... Je ne peux pas continuer !

— Si, tu peux, nom d'une pipe !

— Qu'en l'honneur de la révolution prolétarienne, l'enfant s'appellera...

— Parle, Chaïm Levin !

— Vladimir Ilitch, comme le chef du mouvement communiste international ! »

Jankl en eut le souffle coupé. Soudain, il se mit à hurler :

« J'empêcherai cette ignominie ! »

La célèbre comédienne sentit que quelque chose d'inouï était sur le point de se produire et lui demanda d'un ton apaisant :

« Que vas-tu empêcher, Jankele ?

— Que mon fils me ruine pour la deuxième fois ! Il veut me ruiner ! Mon petit-fils devrait s'appeler comme cette crapule ? Vladimir Ilitch, comme ce brigand rouge qui met le monde sens dessus dessous ? Ô Herschele, Herschele ! Cela ne va pas se passer comme ça, espèce de... de...

— Jankele, mon cher mari ! As-tu perdu la tête ?

— Absolument, Rachel ! J'ai perdu la tête. »

Jankl se précipita vers l'armoire, l'ouvrit brusquement, sortit son manteau d'hiver, son bonnet en fourrure et son sacro-saint carnet de chèques dont il ne se séparait jamais et cria :

« Dans un mois, je serai de retour, peut-être même plus tôt. Mon petit-fils s'appellera comme cela lui chante, qu'il s'appelle Jésus-Christ s'il le faut, mais pas Vladimir Ilitch. S'il le faut, je vais même...

— Monsieur Kaminski !

— Tu n'as pas la parole, Chaïm Levin. En mon absence, c'est toi qui me représenteras, et tu as intérêt à gagner de l'argent, sinon !... »

Chez les juifs, la circoncision a lieu huit jours après la naissance et elle sert à distinguer les fils d'Israël des philistins et des hommes sans foi en général. L'ablation du prépuce rappelle à l'homme son alliance avec Jéhovah : il faut qu'il sente à l'endroit le plus sensible de son corps qu'il est différent, qu'il a été choisi pour surmonter vaillamment les épreuves imposées par Jéhovah. Mais comme le fils de Malwa et de Henryk était venu au monde circoncis, la circoncision ne put avoir lieu, ne serait-ce que pour des raisons techniques, ce qui créait une situation quelque peu ambiguë. Ou bien cela signifiait que le nouveau-né n'était pas apte à entrer dans l'alliance avec Jéhovah, ou bien cela voulait dire au contraire que la divine Providence avait décidé de l'envoyer parmi les hommes muni dès le départ de la marque de Dieu. Ce garçon était donc destiné à rester un païen parce qu'il ne pouvait se soumettre au rituel de la circoncision ou, à l'inverse, à devenir un messie, sacré par le Seigneur, puisqu'il avait été pour ainsi dire élu de naissance. L'enfant vint donc au monde affublé de cette ambiguïté qui allait marquer son destin.

C'est lors de la cérémonie de la circoncision qu'on attribue en général à l'enfant le nom qu'il doit porter, et chacun sait que le nom est doué d'un pouvoir magique. Par le nom qu'ils donnent à leur enfant, les parents expriment leurs attentes, leurs espoirs secrets, le type d'éducation qu'ils vont lui donner. Celui qui appelle sa fille Eva désire qu'elle devienne une femme par excellence, une séductrice et une reine de l'amour. Celui qui nomme son fils Benjamin, ce qui signifie « fils de la main droite » ou, au sens figuré, « enfant chanceux », lui souhaite par là beaucoup de bonheur avec les femmes, de la chance au jeu et dans les affaires et la victoire dans la lutte contre ses adversaires. Henryk et Malwa choisirent le nom de Vladimir, « celui qui règne sur le monde », et ils pensaient, dans leur modestie sans bornes, à Vladimir Ilitch Lénine, qui était parvenu au cours d'une seule nuit à devenir le chef tout-puissant de la Russie, le dictateur qui régnait sur un sixième de la surface du globe, le César d'un empire qui s'étendait de la Baltique jusqu'à la mer du Japon.

Et comme il n'était pas question d'une circoncision, on décida de se contenter d'une modeste fête pour donner un nom à l'enfant. Bien sûr, les conditions matérielles ne permettaient pas une cérémonie digne de ce nom, c'est pourquoi les parents firent contre mauvaise fortune bon cœur et organisèrent la fête dans le petit appartement mansardé qu'ils habitaient dans la vieille ville de Zurich. Sur l'invitation, on pouvait lire qu'une cérémonie solennelle aurait lieu en l'honneur du prince héritier prolétarien, et qu'il devait s'appeler Vladimir Ilitch. Trente personnes environ devaient participer aux festivités : les cinq sœurs de Varsovie, les dix frères de New York, ainsi que la grand-mère de Malwa, Jana et les cousines de Vienne, de même que quelques intellectuels venus des quatre coins de l'horizon et qui, par leur barbe de trois jours et leurs lunettes cerclées, montraient qu'ils appartenaient à la même secte que leurs hôtes.

Seul le patriarche n'avait pas été invité. Lorsqu'on apporta le repas et qu'on leva les verres à la santé de l'enfant, on évoqua les absents, mais pas Jankl. Finalement, Henryk commença la cérémonie en tenant un petit discours, mais lui non plus n'évoqua pas son père :

« Mes chers compagnons, mes chers camarades. Vous êtes venus de loin pour accueillir un nouveau soldat dans les rangs de la révolution. Dans un sens, il aura la tâche plus facile que nous, mais d'un autre côté, ce sera aussi plus difficile. Plus facile, parce que nos drapeaux rouges flottent aujourd'hui sur un sixième de la planète, parce que nous ne sommes plus les éternels perdants, les éternels vaincus. Parce que nos camarades russes nous ont montré comment on s'y prend pour mettre à genoux les plus puissants de nos ennemis. Mais les choses seront également plus difficiles pour lui, parce que le quotidien bien concret a remplacé les rêves abstraits. Pour nous, le communisme a toujours représenté la belle fin d'un chemin difficile. Pour lui, ce sera le début difficile d'un chemin douloureux qui le conduira cependant à un dénouement heureux. Nous devons l'armer pour affronter ce chemin semé d'embûches. Il a besoin d'une lumière qui le guide à travers l'obscurité, qui lui montre la voie à suivre, et cette lumière s'appelle Lénine. Notre enfant portera son nom, car il lui vaudra l'amour des hommes et la haine des barbares. Il s'appellera donc Vladimir Ilitch Kaminski ! »

Après les applaudissements chaleureux de l'assistance, Ber, le frère aîné de Henryk, prit la parole. Il était devenu le directeur d'un quotidien socialiste qui s'appelait *New York Daily Worker*, et son discours fut beaucoup moins pathétique que celui de son frère :

« Je m'adresse avant tout à toi, Herschele, car sept années ont passé depuis que nous nous sommes dit adieu dans le port de New York. Depuis, nous nous sommes perdus de vue et — c'est du moins l'impression que j'ai — nous avons évolué de façon différente. Nous ne sommes plus les hommes que nous étions autrefois. Le monde s'est transformé de fond en comble. Il n'y a que toi, mon frère extravagant, qui n'as presque pas changé, ce que je regrette profondément. Tu te réjouis de voir flotter le drapeau rouge sur un sixième de la planète. Nous aussi, nous nous en réjouissons, mais nous savons que le drapeau du pouvoir, même si c'est celui du communisme, ne peut plus être rouge. Nos idées révolutionnaires se sont transformées en idées d'État, et ce depuis la mer Baltique jusqu'à la frontière chinoise. Tu devrais pourtant savoir que les idées d'État sont bornées et manquent d'imagination. Tu veux faire de ton fils un soldat de la révolution, Herschele. De quelle révolution parles-tu ? Celle du peuple, de la classe des travailleurs ou celle des dirigeants du parti ? Car il y a désormais une différence... Le peuple veut continuer la révolution, mais les dirigeants veulent lui tordre le cou, car maintenant, ils ont ce qu'ils voulaient. Ils ont le pouvoir. Pour eux, la révolution, c'est du passé tout juste bon pour le musée... »

Le discours de Ber provoqua un certain malaise dans l'assistance, et tout le monde se demandait où il voulait en venir exactement. Henryk était déterminé à faire un scandale, à apporter des rectifications et à protester, mais Ber était l'aîné, et personne n'osait le contredire. Il poursuivit son discours.

« Ce petit homme devra donc porter le nom de Lénine. Soit, car après tout, c'est Lénine qui a fait sortir le vieux monde de ses gonds. Lénine a entraîné les prolétaires de tous les pays dans la lutte pour la liberté et pour une vie nouvelle. Il est le symbole même de la libération de toutes les entraves. *Okay.* C'est indéniable, et il est tout aussi indéniable qu'il faut honorer le nom de Lénine. Mais, mon cher Herschele ! As-tu demandé son avis à ce nourrisson ? Il me semble que ce serait une bonne chose, car le nom de Lénine est un stigmate, et tu sais parfaitement que celui qui s'appelle ainsi n'est plus libre de ses choix. Il est contraint, qu'il le veuille ou non, de devenir un communiste, c'est-à-dire un rebelle, un marginal exclu de la société. Plus encore, il sera un être pourchassé, un persécuté et un proscrit. S'il est d'accord, c'est bien. C'est son problème. Mais qu'en sera-t-il s'il ne le veut pas ? Depuis quand impose-t-on aux gens leur bonheur ? Regarde dehors ! Tu vois la coupole de l'université et le clocher de l'église. Tu as le choix entre la raison et la foi, entre la science et le mysticisme. Tu choisis librement entre deux mondes, et c'est ta chance. C'est la chance qu'offre la Suisse. Mais cette chance, ton fils ne l'aura pas. Il devra suivre la voie que tu lui imposes. Est-ce là le fruit du grand bouleversement : transformer les ouvriers en travailleurs forcés et les enfants en recrues de la révolution, qu'ils le veuillent ou non ? Je suis sûr que telle n'est pas ton intention, car...

Henryk interrompit son frère :

— Ton temps de parole est écoulé. Personne ne choisit lui-même son nom. Cela n'a jamais existé et n'existera jamais. Chacun porte le nom que lui ont donné ses parents. Toi, tu t'appelles Ber, parce que ton cinglé de père t'a nommé de cette façon. Moi, je m'appelle Hersch, parce que mon cinglé de père en a décidé ainsi. Personne ne pourra changer quoi que ce soit à... »

Tandis que le maître de maison parlait ainsi, la porte s'ouvrit. Un petit homme entra, son bonnet de fourrure sur la tête et son manteau sur le bras. Il se dirigea droit sur le berceau et contempla, l'air fasciné, la petite chose qui y dormait, l'objet de la cérémonie et la cause de l'échange de mots acerbes entre les deux frères. Au bout d'un long moment, le vieux se pencha vers Malwa et lui demanda à l'oreille :

« Il est à qui, ce bonhomme ? »

Malwa se douta de l'identité du trouble-fête et répondit à mi-voix :

« Qui êtes-vous ?

— Je vous ai demandé à qui était ce petit !

— Il est à moi. Pourquoi ?

— Parce que je suis son grand-père et que je veux savoir comment il s'appelle. »

On aurait entendu une mouche voler. Tous les regards étaient fixés sur l'intrus. Tout le monde sentait qu'un orage allait éclater, un triple scandale, car le petit homme n'était autre que le père indigne qui avait livré ses onze fils au bourreau ou, du moins, qui avait refusé de se ruiner pour les sauver. Jankl Kaminski avait eu la témérité inouïe de se jeter dans la gueule du loup et de se mêler de choses qui ne le regardaient pas. Et il avait choisi pour cela le moment le moins approprié. Son fils aîné, Ber, et son fils favori, Herschele, venaient de se quereller à propos du sujet le plus épineux du siècle : la révolution russe. S'il y avait quelqu'un qui n'aurait pas dû savoir que ses fils se querellaient à ce sujet, c'était bien lui. Le petit appartement mansardé de la rue Trittli commençait à ressembler à un baril de poudre. On sentait la tension flotter dans la pièce : le vieillard despotique était irrité par ses onze fils intransigeants, les dix rationalistes de New York en voulaient à leur aveugle de frère zurichois, les femmes, plus conciliantes, étaient fâchées contre leurs maris qui voulaient toujours avoir raison.

Il suffisait d'une étincelle pour mettre le feu aux poudres et gâcher cette fête de famille, mais un miracle eut lieu. L'un des amis intellectuels saisit sa guitare, qu'il avait eu la bonne idée d'apporter. Il se mit à jouer et entonna une vieille chanson à boire, et tous reprirent en chœur le refrain. Même Jankl Kaminski entonna le deuxième couplet en prenant Malwa dans ses bras et en la faisant tournoyer dans la pièce. Le rire et la bonne humeur étaient revenus d'un coup dans la maison.

Les trente convives chantèrent en chœur, se mirent à danser eux aussi, même la grand-mère de Vienne, qui ne s'était pas aussi bien amusée depuis de nombreuses années. On chanta, on tapa dans ses mains et on tournoya jusqu'à ce qu'un silence embarrassé s'instaurât à la fin de la chanson. Jankl fut le premier à briser ce silence en posant la question qui le préoccupait le plus :

« Allez-vous enfin me dire comment cet enfant doit s'appeler ?

— Moi, j'aimerais bien savoir qui vous êtes, répliqua Malwa avec un clin d'œil. Vous vous introduisez chez moi, vous posez votre chapeau et vous vous mettez à danser comme si vous étiez mon fiancé, mais vous ne vous êtes pas encore présenté. »

D'une voix sombre qui ne permettait pas de savoir si la guerre était encore ouverte ou si l'armistice avait été signé, Henryk dit :

« Ton petit-fils s'appellera Vladimir Ilitch Kaminski.

— Je parle à cette dame, pas à toi. »

Malwa tenta d'apaiser son mari avec un sourire et dit doucement :

« Mon fils s'appellera comme son père le souhaite.

— Et que souhaite la mère ? N'a-t-elle pas son mot à dire dans cette maison ? »

Malwa comprit qu'il cherchait à la provoquer et ne tomba pas dans le piège.

« Je souhaite avant tout qu'il soit en bonne santé et que les gens l'aiment bien...

— Avec un nom pareil ? s'exclama Jankl. Les gens lui fermeront la porte au nez quand ils le verront arriver ! »

Henryk comprit que le moment était venu d'agir s'il ne voulait pas perdre la face. Il se dirigea vers Jankl, le saisit au collet et se mit à crier :

« C'est *nous* qui décidons du nom de notre enfant, et pas un quelconque capitaliste de Varsovie !

— L'héritier d'une entreprise qui vaut des millions, mon petit-fils, ne s'appellera pas Vladimir Ilitch ! Tu ne seras jamais capable de comprendre cela, mais ta femme, Dieu merci, est plus sympathique que toi... » A ces mots, il sortit son carnet de chèques de sa poche, l'ouvrit et se mit à remplir un chèque qu'il tendit à Malwa en disant : « Voici un capital de départ pour l'éducation de mon petit-fils. Trente mille, cela devrait suffire. »

Malwa pâlit. De sa vie, elle n'avait encore vu autant d'argent. Elle jeta un regard interrogateur à Henryk, puis se tourna à nouveau vers Jankl.

« Je ne comprends pas...

— C'est pour ton fils et mon petit-fils Andrzeï Kaminski. »

Malwa tendit le chèque à son mari qui le prit et, d'un geste théâtral, afin que tous puissent voir, le déchira en hurlant :

« Je ne connais pas ce Andrzeï Kaminski, et je ne me laisserai jamais acheter. Tu peux reprendre tes sales trente mille francs, et laisse-moi en paix ! »

Jankl haussa les épaules, la mine désolée. Il sortit son carnet de chèques pour la seconde fois et dit :

« Je comprends. Trente mille, c'est trop peu. Soit. » Il remplit un autre chèque. « Cinquante mille, je suppose que cela suffira pour mon petit-fils Andrzeï. C'est mon dernier mot. »

Henryk s'apprêtait déjà à mettre cet entêté à la porte quand Malwa le prit par la main, lui caressa l'épaule et lui murmura à l'oreille :

« Henryk, mon amour, tu ne vas pas offenser ton père à cause de ces quelques francs suisses, à cause d'un nom qui, après tout, n'est qu'un nom. C'est le cœur qui importe, pas le titre ! »

Henryk la regarda comme s'il était en train de se réveiller d'un rêve qui avait duré quatorze ans. Ses frères lui souriaient pour l'encourager à faire ce qui semblait si évident. Il se dirigea alors vers le vieux Jankl, prit le patriarche dans ses bras, l'embrassa sur les deux joues et dit avec des sanglots dans la voix :

« Misérable gredin, affreux usurier que tu es ! Tu me fais violence pour la centième fois. Tu finiras par être englouti, toi et tes pareils, avec ton argent, tes chèques et...

— Et ?..., dit Jankl en souriant.

— Rien. Je t'aime. »

XXVIII

Me voici arrivé à la fin de mon récit, persévérant lecteur, et vous allez me demander si tout cela est bien vrai. Il m'est difficile de répondre à cette question, car je n'ai pas vécu tous ces événements. Tout ce que j'ai raconté s'est produit avant ma naissance. Ce que je sais, on me l'a raconté. J'ai fait des recherches pendant des années pour trouver les composantes de mon hérédité. Et comme je suis terriblement curieux, je voulais savoir quels étaient ceux qui ont contribué à forger mes chromosomes. Je me suis renseigné auprès des survivants — des oncles, des tantes, des parents plus ou moins proches disséminés de par le monde — pour savoir comment l'alliance des Rosenbach et des Kaminski avait pu voir le jour. Au cours de mes recherches, je me suis rendu compte que l'âge moyen de mes informateurs tournait autour de quatre-vingt-onze ans, et ils avaient la mémoire de leur âge. De plus, ceux que j'interrogeais firent preuve d'une vanité sans pareille : ils ne manquèrent pas une occasion de souligner le rôle éminent qu'ils avaient joué dans cette chronique familiale en laissant dans l'ombre les autres protagonistes. Toutes les indications contenues dans ce livre doivent de ce fait être considérées avec la plus extrême prudence. Je regretterais beaucoup que certains de mes contemporains ne se réfèrent d'une façon ou d'une autre à mon histoire. Je n'endosse aucune responsabilité pour les dates historiques, le nom des différents lieux évoqués et pour les détails biographiques. J'ai cité à la première page de ce livre l'inscription qui se trouve sur la pierre tombale du rabbin Chloïme Rosenbach, de Tchernovitz. Vous en souvenez-vous ? *La vérité étant le plus précieux de tous les biens, il faut en user avec modération et retenue.* Comme je l'ai déjà dit, ses descendants — dont je fais partie —

s'efforcent de vivre selon cette maxime. Nous ne disons et n'écrivons la vérité que lorsque nous n'avons pas d'autre choix. Considérez donc ce livre comme une chimère, un tissu de mensonges insensés, et si vous découvrez tout de même ici ou là une étincelle de vérité, dites-vous que ce n'est qu'un pur hasard. Je vous demande instamment de ne pas me jeter la pierre. Voilà, j'en ai fini et je vous dis, comme les juifs le font quand ils se séparent : « L'année prochaine à Jérusalem ! »

Aubin Imprimeur
LIGUGÉ, POITIERS

Achevé d'imprimer en décembre 1986
N° d'édition 4835 / N° d'impression L 22363
Dépôt légal, décembre 1986
Imprimé en France